# Das LOW-FAT Kochbuch

Sue Kreitzman

# Das LOW-FAT Kochbuch

Fotos von Ian O'Leary
Foodstyling von Janice Murfitt

BASSERMANN

EIN DORLING-KINDERSLEY-BUCH

Sie finden uns im Internet: www.falken.de

Der Text dieses Buches entspricht den Regeln der neuen deutschen Rechtschreibung

**Für Freda**

ISBN 3 8094 0706 2



**Umschlaggestaltung:** Elisabeth Berthauer
**Titelbild:** TLC Fotostudio GmbH, Velen-Ramsdorf
**Übersetzung:** Inge Uffelmann, Bayreuth
**Redaktion:** René Zey, Frechen
**Satz und Herstellung:** Königsdorfer Medienhaus, Frechen



**Gesamtkonzeption:** Bassermann'sche Verlagsbuchhandlung, D–65527 Niedernhausen/Ts.

817 2635 4453 6271

# INHALT

## KOCHEN MIT WENIG FETT 26

*Wie man ohne viel Fett gut kochen kann; Schritt für Schritt zeigen wir wichtigeTechniken*



## REZEPTE 44

*Eine spektakuläre Sammlung von mehr als 150 leicht nachzukochenden fettarmen Gerichten – jedes mit Nährstoffanalyse*

# Vorbemerkung

Ich bin eine leidenschaftliche Esserin! Nachdem ich fast ein ganzes Leben lang gegen meine Fettleibigkeit gekämpft habe, die mir meine Vorliebe für gutes Essen eingetragen hatte, wurde ich zur Expertin in Sachen fettarmes Kochen. Meine Philosophie lautet: Zusätzliche Fette vermeiden, ohne fetthaltige Nahrungsmittel durch andere zu ersetzen. Mein Ziel ist ein fettarmer, nährstoffreicher gastronomischer Lebensstil.

Ich bin jedoch nicht die Lebensmittelpolizei, und so müssen Sie schon selbst ein Leben mit fettarmer, gesundheitlich wertvoller Nahrung anstreben. Wer unter Zwang auf fettreduzierte, fantasielose Nahrung zurückgreift, der landet bei Hüttenkäse, gedünstetem Fisch ohne Beilage, gegrillter Hühnerbrust, Bergen von rohem Gemüse und Salaten ohne Dressing. Das Ergebnis? Entsetzliche Langeweile.

## Fettarme Kost muss Vergnügen machen

Weil gesundes Essen ein Fest für die Augen sein sollte, werden Sie in diesem Buch auch keine langatmigen wissenschaftlichen Ausführungen über Fette finden: Alles, was Sie über Fette und Cholesterin wissen müssen, ist im Kapitel »Fakten über Fett« auf den Seiten 162–163 zusammengefasst.

Erfolgreich fettarm kochen ist eine Sache der richtigen Technik. Deshalb spielen die Zubereitungsverfahren eine besonders große Rolle, nicht nur im Kapitel »Techniken« (Seiten 28–37), sondern bei allen Rezepten. Wenden Sie diese Verfahren von jetzt ab ganz allgemein beim Kochen an, nicht nur bei den Rezepten, die ich in diesem Buch für Sie zusammengestellt habe.

Wenn Sie Öl-Wasser-Spray, Fonds, Gewürzzubereitungen, Saucen von pürierten Gemüsen u. Ä. in Ihr Repertoire aufnehmen, wird Ihnen fettarmes Kochen bald zur Selbstverständlichkeit werden. Vor allem aber wird mit Zubereitungen aus Gemüsen, Früchten, Getreide, Fisch, magerem Fleisch und Geflügel jede Ihrer Mahlzeiten zu einem abgerundeten Fest. Da auf Gemüsen, Früchten und Getreide der Schwerpunkt Ihrer Ernährung liegen sollte, werden Sie in diesem Buch viele Saucen, Salsas und Garnierungen finden. Sie verleihen den Gerichten nicht nur Farbe, sondern auch einen aufregenden Geschmack und vor allem wichtige Nährstoffe.

## DIE INTELLIGENTE LÖSUNG?

Es gibt viele gute Gründe, sich auf fettarmes Essen umzustellen. Zunächst ist es eine intelligente, gesunde und befriedigende Methode der Gewichtskontrolle und -erhaltung. Aber das ist nicht alles. Eine fettreduzierte Diät ist für viele aus medizinischen Gründen eine schlichte Notwendigkeit, etwa für Menschen, die an Herz-Kreislauf-Beschwerden leiden, an Arterienverkalkung, zu hohem Cholesterinspiegel, Diabetes oder Gallenblasenbeschwerden. Aber auch für all jene, die einfach gesünder, moderner und leichter leben wollen, ist es eine ideale Wahl.

Diejenigen, die ihren Mahlzeiten Leichtigkeit und Frische verleihen wollen – die wohl gut essen, aber nicht länger vollgestopft und blähbäuchig vom Tisch aufstehen wollen –, die zwar herzhaft zulangen und doch nicht gegen Übergewicht und durch zu viele ungesunde Fette ausgelöste Krankheiten kämpfen wollen, wenden sich mit Begeisterung und Freude der neuen fettarmen Küche zu. Wer heute noch an seinen alten fetttriefenden Kochmethoden festhält, erscheint hoffnungslos altmodisch. Genießen Sie also, was das neue Kochen bietet. Schwelgen Sie in der Fülle eines fettarmen, geschmackvollen Lebensstils, der ganz leicht erreicht werden kann, wenn Sie meinen Ratschlägen folgen und die hier vorgestellten Rezepte nachkochen bzw. sie nach Ihren eigenen Ideen und Ihrem Geschmack abwandeln.

## NÄHRSTOFFANALYSE

Einige Rezepte in diesem Buch enthalten extrem wenig Fett, andere sind im Fettgehalt reduziert.

Bei einer vernünftigen fettreduzierten Ernährung entfallen durchschnittlich 20–25 Prozent der Gesamtkalorien auf das Fett. Das entspricht einer täglichen Fettzufuhr von etwa 50 g. Allen Rezepten ist eine Nährstoffanalyse beigefügt, die Auskunft über die enthaltene Fettmenge gibt. Folgendes ist dabei zu bedenken:

Bei den Analysen handelt es sich nur um Näherungswerte. Der Fettgehalt der Nahrungsmittel kann je nach Zeit und Ort variieren. Manchmal entsprechen die Zahlen für gesättigte und ungesättigte Fette zusammen nicht dem Gesamtwert. Das liegt daran, dass das Gesamtfett nicht nur die Fettsäuren, sondern auch andere, nicht fette Säuren enthält.

Das Symbol »<1g« in den Analysen bedeutet, dass die für das Rezept ermittelte Menge weniger als ein Gramm des genannten Fettes beträgt. »Unb.« (»Unbedeutend«) heißt 0,1 g oder 0,2 g Fett. Wenden Sie die hier vorgestellten Techniken wo immer möglich an, verzichten Sie auf sehr fetthaltige Nahrungsmittel und zusätzliche Fette, und Ihr Fettverbrauch wird sich wie von selbst auf das richtige Maß einpendeln.

### HINWEIS ZU DEN REZEPTEN

**1** Bei der Angabe Tee- und Esslöffel sind immer gestrichene gemeint: 1 TL = 5 ml, 1 EL = 15 ml. Eier, sofern sie gebraucht werden (was selten der Fall ist), sind große Eier (Gewichtsklasse L) von etwa 70 g Gewicht.

**2** Appetit und Portionsgrößen sind unterschiedlich; nehmen Sie die Angaben also als bloße Näherungswerte.

**3** Da bei Backöfen und Bratröhren große Unterschiede bestehen können, sind die bei den Rezepten angegebenen Garzeiten nur Näherungswerte. Heizen Sie den Ofen immer vor. Bei Umluftherden muss man die Temperatur um etwa 25 °C reduzieren.

# Galerie der Fettarmen Speisen

Die bunten Fotografien auf den folgenden Seiten zeigen, wie verlockend und lecker fettarmes Essen aussehen kann. Um sich davon zu überzeugen, dass dieses Essen obendrein auch noch fantastisch gut schmeckt, muss man die Rezepte nachkochen. Da gibt es Geflügel- und Fischgerichte, Tortillafüllungen, Pizzas und Nudelgerichte, und sie alle bieten nicht nur den vollen Geschmack der traditionellen Zubereitung, sondern auch aufregende neue Ideen für Saucen und leckere Überzüge. Natürlich gibt es auch traumhafte und fantasievoll komponierte Nachspeisen.

# PIZZAS

*Rechte Seite:* TOMATEN UND MOZZARELLA *(Seite 145)*

| Pro Portion | fettarm | vollfett |
|---|---|---|
| Fett gesamt (g) | 5 | 30 |
| Kalorien | 361 | 591 |

GESCHMOLZENER KÄSE, in der Pfanne weich gedünstete Knoblauchzehen, gartenfrische Kräuter, frische Wildpilze, seidig geschmorte Paprika, saftige frische Buschtomaten – all das kann auf die knusprigen Pizzaböden gepackt werden, damit ein unwiderstehlich gutes Essen für Familie und Freunde daraus entsteht.

*»Essen, das mit Liebe zubereitet wird, wärmt den Menschen mit mehr als bloß den eingenommenen Kalorien.«*

Marjorie Kinnan Rawlings
*Cross Creek Cookery*

PAPRIKA UND FETA
*(Seite 145)*

| Pro Portion | fettarm | vollfett |
|---|---|---|
| Fett gesamt (g) | 7 | 32 |
| Kalorien | 418 | 641 |

PILZE UND PESTO
*(Seite 145)*

| Pro Portion | fettarm | vollfett |
|---|---|---|
| Fett gesamt (g) | 21 | 58 |
| Kalorien | 558 | 895 |

Für die ultimative Superpizza mischen Sie Ihre Lieblingszutaten zu einer Komposition von Farbe, Duft und Geschmack

WÜRSTCHEN UND SPINAT
*(Seite 145)*

| Pro Portion | fettarm | vollfett |
|---|---|---|
| Fett gesamt (g) | 18 | 89 |
| Kalorien | 545 | 1185 |

TOMATEN UND ROTE ZWIEBELN *(Seite 145)*

| Pro Portion | fettarm | vollfett |
|---|---|---|
| Fett gesamt (g) | 9 | 44 |
| Kalorien | 415 | 763 |

# SCHICHTDESSERTS

*Rechte Seite:* FRUCHT-CRÊPES *(Seite 121)*

| Pro Portion | fettarm | vollfett |
|---|---|---|
| Fett gesamt (g) | unb. | 13 |
| Kalorien | 255 | 325 |

WÄHLEN SIE AUS DEM ÜBERFLUSS der Natur die besten Früchte, geben Sie schaumige Wolken von aufgeschlagenem Ricotta hinzu, bestäuben Sie das Ganze mit Kakao und ein paar Spritzern duftendem Likör – und Sie erhalten eine delikate Auswahl an unverschämt leckeren fettarmen Desserts.

*»Irgendwas ist verdreht an einem Essregime, das auf jeden Körperteil zugeschnitten scheint, nur nicht auf die Zungenspitze.«*

Ellen Goodman
*Boston Globe*

BAISERTURM
*(Seite 135)*

| Pro Portion | fettarm | vollfett |
|---|---|---|
| Fett gesamt (g) | 5 | 40 |
| Kalorien | 184 | 477 |

MANGO-BLÄTTERTEIG
*(Seite 136)*

| Pro Portion | fettarm | vollfett |
|---|---|---|
| Fett gesamt (g) | 11 | 36 |
| Kalorien | 274 | 590 |

*Aus leichten Lagen von Früchten und cremigen Füllungen entstehen Desserts für ganz besondere Gelegenheiten*

SCHOKOLADENCRÊPES
*(Seite 121)*

| Pro Portion | fettarm | vollfett |
|---|---|---|
| Fett gesamt (g) | 9 | 77 |
| Kalorien | 366 | 886 |

# PASTA

*Rechte Seite:*
OFFENE RAVIOLI
*(Seite 108)*

| Pro Portion | fettarm | vollfett |
|---|---|---|
| Fett gesamt (g) | 4 | 45 |
| Kalorien | 358 | 726 |

NEHMEN SIE EINE GROSSE MENGE Sauce voller farbenfroher, nährstoffreicher Gemüse. Geben Sie sie zu Ihren Lieblingsnudeln und fügen Sie nach Geschmack eine cremige Sauce auf der Basis von fettarmem Käse hinzu. Bestreuen Sie das Ganze mit vielen fein gehackten frischen Kräutern.

*»Die Italiener betrachten das Essen nicht als bloßen Brennstoff. Sie sehen in ihm vielmehr eine Medizin für die Seele.«*
Barbara Grizzuti Harrison
*Italian Days (1989)*

LASAGNE
*(Seite 111)*

| Pro Portion | fettarm | vollfett |
|---|---|---|
| Fett gesamt (g) | 12 | 61 |
| Kalorien | 346 | 834 |

CONCHIGLIE MIT BROKKOLIPESTO
*(Seite 111)*

| Pro Portion | fettarm | vollfett |
|---|---|---|
| Fett gesamt (g) | 9 | 21 |
| Kalorien | 356 | 461 |

FARFALLE MIT ERBSENPÜREE UND PAPRIKA
*(Seite 108)*

| Pro Portion | fettarm | vollfett |
|---|---|---|
| Fett gesamt (g) | 4 | 23 |
| Kalorien | 462 | 633 |

*Knackige Gemüse, Kräuter, cremige Saucen und Ihre Lieblingsnudeln gehen die perfekte Partnerschaft ein*

# SAUCEN UND SALSAS

*Rechte Seite:* GEMÜSE UND ENTE *(Seiten 65 und 90)*

| Pro Portion | fettarm | vollfett |
|---|---|---|
| Fett gesamt (g) | 5 | 39 |
| Kalorien | 160 | 446 |

SAUCEN UND SALSAS, die mit einer Vielzahl von Gemüsen, Früchten und Kräutern zubereitet werden können, hauchen fettarmen Nahrungsmitteln Leben ein. Jeder, der glaubt, fettarme Ernährung sei gleichbedeutend mit fadem Geschmack und Askese, hat den Gaumenkitzel dieser fantastischen Zubereitungen noch nicht gekostet.

*»Auf mexikanischen Tischen findet sich immer eine Salsa. Allein mit einer Tortilla stellt sie ein erfrischendes Essen dar.«*
Diana Kennedy
*The Cuisines of Mexico (1982)*

WURST UND SALSA VON GERÖSTETEM GEMÜSE
*(Seiten 65 und 94)*

| Pro Portion | fettarm | vollfett |
|---|---|---|
| Fett gesamt (g) | 5 | 22 |
| Kalorien | 450 | 596 |

**Rezept für Tortillas**
(s. Seite 65)

PILZVARIATION »WILD«
*(Seite 74)*

| Pro Portion | fettarm | vollfett |
|---|---|---|
| Fett gesamt (g) | 2 | 9 |
| Kalorien | 102 | 164 |

HÄHNCHEN MIT SÜSSKARTOFFEL UND LIMONE
*(Seite 88)*

| Pro Portion | fettarm | vollfett |
|---|---|---|
| Fett gesamt (g) | 2 | 19 |
| Kalorien | 207 | 336 |

Üppig aus Tortillatüten hervorquellende Saucen und Salsas betören unsere Sinne mit Farben und Düften

# FISCH

*Rechte Seite:* THUNFISCH MIT LIMONE UND KNOBLAUCH *(S. 102)*

| Pro Portion | fettarm | vollfett |
|---|---|---|
| Fett gesamt (g) | 7 | 71 |
| Kalorien | 265 | 835 |

FISCH IST DIE GESUNDHEITSKOST schlechthin und obendrein ist er schnell zubereitet. Fisch kocht man zügig, reicht eine passende Sauce dazu und serviert ihn mit Stolz. Allerdings darf er auf keinen Fall übergart werden und in einer Sauce schwimmen, da sie das zarte Fischaroma ertränkt.

*»Ein Fischmahl lässt Männer springen wie einen Floh.«*

Thomas Jordan *(1640)*

HEILBUTT MIT TOMATEN UND AUBERGINEN *(Seite 104)*

| Pro Portion | fettarm | vollfett |
|---|---|---|
| Fett gesamt (g) | 6 | 53 |
| Kalorien | 378 | 802 |

LACHS MIT GELBEM PAPRIKA UND ESTRAGONSAUCE *(Seite 104)*

| Pro Portion | fettarm | vollfett |
|---|---|---|
| Fett gesamt (g) | 20 | 61 |
| Kalorien | 505 | 873 |

GEBRATENER SEETEUFEL MIT KNOBLAUCHSAUCE *(Seite 103)*

| Pro Portion | fettarm | vollfett |
|---|---|---|
| Fett gesamt (g) | 2 | 44 |
| Kalorien | 156 | 536 |

*Ein Püree von gelbem Paprika, gewürzt mit Estragon, verleiht einem saftigen Lachs einen Hauch von Luxus*

# CREMIGE DESSERTS

*Rechte Seite:*
RICOTTA MIT FRÜCHTEN
*(Seite 127)*

| Pro Portion | fettarm | vollfett |
|---|---|---|
| Fett gesamt (g) | 12 | 45 |
| Kalorien | 344 | 651 |

EINE WEICHE LEICHTIGKEIT charakterisiert jene fettarmen Stellvertreter der fetten Schlagsahne, wie etwa Ricotta, Quark und Frischkäse. Mit ihnen zubereitete Desserts sind cremig ohne die Schwere traditioneller Cremespeisen. Früchte in unterschiedlichsten Zubereitungsarten sorgen für Bereicherung und Geschmack.

*»Eine Gastgeberin brachte in eine fade Kindergesellschaft wilde Begeisterung, als sie Erdbeeren mit Sahne ankündigte.«*
Molly Keane
*Nursery Cooking (1985)*

Leichte Mousses und sahnige Cremespeisen setzen einen sehr delikaten Schlusspunkt

HEIDELBEERKOMPOTT MIT CREMEHAUBE
*(Seiten 130 und 137)*

| Pro Portion | fettarm | vollfett |
|---|---|---|
| Fett gesamt (g) | 7 | 45 |
| Kalorien | 191 | 480 |

SCHOKOLADEN-RICOTTA-MOUSSE
*(Seite 122)*

| Pro Portion | fettarm | vollfett |
|---|---|---|
| Fett gesamt (g) | 12 | 60 |
| Kalorien | 277 | 697 |

PFIRSICHKOMPOTT MIT CREMEHAUBE
*(Seiten 130 und 137)*

| Pro Portion | fettarm | vollfett |
|---|---|---|
| Fett gesamt (g) | 7 | 45 |
| Kalorien | 232 | 519 |

# GEFLÜGEL

*Rechte Seite:*
ENTENBRUST UND PREISELBEER-CHUTNEY *(Seite 89)*

| Pro Portion | fettarm | vollfett |
|---|---|---|
| Fett gesamt (g) | 6 | 62 |
| Kalorien | 241 | 700 |

SOWOHL ZARTES GEFLÜGEL wie Hähnchenbrust als auch die etwas robustere Ente mögen den Zungenkitzel exotischer Marinaden und die herrlichen Gewürze Asiens. Beide lassen sich aber auch mit Gemüsen und Kräutern kombinieren. Die Ergebnisse sind immer unnachahmlich gute, fettarme Geflügelgerichte.

*»Eine Hähnchenzubereitung, die ich nicht mag, gibt es überhaupt nicht.«*

Marcella Hazan
*Marcella's Kitchen (1987)*

HÄHNCHENBRUST MIT GESCHMORTEN BACKPFLAUMEN *(Seite 87)*

| Pro Portion | fettarm | vollfett |
|---|---|---|
| Fett gesamt (g) | 2 | 40 |
| Kalorien | 178 | 500 |

HÄHNCHEN TANDOORI *(Seite 86)*

| Pro Portion | fettarm | vollfett |
|---|---|---|
| Fett gesamt (g) | 3 | 9 |
| Kalorien | 170 | 239 |

HÄHNCHEN MIT SÜSSKARTOFFEL UND LIMONE *(Seite 88)*

| Pro Portion | fettarm | vollfett |
|---|---|---|
| Fett gesamt (g) | 2 | 34 |
| Kalorien | 260 | 519 |

Marinaden, Gemüse, Kräuter und Früchte, fantasievolle Würzmischungen – alle verleihen Geflügel herrlichen Geschmack

# Kochen mit wenig Fett

Gewähr für erfolgreiches fettarmes Kochens geben gute, frische Zutaten, die sorgfältig zubereitet werden, ohne dass man dabei zusätzliches Fett oder stark fetthaltige Nahrungsmittel verwendet. Dieses Kapitel beschreibt die Zubereitung fettarmer Nahrungsmittel und stellt Techniken vor, mit deren Hilfe man auf zusätzliche Fette verzichten kann, ohne die Entfaltung des vollen Geschmacks zu beeinträchtigen. Ausserdem gibt es hier Hinweise auf das breite Angebot von Zutaten, die der fettarm Kochende verwenden kann, sowie Beschreibungen von Küchengeräten und Haushaltsutensilien, die ebenfalls nützlich sind, um fettarmes Kochen zu einem Vergnügen zu machen.

ÖL-WASSER-SPRAYS
*Siehe Seite 29*

GESCHMACKSGEBER
*Siehe Seiten 32–33*

FETTARME ZUTATEN
*Siehe Seiten 40–43*

KÜCHENGERÄTE
*Siehe Seiten 38–39*

# TECHNIKEN

DIE TRADITIONELLE KÜCHE stützt sich auf die Verwendung von Fett, denn jahrtausendelang brauchten die körperlich hart arbeitenden Menschen Fett zum Überleben. Als hoch kalorische Nahrungsmittel lieferten Fette Körperwärme. Sie erlaubten es dem Körper, ein Nahrungsdepot für Zeiten des Mangels oder sogar des Hungerns anzulegen. Heute ist unser Bedarf an Fettkalorien drastisch gesunken, lediglich die kulinarischen Künste hinken noch hinterher: Kochbücher empfehlen noch immer, Nahrungsmittel in Butter zu sautieren, in Öl oder gar in Schmalz zu frittieren, Suppen und Saucen mit Sahne oder vollfettem Käse abzurunden.

Um uns kochtechnisch auf das neue Jahrtausend einzustellen, müssen wir uns völlig neue Methoden aneignen. Wir können das Fett nicht ganz und gar verbannen, denn der Körper braucht eine bestimmte Menge von Fettsäuren und fettlösliche Vitamine. Eine breite Vielfalt an Gemüsen, Früchten, Vollkornzubereitungen, Fisch, magerem Fleisch und Geflügel, dazu gelegentlich eine kleine Vitaminbombe (zum Beispiel Getreideflocken und Magermilchpulver), decken den Bedarf des Körpers.

Auf den folgenden Seiten beschreibe ich die Hilfsmittel, die den Fettanteil in Nahrungsmitteln und Rezepten drastisch verringern. Dazu gehören Öl-Wasser-Sprays, das Angaren in Fonds statt in Öl, Butter oder anderen Fetten, der Ersatz von Saucen auf der Basis einer Butter-Mehl-Mischung, Eiern, Milch und Sahne durch Saucen aus fettarmen Milchprodukten, Gemüsepürees und hoch konzentrierten, fettfreien Fonds. Zunächst aber sollten Sie alles sichtbare Fett von Fleisch und die fette Haut von Geflügel entfernen und Ihre Speisen durch fettlose Zutaten geschmacklich bereichern. Als Drittes spielen Techniken eine Rolle, bei denen Gemüse – vor allem Paprika, Knoblauch und Auberginen – als Ersatz für fetthaltigere Zutaten bei Gerichten verwendet werden, die eine gewisse Konsistenz brauchen und nicht an Farbe und Geschmack einbüßen sollen. Zu guter Letzt müssen wir uns alles zu Nutze machen, was die Industrie uns an modernen Kochgeräten bietet.

# FETTARM KOCHEN

DAS GEHEIMNIS EINER DELIKATEN, wohlschmeckenden und doch fettarmen Zubereitung ruht in einer Handvoll grundlegender Techniken. Das Öl-Wasser-Spray ist ganz besonders hilfreich: Es enthält erheblich weniger Fett als käufliche Sprays, und die Qualität des Öls – das Sie ja selbst auswählen können – ist hoch. Ein Spritzer Oliven-, Distel- oder Sonnenblumenöl eignet sich hervorragend zum Rösten und Grillen, Walnuss- oder Sesamöl dagegen verleihen Salaten und orientalischen Gerichten einen herrlichen Geschmack. Mit Geschmacksgebern intensivierte Fonds helfen ebenfalls Fett zu vermeiden.

## ÖL-WASSER-SPRAY

Mit einem Öl-Wasser-Spray kann man hervorragend schmoren und grillen. Füllen Sie in eine neue, saubere Spritzflasche sieben Achtel Wasser und ein Achtel Öl nach Wahl. Schütteln Sie das Gemisch jedesmal gründlich durch, bevor Sie damit Nahrungsmittel, Töpfe oder Pfannen ansprühen. Präparieren Sie verschiedene Flaschen – mit Olivenöl (für volleren Geschmack), Sonnenblumenöl (für jeden Zweck), Walnussöl (für herrlichen Duft) und Sesamöl (zum Anrichten asiatischer Gerichte).

ÖL-WASSER-SPRAY · OLIVENÖL · SONNENBLUMENÖL · WALNUSSOL · SESAMÖL

## ANWENDUNG DES ÖL-WASSER-SPRAYS

1 Ein leichter Spritzer Öl-Wasser-Spray verleiht Grillrost und -pfanne einen ausreichenden Film, um Fisch, Fleischkoteletts und Hähnchenteile offen zu grillen. Wenn Sie im Ofen grillen, sollten Sie ein antihaftbeschichtetes Backblech verwenden.

2 Öl-Wasser-Spray überzieht Nahrungsmittel, die Sie grillen oder braten wollen, mit einem Fettfilm, der ausreicht, das Bratgut vor Austrocknung oder Anhaften an der Pfanne oder dem Backblech zu bewahren. Das Einpinseln mit Öl entfällt.

# FETTFREIE FONDS HERSTELLEN

Wie soll man ohne Butter, Öl oder Margarine das Anbraten bewerkstelligen, mit dem die meisten Rezepte beginnen? Ganz einfach: Nehmen Sie statt des Fetts einen Fond oder Fond und Wein. Bereiten Sie Ihren eigenen fettfreien Hühner-, Gemüse- oder Fischfond zu, von dem Sie jegliches Fett, das vom ursprünglichen Anbraten übrig geblieben ist, entfernen. Oder verwenden Sie einen in Gläsern angebotenen Fond oder Konzentrate. Die Einweichflüssigkeit von getrockneten Pilzen ergibt einen besonders schmackhaften Fond (siehe rechts). Frische Pilze, die statt in Öl in diesem Fond sowie in Wein und Teriyakisauce gegart werden, haben einen sehr intensiven Geschmack. Auch auf der Basis von gekörnter Brühe lassen sich fettarme Fonds herstellen.

**EINWEICHWASSER VON PILZEN** ergibt einen hervorragenden Fond. Hochwertige getrocknete Pilze 30 Minuten lang in heißem Wasser einweichen und durch ein Sieb abgießen. Nicht benötigten Fond für späteren Gebrauch einfrieren.

**GEMÜSE-, HÜHNER- UND FISCHFOND** kann man zubereiten, ohne die Zutaten zunächst in Öl anzurösten. Fischfond sollte man nur für Fischgerichte verwenden. Hühnerfond durch ein Sieb abgießen, erkalten lassen und dann das Fett abheben.

**KÖSTLICHE RIESENGARNELEN** lassen sich ohne zusätzliches Fett delikat zubereiten, zum Beispiel in Fond, Wein, Zitrussäften oder aromatischen Saucen. Zusätzliche Geschmacksgeber heben den Wohlgeschmack des Gerichtes. Die Cajun-Garnelen (links, Rezept Seite 100) werden in einer zweimal reduzierten Würzsauce zubereitet, was den Geschmack intensiviert. Zunächst werden Gemüse oder Hühnerfond mit Zitronensaft und Worcestersauce reduziert, dann wird Fischfond zugegeben und zum zweiten Mal reduziert.

*Zwei Fonds, Zitronensaft und eine aromatische Sauce sind die Flüssigkeiten, in denen die leckeren Garnelen köcheln.*

## FETTARME SAUCEN UND ÜBERZÜGE

Weiße Saucen auf der Basis einer Roux (einer Butter-Mehl-Mischung), die mit Vollmilch oder gar Sahne zubereitet werden – die klassische Béchamel also –, haben in der modernen Küche keinen Platz mehr. Auch Butter-Eigelb-Emulsionen (Hollandaise) oder Öl-Eigelb-Mischungen (Mayonnaise) sind passee, ebenso Saucen, für die literweise Sahne eingekocht werden musste. Herrliche, voluminöse Saucen kann man aus Gemüsepüree herstellen. Mit Hilfe der fettarmen und halbfetten Milchprodukte, die auf dem Markt sind, lassen sich auch cremige Saucen herstellen. Besonders geeignet als Überzug für Aufläufe ist eine Mischung aus Ricotta, Eiweiß und Parmesan (unten).

*Gemüselasagne (Rezept Seite 110) mit einem cremigen, fettarmen Überzug.*

1 Für den fettarmen Überzug für Aufläufe (Rezept Seite 80) zunächst Eiweiß und Ricotta gut miteinander verrühren.

2 Magermilch und frisch geriebenen Parmesan hinzufügen. Die Mischung eignet sich zum Überbacken von Lasagne u.Ä.

## JOGURT STABILISIEREN

Sehr fettarmer Jogurt ist dünn und wässrig und er flockt aus (gerinnt), wenn man ihn erhitzt. Um ihn dick und cremig zu machen, lässt man ihn auf einem mit Mull ausgeschlagenen Sieb abtropfen. Um ihn für das Kochen zu stabilisieren, rührt man vor dem Erhitzen Dijonsenf (etwa 1 TL auf 300 g) oder Speisestärke unter.

## FETT VON FLEISCH UND GEFLÜGEL ENTFERNEN

Ein Stück mageres Fleisch gehört gelegentlich zu einer ausgewogenen Ernährung. Denken Sie aber daran, dass auch das magerste Fleisch einen Fettrand haben kann, den man vor der Zubereitung entfernen sollte. Schweinekotelett und Schweineschnitzel sind ideal für eine rasche Zubereitung, wenn unvermutet Gäste kommen. Man kann das Fleisch braten, rösten oder grillen, sogar durch den Wolf drehen, um magere Würstchen herzustellen, doch zunächst sollte man alles Fett mit einem Messer entfernen. Auch Geflügel sollte man gut parieren. Meist lässt sich die fette Haut einfach abziehen; was dann noch hängen bleibt, mit einem Messer abschneiden.

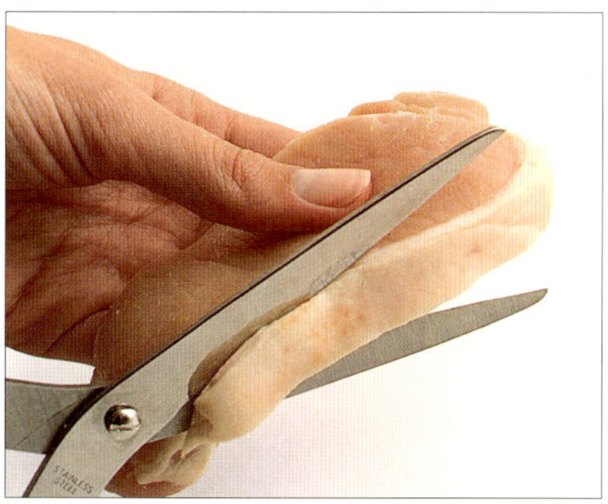

**MIT EINER KÜCHENSCHERE** lässt sich der Fettrand an einem Schweinekotelett ganz besonders effektiv entfernen. Sie ist dafür besser geeignet als ein scharfes Messer.

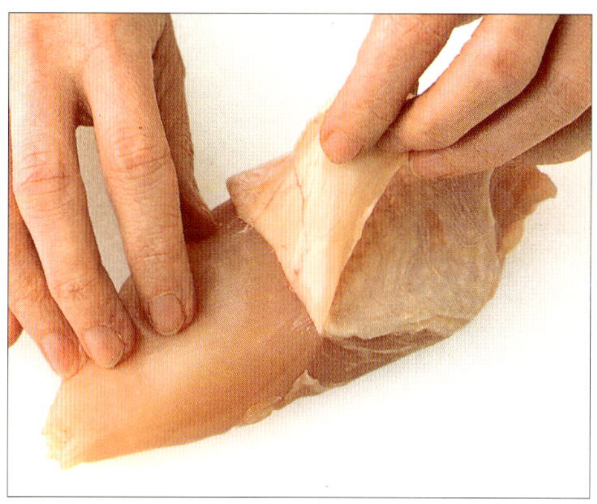

**HÄHNCHENBRUST** lässt sich ganz leicht häuten. Man muss die Haut nur an einem Zipfel packen und abziehen. Verbliebene Reste mit einem Messer abschneiden.

# GESCHMACKSGEBER

REDUZIERTE FONDS, die mit Wein, Würzsaucen und anderen sorgfältig ausgewählten Geschmacksgebern verfeinert wurden, sind ein idealer Ersatz für Fette und Öle. Die Geschmacksgeber stellen sicher, dass das fertig gestellte Gericht einen abgerundeten, intensiven, ausgewogenen Geschmack hat. Wie in der traditionellen Küche fangen auch wir mit der Beigabe von Zwiebeln und Knoblauch an, erweitern das Repertoire aber erheblich. Die wichtigsten Zutaten, die in verschiedensten Kombinationen verwendet werden können, um den Geschmack zu heben und ihm die gewünschte Intensität zu verleihen, sind auf dieser Seite abgebildet.

## GRUNDZUTATEN

Hier gibt es keine Festlegung: Die Präferenzen des Kochs werden ebenso eine Rolle spielen wie der jeweilige Vorrat, der sich in den Schränken findet.

**GEWÜRZE** *(unten) verleihen den Gerichten Geschmack und Farbe. Werden sie in Fond und Wein geköchelt, entfalten sie ihren vollen Eigengeschmack.*

**ZWIEBELN UND KNOBLAUCH** *(links) sind Grundzutaten. Rote Zwiebeln verleihen vor allem zusätzliche Farbe.* **SCHWARZE OLIVEN** *(unten) tragen zum Geschmack des Olivenöls bei, aber zum Bruchteil von dessen Kalorien.*

WEISSE ZWIEBEL — ROTE ZWIEBEL — FRÜHLINGSZWIEBEL — FRÜHLINGSZWIEBEL

PAPRIKAPULVER — KURKUMA — KREUZKÜMMEL — KORIANDER

**PFEFFERSCHOTEN** *sorgen für Schärfe. Durch Entfernen der Samen und Häuten werden frische Schoten etwas milder.* **GETROCKNETE TOMATEN** *verleihen einen leicht karamellisierenden Rauchgeschmack.*

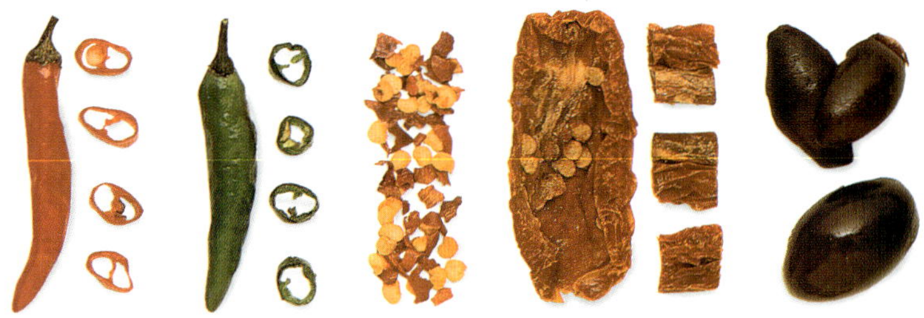

ROTE UND GRÜNE PFEFFERSCHOTEN — GETROCKNETE CHILLIES — GETROCKNETE TOMATEN — SCHWARZE OLIVEN

**GEMÜSE** *steuern sowohl Geschmack als auch Konsistenz und Nährstoffe bei. Zu den geschmacksintensivsten gehören Karotten, Fenchel, Paprika (roter, gelber und orangefarbener) sowie Stangensellerie.*

KAROTTE — FENCHEL — PAPRIKA — STANGENSELLERIE

**GESCHMACKSGEBENDE FLÜSSIGKEITEN** *sind Fonds von bester Qualität (Geflügel-, Gemüse- oder Fischfond je nach Rezept) und Weine (Rot- oder Weißwein, Vermouth, Sherry). Ein paar Spritzer aromatischer Flüssigkeiten, wie etwa Balsamessig oder fertige Würzsaucen, können den Geschmack zusätzlich intensivieren.*

FOND — ROTWEIN — BALSAMESSIG — TERIYAKISAUCE — WORCESTERSAUCE

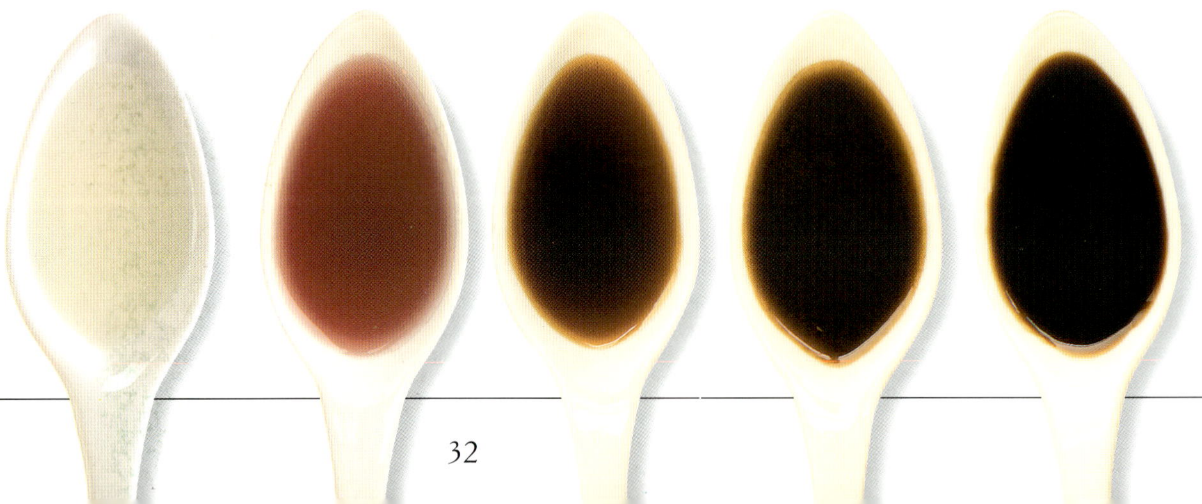

## Eine Würzsauce herstellen

Für eine Grundsauce werden die Zutaten zusammen geköchelt, zunächst zugedeckt, um die Zwiebeln zu garen, dann offen, um die Flüssigkeit zu reduzieren.

### Zutaten zur Würzsauce

*2 rote Zwiebeln, gehackt*

*4 getrocknete Tomaten, gehackt*

*4 schwarze Oliven, entsteint*

*1 oder 2 Msp. getrocknete Pefferschoten*

*4 Knoblauchzehen*

*175 ml Fond*

*175 ml Rotwein*

1 Alle Zutaten kräftig kochen, bis sie weich sind und die Flüssigkeit fast verdampft ist. Dadurch intensiviert sich der Geschmack.

2 Die weiteren Zutaten für die Tomatensauce, außer den Kräutern, hinzufügen. Köcheln lassen, bis die Sauce dicklich wird.

3 Soll die Sauce sofort verwendet werden, Kräuter hinzufügen. Will man sie einfrieren, Kräuter erst bei Verwendung zugeben.

**Die Würzsauce** zunächst offen köcheln lassen (oben), um den Geschmack zu intensivieren, dann die anderen Zutaten zugeben (links). Viele frische Kräuter verleihen der fertigen Sauce Duft und Geschmack.

## Andere Zubereitungsarten von Würzsaucen

**Unter Rühren braten:** Bei dieser Methode, die etwa bei Blumenkohl in Rotwein (Rezept Seite 69) angewendet wird, brät man die Würzzutaten unter Rühren an. Sie garen später mit den anderen Zutaten.

**Schmoren:** Wie beim Rezept Hähnchenbrust mit Backpflaumen und Schalotten (Seite 87) werden die geschmacksgebenden Zutaten in der Pfanne geschmort, in der die Hauptzutaten bereits gebräunt wurden.

**Sautieren:** Bei dieser Methode, die etwa für die Cajun-Garnelen verwendet wird (Seite 100), reduziert man einen Fond und gibt die Hauptzutaten zu, wenn noch relativ viel Flüssigkeit vorhanden ist.

# PAPRIKA & KNOBLAUCH

PAPRIKA UND KNOBLAUCH sind zwei willkommene und leicht verdauliche Zutaten beim fettarmen Kochen. Rote und gelbe Paprikaschoten sehen nicht nur ansprechend aus, sie verleihen auch Duft und Farbe und steuern wichtige Vitamine bei. Grüne Paprikaschoten lassen leider Süße vermissen. Knoblauch, besonders wenn er geröstet oder geschmort wurde, verleiht Suppen, Eintöpfen und Saucen Konsistenz und geschmackliche Tiefe.

## PAPRIKA SAUTIEREN

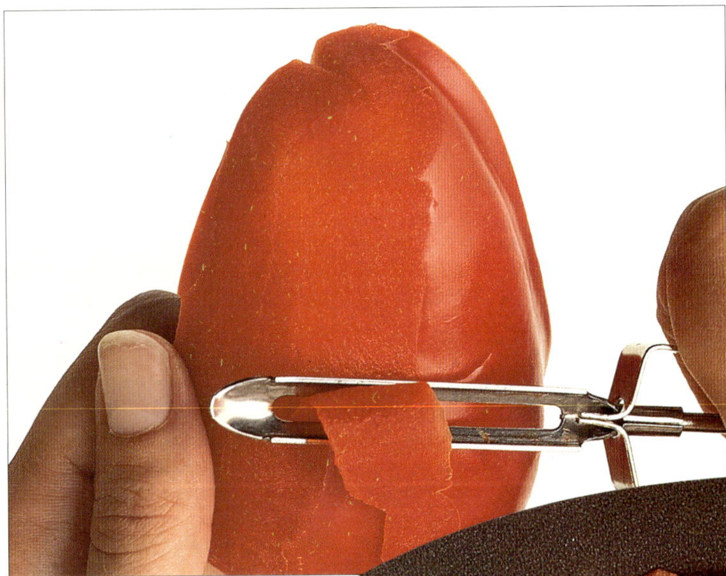

1 Für diese Zubereitungsart halbiert man die gewaschenen gelben oder roten Paprikaschoten und entfernt die inneren weißen Rippen und die Kerne.

2 Mit einem Sparschäler, der die äußere Haut sehr dünn abschält, hebt man die Paprikasegmente vorsichtig ab (links). Das abgeschälte Fruchtfleisch der Paprika verkocht zu einem schmelzenden, süßlichen, gut verdaulichen Mus.

3 Zum Sautieren die geschälten Paprikasegmente, wie im Rezept auf Seite 71 beschrieben, in schmale Streifen schneiden (unten) und in heißem Fond sautieren. Vorsichtiges Wenden mit Holzlöffeln sorgt dafür, dass die Segmente nicht zerfallen.

*Ein würziger Fond ersetzt das Öl, das man normalerweise zum Sautieren verwendet.*

## Paprikapüree

1 Für Saucen wie Paprikasauce (Rezept Seite 64) werden ungeschälte Paprikawürfel in wenig Flüssigkeit gegart.

2 In einem Mixer werden sie samt der reduzierten Flüssigkeit zu einer dicken Sauce püriert.

3 Um die unverdaulichen Schalenteile zu entfernen, wird das Püree durch ein Sieb gestrichen.

## Paprika grillen

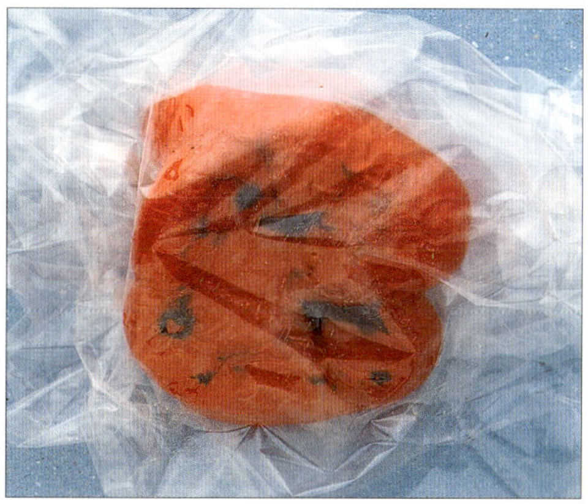

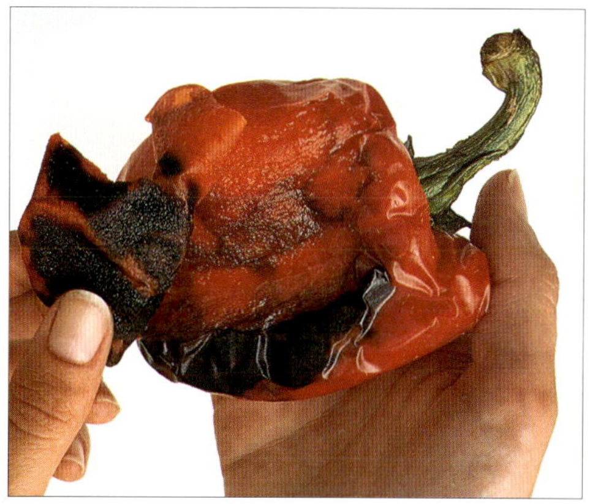

1 Die Schoten halbieren, entkernen und etwas flach drücken. Unter den Grill legen, bis die Haut schwarze Blasen wirft.

2 Die heißen Schoten in einer zugedeckten Schüssel oder in einer Plastiktüte etwas abkühlen lassen.

3 Die geschwärzte Haut lässt sich nun leicht abziehen. Die Paprika so oder als Zutat zu anderen Speisen verwenden.

## Knoblauch vorbereiten

**Mit einem Fleischklopfer** auf die Knolle schlagen, um die Zehen zu lösen. Geschälte Zehen durch eine Knoblauchpresse drücken.

**Um Knoblauch zu rösten,** nimmt man eine frische, feste, nicht sprießende ganze Knolle, von der man lediglich die oberste Spitze abschneidet, ohne dabei die Zehen voneinander zu lösen. Man wickelt die ganze Knolle in Alufolie, matte Seite nach außen, und gibt sie für 45 Minuten in den vorgeheizten Backofen (190 °C). Die gegarte Knolle (links) abkühlen lassen, Zehen entnehmen und zu Püree zerdrücken. Das Püree zum Würzen oder – ein unvergesslicher Genuss – als Aufstrich für ofenfrisches, knuspriges Brot verwenden.

# AUBERGINEN

OHNE DIESES HERRLICHE GEMÜSE mit seiner dunkellila glänzenden Schale wäre fettarmes Kochen ziemlich uninteressant. Auberginenfleisch macht aus dem magersten Rinderhack einen saftigen, leckeren Fleischteig, der zusätzlich auf elegante Weise gestreckt wird, so dass man nur sehr wenig Fleisch benötigt. Bei all ihren Vorteilen hat die Aubergine nichts Aufdringliches, denn sie verfügt nur über sehr wenig verfälschenden Eigengeschmack.

## VERWENDUNG ROHER AUBERGINEN

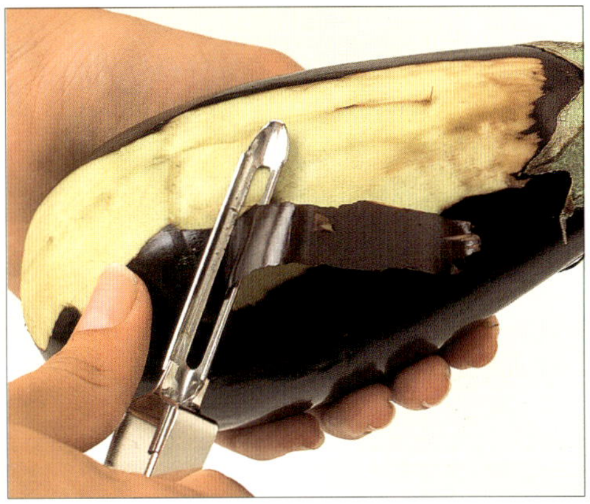

1 Mit einem Sparschäler die dunkle Schale so dünn wie möglich von der Aubergine abschälen.

2 Die geschälte Aubergine mit einem großen Küchenmesser längs in etwa 1 cm dicke Scheiben schneiden.

3 Die Scheiben der Länge nach in Streifen schneiden, dann die gebündelten Streifen würfeln.

4 Auberginenwürfel sind eine der Hauptzutaten für die Bologneser Sauce (links, Rezept Seite 62). Die in der Würzsauce gekochten Auberginenwürfel werden schmelzend zart und saugen sich mit der Würzmischung voll wie kleine Schwämme.

*Zwischen den geschmacksgebenden Zutaten der Bologneser Sauce köcheln sanft die kleinen Auberginenwürfel.*

## AUBERGINEN RÖSTEN

1 Die Haut der Auberginen mit einer dicken Nadel anstechen. Auf einem beschichteten Backblech die Auberginen im auf 180 °C vorgeheizten Backofen etwa 40 Minuten lang (je nach Größe länger oder kürzer) garen.

2 Die Auberginen auf einem Drahtrost so weit auskühlen lassen, dass man die Schale mit den Fingern anfassen und abziehen kann. Zuletzt den Stielansatz abschneiden.

3 Die Aubergine in Scheiben, Streifen und dann in Würfel schneiden. Da das gegarte Fruchtfleich sehr weich ist, wird dabei eine Art Püree entstehen. Falls gewünscht, kann man es im Mixer weiter pürieren (aber Achtung, es gibt leicht Mus!).

4 Das Auberginenpüree kann jetzt zu einem beliebigen Fleischteig gegeben werden, zum Beispiel zu den zitrusparfümierten, würzigen mexikanischen Würstchen (Rezept Seite 94) oder (wie oben) zu den pikanten Klopsen mit Zitronengras (Rezept Seite 95).

# KÜCHENGERÄTE

MODERNE ANTIHAFTBESCHICHTETE BACKBLECHE und -formen sowie beschichtete Kochgeschirre mit schwerem Boden machen das fettarme Kochen leichter denn je. Vor allem beschichtete Pfannen werden bei unseren Rezepten vorrangig eingesetzt. Darüber hinaus benötigt man ein paar sorgfältig ausgewählte Küchenmaschinen mit Zusatzteilen und einen Satz guter Rührschüsseln. Messer und alle anderen Utensilien sollten von guter Qualität sein, damit das Kochen zu einem echten Vergnügen wird.

**BESCHICHTETES BACKBLECH** *mit etwas höherem Rand (links); es ist bestens geeignet, um Biskuitböden zu backen, wie man sie etwa für die Schokoladenroulade (Seite 118) benötigt.*

**EINE KASTENFORM** *(links), ebenfalls beschichtet, ist ideal für Weißbrot.*

**EIN MUFFINBLECH** *(links) zum Backen von Maismehlbrötchen (Seite 154). Man kann aber auch Papierbackförmchen direkt auf ein flaches Backblech setzen.*

**FLANBLECH** *(links) mit herausnehmbarem Boden; es eignet sich zum Zubereiten von süßen und salzigen Clafoutis.*

**SPRINGFORM** *(rechts) mit Antihaftbeschichtung; sie wird für einige Rezepte in diesem Buch benötigt.*

**GLATTE KRANZFORM** *(oben); man benötigt sie für den Eiweißkuchen (Seite 143).*

**BACKPAPIER** *(unten links) muss nicht extra gefettet werden. Man legt die Backform damit aus, um zu verhindern, dass der Teig anklebt.*

**EIN BACKBLECH** *mit Antihaftbeschichtung (unten) lässt sich vielseitig verwenden – zum Backen von Plätzchen und Baisers oder zum Rösten von Auberginen.*

# Küchenmaschinen

Küchenmaschinen bester Qualität, ergänzt durch gute Schüsseln und Siebe, Holzlöffel, Küchenmesser mit scharfen Schneiden, sind Geräte und Utensilien, mit denen fettarmes Kochen am besten gelingt.

Sieb

Holzlöffel

Glasschüssel

Plastik-Sprühflasche

Mixer

Küchenmaschine

**Standmixer** – *hervorragend geeignet, um Mixgetränke herzustellen oder Suppen und Saucen zu pürieren.*

**Öl-Wasser-Spray** – *unentbehrlich beim fettarmen Kochen. Lässt sich problemlos aus hochwertigem Öl und Wasser selber herstellen und in Sprühflaschen abfüllen, die eigentlich zum Besprühen von Zimmerpflanzen oder Bügelwäsche gedacht sind.*

**Küchenmaschine** – *kann je nach verwendetem Einsatz zum Zerkleinern trockener Zutaten, zum Rühren und Aufschlagen von Teigen oder auch zum Raspeln und Reiben von Gemüsen eingesetzt werden.*

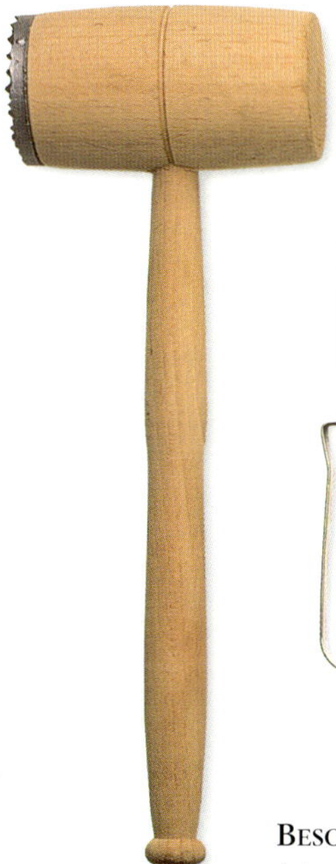

**Fleischklopfer** – *ein ideales Gerät, nicht nur für Fleisch. Auch Knoblauchzehen lassen sich damit durch einen leichten Schlag von der Knolle lösen.*

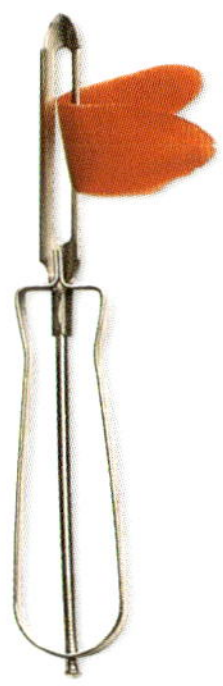

**Sparschäler** *mit beweglicher oder fester Klinge zum hauchdünnen Abschälen.*

**Kuchennadel** *zum Testen, ob ein Kuchen gar ist. Kommt sie, in den gebackenen Teig gestochen, sauber heraus, ist der Kuchen durch. Auch zum Anstechen von Auberginen und Kartoffeln vor dem Backen geeignet.*

**Bratpfanne** *mit Antihaftbeschichtung. Sie ist für viele Zubereitungsarten nützlich. Eine Pfanne mit einem Bodendurchmesser von 30 cm ist ein sehr gutes Allzweckgerät.*

**Beschichteter Wok und Dämpfeinsatz.** *Der Wok ist zum schnellen Braten unter Rühren, zum Sautieren und – mit dem Einsatz – zum Dämpfen und Räuchern geeignet. Der Deckel muss fest schließen.*

**Omelettpfanne** – *sie muss aufgrund ihrer Beschichtung nicht eingefettet werden, sollte aber höchstens 20 cm Bodendurchmesser haben.*

**Grillpfanne** *für die Herdplatte; sie ist viereckig zur besseren Aufnahme des Bratguts und hat Rillen, die auf dem Gegrillten charakteristische Streifen hinterlassen.*

# GEWÜRZE UND ANDERE ZUTATEN

DAS AUFREGENDE an dieser Art des Kochens ist der weitgehende Verzicht auf zusätzliche Fette und vollfette Milchprodukte, was den Speisen eine Leichtigkeit und Frische verleiht, die viele Aromen erst richtig zur Geltung kommen lassen. Allzu viele fette Zutaten können eine Speise pappig machen; die Geschmacksknospen scheinen regelrecht zu verkleben. Ohne die schwere Übersättigung, die durch Fette hervorgerufen wird, entfalten die frischen, naturbelassenen Zutaten ihre ganze geschmackliche Fülle. Manche Würzzutaten werden so regelmäßig verwendet wie Butter, Öl oder Sahne in der traditionellen Küche.

## GEMÜSE

Gemüse sind unverzichtbar in der fettarmen Küche; sie liefern Farbe, Nährstoffe, Konsistenz, Ballaststoffe und Geschmack. Sowohl im Hinblick auf ihren Nährwert als auch auf ihre Optik sind sie der Hauptgrund, warum das fettarme Kochen derart beliebt wurde.

**KNOBLAUCH** *verliert geröstet oder geschmort seine Penetranz. Er verleiht Konsistenz und aromatische Fülle, ist aber roh zerdrückt am gesündesten.*

**PFEFFERSCHOTEN** *gibt es in vielen Varianten. Frische Schoten entkernen (die Samen sind bitter). Getrocknete Chillies lassen sich leichter dosieren.*

**BOHNEN** *aller Art gibt es vorgekocht in der Dose (hier Borlottibohnen); das erspart einem lange Einweich- und Kochzeiten.*

**PASSATA** *ist ein dünnflüssiges, nicht sehr intensives Tomatenpüree.*

**SCHWARZE OLIVEN** *werden entkernt und dann Würzmischungen beigegeben, die diesen den Geschmack des Olivenöls verleihen.*

**DOSENPAPRIKA** *ist ein schneller Ersatz für frischen Paprika, der erst gegrillt und gehäutet werden muss. Er sollte in Salzlake eingelegt sein.*

**AUBERGINEN** *sind eine magische Zutat. Geröstet, geschält und püriert kann man sie mageren Hackfleischteigen beimengen; roh fein gewürfelt Würzsaucen beigegeben, nehmen sie jeden Geschmack auf und verstärken das Aroma.*

**TOMATENMARK** *verleiht – in kleinen Mengen verwendet – Farbe und intensiven Tomatengeschmack.*

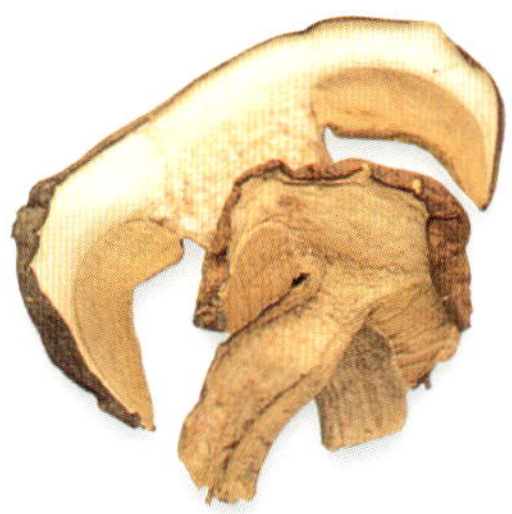

**GETROCKNETE EDELPILZE** *(Steinpilze); sie werden in heißem Wasser eingeweicht. Das Einweichwasser ergibt einen aromatischen Fond.*

**PAPRIKASCHOTEN** *sind eine unentbehrliche Zutat, entweder roh und geschält oder gegrillt, gehäutet und püriert als Beigabe zu Saucen und Suppen.*

**GESCHÄLTE TOMATEN** *aus der Dose, ganz oder in Stücken, verwendet man für Saucen, Suppen und Eintöpfe.*

**GETROCKNETE TOMATEN** *werden klein geschnitten und tragen zu einem rauchigen Karamellgeschmack bei.*

## SAUCEN

Industriell gefertigte Würzsaucen sollte man sparsam verwenden, weil sie sehr intensiv sind und leicht andere Geschmäcker überdecken. Hoisin- und Teriyakisauce (ersatzweise Sojasauce) gibt es in Asienläden oder in großen Supermärkten.

**HOISINSAUCE** *ist der Sojasauce ähnlich, doch süßer und etwas dicklicher.*

**WORCESTERSAUCE** *ist eine pikante säuerliche Würzsauce; passt zu Tabasco.*

**TABASCO** *wird aus kleinen Pfefferschoten gewonnen; feurig scharf und säuerlich.*

**TERIYAKISAUCE** *enthält Sojasauce, süßen Reiswein (Sake) und Hühnerbrühe.*

## ÖLE UND ESSIGE

Öle, in winzigen Mengen in Öl-Wasser-Sprays verwendet, dienen als Würze sowie als Antihaftmittel und machen Salate geschmeidiger. Essige sorgen für leichte Säure.

**OLIVENÖL,** *sofern kalt gepresst, hat einen unvergleichlichen Geschmack.*

**SONNENBLUMENÖL** *ist preiswert und trägt geschmacklich nicht auf.*

**SESAMÖL,** *intensiv im Geschmack, passt zu asiatischen Gerichten.*

**DISTELÖL** *ist neutral im Geschmack, aber sehr gesund.*

**BALSAMESSIG** *ist je nach Reifegrad unterschiedlich intensiv.*

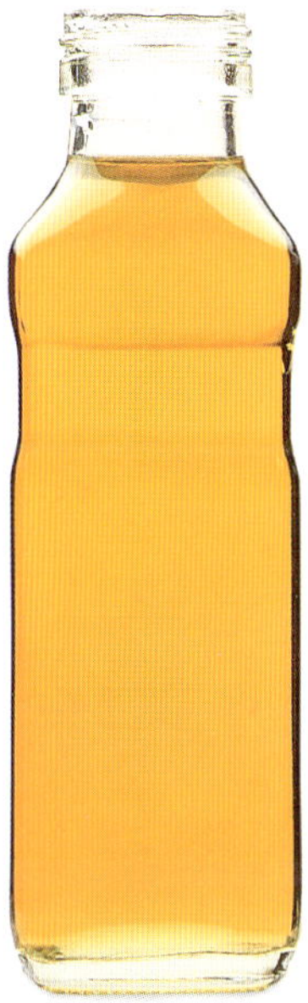

OLIVENÖL

SONNENBLUMENÖL

SESAMÖL

DISTELÖL

BALSAMESSIG

## KRÄUTER

Verwenden Sie frische Kräuter als geschmackliche Ergänzung.

**GLATTBLÄTTRIGE PETERSILIE** *ist aromatischer als die krause Variante.*

**BASILIKUM** *ist würzig, erinnert an Nelke und Pfeffer. Passt zu Knoblauch, Zitrone und Tomate.*

**ROSMARIN** *hat streng schmeckende Nadeln, die man eher zum Kochen als zur Verzierung verwendet.*

**MINZE** *schmeckt pfeffrig-frisch, passt zu Süßspeisen ebenso wie zu salzigen Zubereitungen.*

**KORIANDER** *(Wanzenkraut) hat einen gewöhnungsbedürftigen muffigen Geschmack.*

## GEWÜRZE

Im Folgenden werden nur die wichtigsten, gern zum fettarmen Kochen verwendeten Gewürze präsentiert.

**DIJONSENF** *ist scharf, andere Senfarten können mild bis süßlich sein. Alle verleihen eine interessante Geschmacksnote.*

**KURKUMA,** *wichtiger Bestandteil des Currys, färbt intensiv gelb.*

**PAPRIKA,** *edelsüß bis sehr scharf, würzt und färbt die Speisen.*

**CAYENNE,** *der aus Chilischoten hergestellte rote Pfeffer, ist fruchtig-scharf.*

**KORIANDERSAMEN** *haben einen anderen Geschmack als die Blätter.*

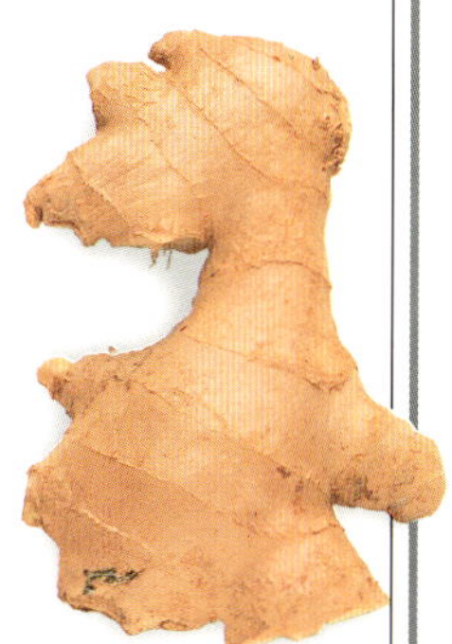

**FRISCHE INGWERWURZEL** *wird geschält und geschnitten oder zerdrückt. Sehr fruchtig-scharf.*

## MILCHPRODUKTE

Heutzutage sind fettarme oder stark fettreduzierte Milchprodukte auf dem Markt, die sehr locker und cremig sind. Man kann sie für Saucen und Dips, vor allen Dingen aber für Süßspeisen verwenden. Da sie Produkte ersetzen, die bis zu 80 % Fett enthalten können (etwa Mascarpone), kann man den Wert dieser Produkte gar nicht hoch genug einschätzen.

**QUARK** *ist auch als fast fettfreie Variante glatt und cremig. Er ist leicht säuerlich, ohne direkt sauer zu sein, und passt zu vielen Rezepten.*

**RICOTTA,** *süßer und cremiger als Quark, hat meist 14 % Fett und kann statt fetterer Crème fraîche, Sahne oder Mascarpone verwendet werden.*

**MOZZARELLA** *(fettarme Sorte mit 10 % Fett) ist sehr mild, wird in Lake in Plastikbeuteln angeboten; zieht erhitzt die typischen Fäden.*

**MAGERMILCHPULVER** *wird mit den Vitaminen A und D angereichert. Geben Sie es in Magermilch, um deren Konsistenz und Nährwert zu erhöhen.*

**MAGERMILCH** *wirkt voller und runder, wenn man etwas Magermilchpulver dazugibt. Man verwendet sie für Suppen, Saucen, Flans und Puddings.*

**MAGERJOGURT** *lässt man über einem mit Mull ausgelegten Sieb über Nacht abtropfen. Er verliert die Hälte seines Gewichts, wird aber fest wie Quark.*

**FRISCHKÄSE** *wird aus Magermilch mit entsprechenden Kulturen hergestellt, schmeckt leicht säuerlich, kann Sahne, Schmant und Crème fraîche ersetzen.*

## WEINE

Weiß- und Rotwein, aber auch Sherry, Vermouth und andere eignen sich als geschmacksbereichernde Beigaben zu Fonds und Saucen. Während des Kochens verflüchtigt sich der Alkohol. Kleine Mengen von Likören verleihen Süßspeisen Duft und feines Aroma.

**ROTWEIN** *sollte von guter, trockener, auch pur trinkbarer Sorte sein.*

**WEISSWEIN** *sollte trocken und leicht sein; keine schwere süßliche Auslese.*

**AMARETTO,** *ein Mandellikör, betört durch seinen Duft; passt zu Süßspeisen.*

**SHERRY** *(möglichst trocken, keinesfalls »cream« oder »Oloroso«).*

**COINTREAU** *ergänzt Süßspeisen mit Orangen und Vanille.*

**VERMOUTH** *(weiß und rot, trocken) hat ein schönes Kräuterbouquet.*

ROTWEIN

WEISSWEIN

AMARETTO

SHERRY

VERMOUTH

COINTREAU

## Säfte

Zitrussäfte sind wichtig, denn sie enthalten Vitamine und machen Fleisch zart. Die abgeschälte oder auch abgeriebene Schale unbehandelter Früchte ist eine aromatische Zutat zu Saucen und Desserts.

Zitrone

Limone

Orange

## Desserts

Fettarme Desserts lassen sich herstellen, wenn man die ganze Bandbreite fettarmer Milchprodukte verwendet und mit allerlei guten Zutaten mischt. Da gibt es stark entölten Kakao, fettarme Schokolade mit hohem Kakaoanteil, duftende Liköre, reife frische Früchte, getrocknete Früchte, Kompotte und Marmeladen ... Ich liebe altmodische Desserts, die durch fettarme Produkte auf einen modernen Stand gebracht wurden: Reis- und Brotpudding, Clafoutis und Schichtdesserts.

**Schokolade;** *nur edelbittere Sorten mit einem Kakaoanteil von mindestens 70 %.*

**Kakaopulver** *sollte stark entölt sein und wenig Fett enthalten.*

**Speisestärke** *nimmt man in kleinen Mengen zum Andicken von Saucen.*

**Zerealien** *und zerstoßene Amaretti dienen als knusprige Brösel.*

**Amaretti** *(Mandelkekse) sollten aus Aprikosenkernen, nicht aus den fetthaltigen Mandeln hergestellt sein.*

**Getrocknete Birnen** *sind üblicher Bestandteil von gemischtem Dörrobst.*

**Getrocknete Pfirsiche** *kann man zu Marmelade verarbeiten und beim Backen verwenden.*

**Getrocknete Aprikosen** *schmecken noch intensiver als frische; sie passen zu vielen Desserts.*

**Getrocknete Feigen** *kann man für Desserts und Kuchen verwenden.*

**Getrocknete Kirschen** *passen mit Rosinen, Sultaninen und Korinthen zu Desserts und Kuchen.*

Vanilleextrakt

Vanillestange

**Vanille** *ist ein Süßspeisengewürz. Die Stange aufschlitzen und das Mark herausschaben; ausgeschabte Stangen in Rum einlegen.*

**Marmeladen** *und Gelees werden oft statt Zucker verwendet; sie liefern interessante Geschmacksnuancen.*

Aprikose

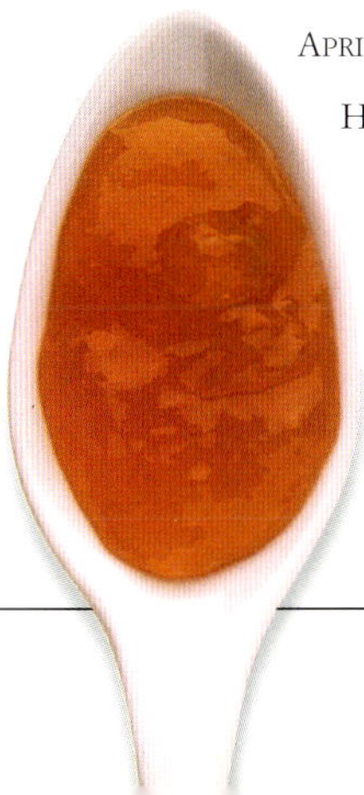

Heidelbeere

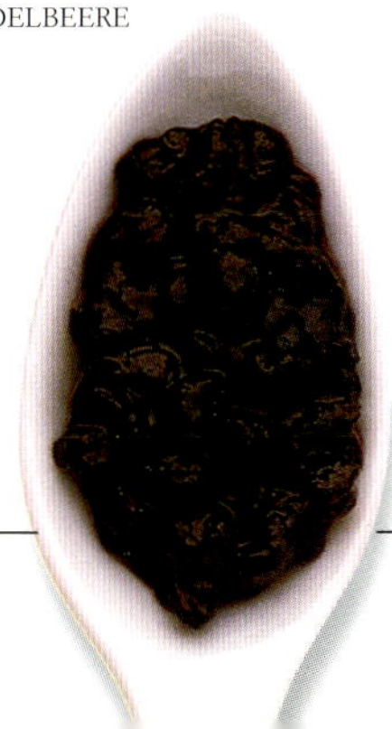

**Orangenmarmelade** *verleiht mit ihrem bitter-herben Geschmack neuartige Akzente.*

**Honig** *ist ein beliebtes Süßmittel (ist er zu fest, im Wasserbad erhitzen).*

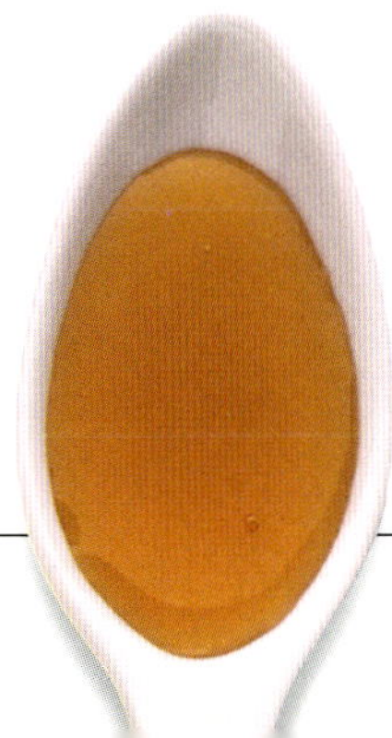

**Strudelteig,** *in Platten geschnitten, kann mit Öl-Spray eingesprüht werden und den Blätterteig ersetzen.*

# Rezepte

Ab hier nun beginnt das fettarme Kochen für Liebhaber und solche, die es werden wollen: Mehr als 150 Rezepte, die eine breit gefächerte Auswahl an Zutaten aus aller Welt zu Gerichten verarbeiten, die nicht nur eine Sinnenfreude für die Geschmacksknospen darstellen, sondern auch jedem Appetit gerecht werden. Leichte Salate, Snacks und kleine Vorspeisen können auch den kleinen Hunger zwischendurch stillen, ohne das schlechte Gewissen zu wecken. Eine grosse Auswahl an Hauptgerichten mit Fleisch, Fisch oder Geflügel, Gemüsen, Pasta, Getreide und Hülsenfrüchten versprechen Sättigung, während leckere Desserts, Kekse und Kuchen die Schleckermäuler erfreuen werden.

# SUPPEN UND VORSPEISEN

KROSS GERÖSTETE WEISSBROTSCHEIBEN mit einer Auswahl von Dips und Aufstrichen, so genannte Crostini, sind ein verlockender Einstieg zu einem feinen Essen. Auch kräftige Suppen können eine delikate Vorspeise darstellen, besonders, wenn sie die unterschiedlichsten Gemüse, Gewürze und Kräuter enthalten, die ihnen Konsistenz, Geschmack, Farbe und Duft verleihen. Tatsächlich gehen Crostini und Suppen eine so perfekte Verbindung ein und sind so nahrhaft, dass eigentlich kein weiteres Essen mehr folgen müsste.

## DUFTENDE GEMÜSESUPPE

*Diese Gemüsesuppe könnte auch »Neuzeitliche Minestrone« heißen – denn diese sanft gewürzte, mit Zitrone aromatisierte Kombination aus Gemüsen, Kräutern und kleinen Nudeln erinnert an entsprechende italienische Zubereitungen.*

### ZUTATEN

- *1 rote Zwiebel, grob gehackt*
- *1 Karotte, längs halbiert und in Stücke geschnitten*
- *1 gelben und 1 roten Paprika, halbiert, entkernt, geschält und in Stücke geschnitten (s. S. 34)*
- *1 rote Pfefferschote, entkernt, fein geschnitten*
- *Saft von 1 Limone*
- *abgeriebene Schale von ¼ Limone*
- *1 TL gemahlener Kreuzkümmel*
- *½ TL Paprikapulver*
- *1,8 l Gemüsefond (s. S. 30)*
- *500 g geschälte Kartoffeln, in 2,5 cm große Würfel geschnitten*
- *500 g Fenchel, in 2,5 cm große Würfel geschnitten*
- *1 Dose geschälte Tomaten (425 g), abgetropft und in Streifen geschnitten*
- *250 g Maiskörner (TK-Ware, aufgetaut)*
- *2 Zucchini (je etwa 180 g), längs halbiert und in 2,5 cm große Stücke geschnitten*
- *1 EL Tomatenmark*
- *Saft von ½ großen Orange*
- *60 g kleine Suppennudeln*
- *einige Spritzer Tabasco*
- *Salz, frisch gemahlener schwarzer Pfeffer*
- *glattblättrige Petersilie als Garnierung*

1 Zwiebel, Karotte, Paprika, Pfefferschote, die Hälfte des Limonensafts, die ganze Limonenschale, die Gewürze und 300 ml Fond in einen Topf geben. Zugedeckt zum Kochen bringen und 10 Minuten kräftig kochen lassen.

2 Den Deckel abnehmen und weitere 150 ml Fond angießen. Kartoffeln und Fenchel zugeben, 6–8 Minuten kochen lassen, bis die Flüssigkeit fast verdampft ist und die Gemüse beinahe gar sind. Tomaten zugeben und würzen. Weitere 125 ml Fond zugießen und 4–5 Minuten simmern lassen, dann Mais und Zucchini zugeben, 3–4 Minuten köcheln lassen.

3 3 EL der Suppe (ohne Kartoffel- oder Zucchinistücke) in einen Mixer geben, das Tomatenmark und 3–4 EL des restlichen Fonds zugeben und zu einem Püree mixen, in die Suppe zurückschütten. Den restlichen Fond, den verbliebenen Limonen- sowie den Orangensaft zugießen. Die Nudeln zugeben und mit Tabasco würzen.

4 Weitere 7–10 Minuten kochen lassen, bis die Nudeln weich sind, mit Salz und Pfeffer, Zitrussaft und Tabasco abschmecken. Petersilie überstreuen und die Suppe servieren. Nach Geschmack je Teller einen Löffel Paprika und Oregano Pistou (s. S. 65) zugeben.

**Pro Portion**

| | |
|---|---|
| Fett gesamt (g) | 3 |
| Gesättigte Fettsäuren (g) | 1 |
| Ungesätt. Fettsäuren (g) | 2 |
| Cholesterin (mg) | 0 |
| Natrium (mg) | 327 |
| Kalorien | 260 |

**Ergibt**
6 Portionen

**DUFTENDE GEMÜSESUPPE** *ist eine leicht gewürzte Mischung aus verschiedenen bunten Gemüsen und kleinen Suppennudeln.*

## SUPPE VON ROTEN BOHNEN, PAPRIKA UND AUBERGINEN

*Ein Klacks gelbes Paprikapüree verleiht jedem Teller dieser samtigen Suppe einen verlockenden Akzent.*

**ZUTATEN**

*600 ml Tomaten-Auberginen-Sauce (s. S. 62)*

*4 Dosen rote Kidneybohnen zu je 425 g, abgespült und abgetropft*

*600 ml Fond (s. S. 30)*

*einige Spritzer Tabasco*

*einige Spritzer Worcestersauce*

*Salz, frisch gemahlener schwarzer Pfeffer*

*1 roter Paprika, gegrillt (s. S. 35)*

*1 gelber Paprika, gegrillt (s. S. 35)*

*½ TL Sambal Oelek (scharfe Pfefferpaste)*

1 Sauce, Bohnen und Fond in einen großen Topf geben, mit Tabasco und Worcestersauce, Salz und Pfeffer würzen, 10 Minuten köcheln und dann leicht abkühlen lassen.

2 Den roten Paprika (mit allem Saft) zur Suppe geben, die Suppe portionsweise im Mixer zu samtiger Konsistenz pürieren.

3 Den gelben Paprika mit dem Sambal Oelek pürieren. Die Suppe in tiefe Teller füllen und auf jeden Teller eine kleine Portion des gelben Paprikapürees setzen.

| **Pro Portion** | |
|---|---|
| Fett gesamt (g) | 2 |
| Gesättigte Fettsäuren (g) | 1 |
| Ungesätt. Fettsäuren (g) | 1 |
| Cholesterin (mg) | 0 |
| Natrium (mg) | 1077 |
| Kalorien | 295 |

**Ergibt**
6 Portionen

## WÜRZIGE SÜSSKARTOFFELSUPPE

*Diese Suppe ist in der Farbe atemberaubend und in ihrer Konsistenz unwiderstehlich. Ihre Cremigkeit erzielt sie durch die Süßkartoffel; erstaunlich, wenn man bedenkt, dass ihr keinerlei Sahne oder andere Milchprodukte beigegeben sind. Ein Beweis für die These, dass Gemüsepürees unendlich vielseitig sein können.*

**ZUTATEN**

*1,5 l Gemüsefond (s. S. 30)*

*Saft von 2 Limonen*

*2 rote Zwiebeln, gewürfelt*

*6 große Knoblauchzehen, zerdrückt*

*ein 1 cm großes Stück frischer Ingwer, geschält und zerdrückt*

*4 getrocknete Tomaten, klein geschnitten*

*1–2 Msp. getrocknete Pfefferschoten*

*½ TL Kurkuma*

*1 TL gemahlener Kreuzkümmel*

*½ TL gemahlener Koriander*

*500 g Kartoffeln, geschält und in Stücke geschnitten*

*1 kg Süßkartoffeln, geschält und in Stücke geschnitten*

*einige Spritzer Tabasco*

*Salz, frisch gemahlener schwarzer Pfeffer*

*frischer Schnittlauch, mit der Schere geschnitten, als Garnierung*

1 300 ml des Fonds, den Saft von 1 Limone, Zwiebeln, Knoblauch, Ingwer, getrocknete Tomaten, Pfefferschoten und Gewürze in einen Topf geben, zudecken und kräftig kochen lassen. Deckel abnehmen und weiter kochen lassen, bis die Flüssigkeit fast verdunstet ist und die Zwiebeln im eigenen Saft schmoren.

2 Auf mittlere Hitze schalten, beide Arten Kartoffeln zugeben, gut durchrühren und ein wenig Farbe annehmen lassen. Den restlichen Fond einrühren und mit Tabasco abschmecken. Halb zugedeckt 15 Minuten simmern lassen, bis die Kartoffeln weich sind.

3 Wenn Sie einen Mixstab haben, sollten Sie ihn direkt in den Topf halten und die Suppe pürieren; geben Sie ihn anderenfalls portionsweise in den Standmixer. Die Suppe sollte glatt und samtig werden. Schütten Sie sie in den Topf zurück. Geben Sie mehr Fond zu, wenn sie als zu dick erscheint. Schmecken Sie mit dem restlichen Zitronensaft, Salz, Pfeffer und Tabasco ab. Servieren Sie sie mit Schnittlauch garniert.

| **Pro Portion** | |
|---|---|
| Fett gesamt (g) | 1 |
| Gesättigte Fettsäuren (g) | <1 |
| Ungesätt. Fettsäuren (g) | <1 |
| Cholesterin (mg) | 0 |
| Natrium (mg) | 306 |
| Kalorien | 277 |

**Ergibt**
6 Portionen

# – Suppe aus weissen Bohnen, Süsskartoffeln und Fenchel –

*Dieses aromatische Gericht, das eher ein Gemüseeintopf als eine dicke Suppe ist, könnte mit etwas Knoblauchbrot durchaus als Hauptmahlzeit dienen. Um die Suppe cremig zu machen, püriert man sie im Standmixer oder mit dem Mixstab, gibt noch etwas Fond dazu und schmeckt noch einmal ab.*

## Zutaten

*900 ml Gemüsefond (s. S. 30)*

*125 ml Amontillado Sherry*

*2 Fenchelknollen, geputzt und klein geschnitten*

*6 Zwiebeln, in Ringe geschnitten*

*1 Zucchini (etwa 125 g), in Würfel geschnitten*

*1 Süßkartoffel, geschält und in Stücke geschnitten*

*2 Knoblauchzehen, zerdrückt*

*½ cm Ingwer, geschält, zerdrückt*

*1 rote Pfefferschote, entkernt, klein geschnitten*

*1 TL Kurkuma*

*1 TL Paprikapulver*

*1½ TL gemahlener Kreuzkümmel*

*1½ TL gemahlener Koriander*

*Saft von 1 Orange und ½ Limone*

*2 Dosen weiße Bohnen (je 400 g), gewaschen und abgetropft*

*1 gelber Paprika, gegrillt und gehäutet (s. S. 35)*

*Salz, frisch gemahlener schwarzer Pfeffer*

*glatte Petersilie und Koriandergrün zum Garnieren*

1 300 ml des Fonds in einen Topf geben. Sherry, Fenchel, Zwiebeln, Zucchini, Süßkartoffel, Knoblauch, Ingwer, Pfefferschote, Gewürze und Zitrussäfte hinzufügen. Topf zudecken und 5 Minuten kräftig kochen lassen. Deckel abnehmen und weiter kochen lassen, bis die Flüssigkeit fast verdunstet ist und die Gemüse im eigenen Saft schmoren.

2 Bohnen und Paprika mit allem Saft zugeben, mit Salz und Pfeffer würzen, den restlichen Fond angießen und weitere 5 Minuten köcheln, dann auskühlen lassen.

3 300 ml der Suppe in den Mixer geben, pürieren und in die Suppe zurückgeben. Wieder erhitzen, abschmecken, eventuell nachwürzen, mit den Kräutern garnieren.

**Pro Portion**

| | |
|---|---|
| Fett gesamt (g) | 2 |
| Gesättigte Fettsäuren (g) | 1 |
| Ungesätt. Fettsäuren (g) | 1 |
| Cholesterin (mg) | 0 |
| Natrium (mg) | 697 |
| Kalorien | 200 |

**Ergibt**
6 Portionen

# KÜRBIS-INGWER-LIMONEN-PÜREE

*Dieses leuchtend orangefarbene Püree ist glatt, reichhaltig und würzig. Streichen Sie es auf bestes Brot, servieren Sie es als Dip oder stellen Sie es statt Butter in kleinen Schälchen auf den Tisch.*

## ZUTATEN

*1 gelber Flaschenkürbis*

*Öl-Wasser-Spray (s. S. 29)*

*2 große Knoblauchzehen*

*2,5 cm frische Ingwerwurzel, geschält*

*Amontillado Sherry*

*Salz, frisch gemahlener schwarzer Pfeffer*

*2 EL Buttermilch*

*einige Spritzer Tabasco*

*einige Spritzer Worcestersauce*

*Saft von ½ Limone*

1 Den Kürbis halbieren, Kerne und Gewebe herauskratzen. Die ausgekratzte Seite mit Öl-Wasser-Spray besprühen und die Hälften mit der offenen Seite nach oben auf ein Backblech legen. Knoblauch und Ingwer zusammen zerstampfen, die Hälfte davon in die Kürbisse verteilen, salzen und kräftig pfeffern. Dann jede Hälfte zu drei Vierteln mit Sherry füllen.

2 Die Kürbishälften im vorgeheizten Rohr etwa 45 Minuten lang backen, bis das Kürbisfleisch weich ist. Zwischendurch die Höhlung und die Oberseite der Kürbisse mit einem Pinsel mit dem Sherry benetzen. Bis der Kürbis weich ist, hat sich der Sherry verflüchtigt.

3 Die Kürbisse aus dem Ofen nehmen, abkühlen lassen und anschließend mit einem sauberen Tuch austupfen.

4 Das Kürbisfleisch auskratzen, zusammen mit allen übrigen Zutaten in den Mixer geben und zu einer glatten Paste pürieren. Anschließend abschmecken und je nach Bedarf eher sauer oder scharf nachwürzen.

**Pro Gesamtmenge**

| | |
|---|---|
| Fett gesamt (g) | 2 |
| Gesättigte Fettsäuren (g) | <1 |
| Ungesätt. Fettsäuren (g) | 1 |
| Cholesterin (mg) | 1 |
| Natrium (mg) | 70 |
| Kalorien | 268 |

**Ofentemperatur**
200 °C

**Backzeit**
etwa 45 Minuten

**Ergibt**
600 ml

# GUACAMOLE VON GRÜNEN ERBSEN

*Für dieses Rezept habe ich die sehr fetthaltigen Avocados durch grüne Erbsen ersetzt, um eine frische, fettarme Guacamole herzustellen. Verwenden Sie die beste Sorte vorfabrizierter Salsa, die Sie auftreiben können. Auf Seite 61 ist die Guacamole abgebildet.*

## ZUTATEN

*1–2 große Knoblauchzehen, zerdrückt*

*1 EL Limonensaft*

*1 EL Zitronensaft*

*500 g feine Markerbsen (TK-Ware, aufgetaut)*

*2 EL gehackte Petersilie*

*2 EL gehacktes Koriandergrün*

*1 EL gehackte Minzeblätter*

*1–2 EL Mexikanische Salsa (mittelscharf oder scharf nach Geschmack)*

*Salz*

1 Den Knoblauch zusammen mit Limonen- und Zitronensaft in ein Schüsselchen geben und 10 Minuten marinieren lassen.

2 Die Knoblauchmischung, die Erbsen, die Kräuter und die Mexikanische Salsa in den Mixer geben, salzen und das Ganze zu fast glattem Püree verarbeiten. Abschmecken und ggf. mit Zitrussaft, Salsa oder Salz nachwürzen.

## VARIATION

**Erbsenpüree:** 500 g aufgetaute Erbsen mit 350 ml Fond, 2 zerdrückten Knoblauchzehen und dem Saft von ½ Limone kochen lassen, bis die Erbsen gar, aber noch immer leuchtend grün sind. Im Mixer zu einem glatten Püree verarbeiten, mit Salz, Pfeffer und eventuell mehr Limonensaft abschmecken. Zuletzt 1 TL frische, gehackte Minzeblättchen zugeben.

**Pro Gesamtmenge**

| | |
|---|---|
| Fett gesamt (g) | 5 |
| Gesättigte Fettsäuren (g) | 1 |
| Ungesätt. Fettsäuren (g) | 4 |
| Cholesterin (mg) | 0 |
| Natrium (mg) | 175 |
| Kalorien | 267 |

**Ergibt**
600 ml
(etwa 4 Portionen)

# ROTE-BETE-AUFSTRICH MIT HOISIN-ZITRONE

*Im Ofen gegarte Rote Bete, grob püriert und vermischt mit würzenden Geschmacksgebern, die einen Gegensatz zum erdigen Geschmack der roten Knolle bilden, ergibt einen aufregenden Aufstrich.*

### ZUTATEN

*250 g im Ofen gegarte Rote Bete, in Stücke geschnitten (s. S. 78)*

*1½ EL Hoisinsauce*

*2 EL Zitronensaft*

Alle Zutaten in den Mixer geben und durchmixen, bis ein grobes Püree entsteht, das noch Stücke enthält. Abschmecken und mehr Hoisinsauce oder Zitronensaft zugeben.

### VARIATION

Statt der Hoisinsauce kann man fertig gekauftes scharfes oder mildes Mango-Chutney verwenden.

| **Pro Gesamtmenge** | |
|---|---|
| Fett gesamt (g) | 1 |
| Gesätt. Fettsäuren (g) | unb. |
| Ungesätt. Fettsäuren (g) | 1 |
| Cholesterin (mg) | 0 |
| Natrium (mg) | 462 |
| Kalorien | 133 |

**Ergibt**
300 ml

# SÜSSKARTOFFELAUFSTRICH

*Auch dieses glatte, reichhaltige Püree kann man als Brotaufstrich oder Dip reichen. Die Süßkartoffel bekommt beim Kochen eine butterähnliche glatte Konsistenz. Die Gewürze und die Zitrussäfte ergänzen ihre Süße ideal.*

### ZUTATEN

*1 Süßkartoffel, etwa 425 g*

*2 große Knoblauchzehen, zerdrückt*

*3 getrocknete Tomaten, klein geschnitten*

*½–1 Pfefferschote, entkernt, klein geschnitten*

*½ EL Kurkuma*

*½ TL gemahlener Kreuzkümmel*

*½ TL gemahlener Koriander*

*½ TL Paprikapulver*

*Saft von ½ Limone und ½ Zitrone*

*300 ml Fond (s. S. 30)*

*1–2 EL Buttermilch*

*Salz, gemahlener schwarzer Pfeffer*

1 Die Süßkartoffel mehrmals mit einer Gabel anstechen, auf das Backblech in den vorgeheizten Ofen legen und weich garen.

2 Inzwischen alle Zutaten außer Buttermilch, Salz und Pfeffer in eine Pfanne geben und auf starker Hitze kochen, bis alle Flüssigkeit fast verdampft ist.

3 Die Kartoffel pellen und in groben Stücken in einen Mixer geben. Den Pfanneninhalt, Buttermilch, Salz und Pfeffer hinzufügen, alles zu einem glatten Püree verarbeiten, abschmecken und eventuell nachwürzen.

| **Pro Gesamtmenge** | |
|---|---|
| Fett gesamt (g) | 4 |
| Gesättigte Fettsäuren (g) | 1 |
| Ungesätt. Fettsäuren (g) | 3 |
| Cholesterin (mg) | <1 |
| Natrium (mg) | 473 |
| Kalorien | 467 |

**Ofentemperatur**
200 °C

**Backzeit**
etwa 45 Minuten

**Ergibt**
250 ml

# PÂTÉ VON WILDEN PILZEN

*Diese Pâté ist ein herrlicher Aufstrich, zu dem man sich das beste und knusprigste Brot leisten sollte, das man bekommen kann.*

### ZUTATEN

*1 Portion Pilzvariation »wild« (s. S. 74)*

*1 TL Dijonsenf mit rotem Pfeffer*

*1 paar Tropfen Zitronensaft*

Alle Zutaten zusammen in den Mixer geben und zu einem nicht zu feinen Püree verarbeiten. Kräftig abschmecken.

| **Pro Portion** | |
|---|---|
| Fett gesamt (g) | 1 |
| Gesätt. Fettsäuren (g) | unb. |
| Ungesätt. Fettsäuren (g) | 1 |
| Cholesterin (mg) | 0 |
| Natrium (mg) | 123 |
| Kalorien | 53 |

**Ergibt**
4 Portionen

## THUNFISCH UND CHUTNEY-DIP

*Dieser ausgesprochen würzige Dip macht das Beste aus einer Dose Thunfisch. Allerdings muss es der in Wasser eingelegte sein! Wählen Sie hier ebenso wie bei den Chutneys nur die allerbeste Qualität – es lohnt sich.*

### ZUTATEN

*2 Dosen Thunfischstücke (je 185 g) in Wasser, auf einem Sieb gut abgetropft*

*1 geh. EL scharfes Mango-Chutney (Fertigprodukt)*

*1 geh. EL Tomaten-Chutney (Fertigprodukt)*

*1 EL sehr magerer Frischkäse*

Alle Zutaten werden zusammen in den Mixer gegeben und zu einem geschmeidigen Püree verarbeitet. Lassen Sie die Mischung mindestens eine Stunde lang ruhen, damit sich die Aromen verbinden können. Man streicht das Thunfischpüree entweder auf knuspriges Brot oder verwendet es als Dip, wobei rohe Gemüse zum Dippen bestens geeignet sind. Besonders gut schmeckt der Dip auch zu Pellkartoffeln aus festen Frühkartoffeln.

| Pro Gesamtmenge | |
|---|---|
| Fett gesamt (g) | 2 |
| Gesättigte Fettsäuren (g) | 1 |
| Ungesätt. Fettsäuren (g) | 1 |
| Cholesterin (mg) | 179 |
| Natrium (mg) | 1381 |
| Kalorien | 403 |

**Ergibt**
300 ml

## RAITA MIT KRÄUTERN

### ZUTATEN

*eine Handvoll frisch gehackter Dill, Thymian und Estragon*

*475 g magerster Jogurt oder Frischkäse*

*abgeriebene Schale von von ½ Zitrone*

Jogurt oder Frischkäse in eine Schüssel geben und mit den Kräutern und der Zitronenschale gründlich verrühren.

### VARIATION

Wählen Sie andere Kräuter nach Ihrem Geschmack: Schnittlauch, Petersilie, Minze, Koriander, Basilikum – oder auch fein geschnittene geschälte und von den inneren Kernen befreite Gurke und Minze. Geben Sie etwas frisch zerdrückten Knoblauch zu. Für eine dickere Raita lassen Sie den Jogurt auf einem mit Mull ausgelegten Sieb ein paar Stunden abtropfen.

| Pro Gesamtmenge | |
|---|---|
| Fett gesamt (g) | <1 |
| Gesätt. Fettsäuren (g) | <1 |
| Unges. Fettsäuren (g) | unb. |
| Cholesterin (mg) | 10 |
| Natrium (mg) | 401 |
| Kalorien | 192 |

**Ergibt**
600 ml

## CREMIGER MAISDIP

*Diesen lebhaften cremigen Dip könnte man auch »Santa Fe Pesto« nennen. Zuckermais, gerösteter Knoblauch, Pfefferschoten und Kräuter gehen mit Quark und Ricotta eine unvergleichlich moderne Mischung ein.*

### ZUTATEN

*1 Dose Maiskörner (375 g), abgetropft*

*½–1 Pfefferschote, entkernt und fein geschnitten*

*250 g Magerquark*

*275 g Ricotta*

*4 EL frisch geriebener Parmesan*

*Mus von 1 gerösteten Knoblauchknolle (s. S. 35)*

*Salz, frisch gemahlener schwarzer Pfeffer*

*3 EL gehackte Petersilie*

*3 EL Schnittlauch, fein geschnitten*

1 Den Mais und die Pfefferschoten in den Mixer geben und kurz grob pürieren. Quark, Ricotta, Parmesan und Knoblauchmus hinzufügen, salzen, pfeffern und erneut pürieren, bis eine glatte Masse entsteht.

2 Das Püree in eine Schüssel umfüllen, mit dem Löffel die Kräuter unterziehen. Die Schüssel mit Klarsichtfolie abdecken und bis zum Verzehr in den Kühlschrank stellen. Eignet sich als Dip, als Aufstrich oder als Garnierung dicker Suppen.

| Pro Gesamtmenge | |
|---|---|
| Fett gesamt (g) | 55 |
| Gesätt. Fettsäuren (g) | 32 |
| Ungesätt. Fettsäuren (g) | 20 |
| Cholesterin (mg) | 200 |
| Natrium (mg) | 1997 |
| Kalorien | 1304 |

**Ergibt**
600 ml

## KARTOFFELSCHALEN-DIPPER

*Ecken von knusprigen Kartoffelschalen eignen sich nicht nur hervorragend als Dipper, sie sind auch allein mit etwas frisch gemahlenem Pfeffer oder einem Hauch Cayenne oder mit ein paar Tropfen Zitronensaft eine leckere Knabberei für zwischendurch.*

### ZUTATEN

*2 sehr große Kartoffeln*

*Öl-Wasser-Spray (s. S. 29)*

1 Die Kartoffeln gründlich abschrubben, trocken tupfen und der Länge nach halbieren. Mit einem scharfen Löffel die Kartoffelhälften so aushöhlen, dass nur etwa 5 mm Fleisch über den Schalen stehen bleiben. Das ausgehöhlte Kartoffelfleisch zu Kartoffelbrei oder -suppe verarbeiten. Jede Schale der Länge nach noch einmal durchschneiden.

2 Ein beschichtetes Backblech mit Öl-Wasser besprühen, die Kartoffelviertel mit der Schalenseite nach unten auf das Blech legen und mit Öl-Wasser übersprühen. Im vorgeheizten Backofen bei 200 °C 25–35 Minuten backen.

**Pro Portion**

| | |
|---|---|
| Fett gesamt (g) | <1 |
| Gesätt. Fettsäuren (g) | unb. |
| Unges. Fettsäuren (g) | unb. |
| Cholesterin (mg) | 0 |
| Natrium (mg) | 10 |
| Kalorien | 115 |

**Ergibt**
2 Portionen

## KROSS GEBACKENES FLADENBROT

*Dips brauchen Dipper. Das können kross gebratene Kartoffelschalen sein, in mundgerechte Streifen geschnittene frische Gemüse oder aufgebackene Fladenbrote, die man fertig kauft.*

### ZUTATEN

*1 Fladenbrot (braun oder weiß)*

1 Teilen Sie das Fladenbrot in Viertel oder Achtel auf, schneiden Sie jedes Stück wie ein Brötchen auf.

2 Legen Sie die Stücke nebeneinander auf ein Backblech. Backen Sie sie im vorgeheizten Backofen bei 150 °C 10–15 Minuten auf, bis die Fladenbrotstücke trocken und knusprig sind – sozusagen fettfreies Knusperbrot.

**Pro Portion**

| | |
|---|---|
| Fett gesamt (g) | <1 |
| Gesätt. Fettsäuren (g) | unb. |
| Unges. Fettsäuren (g) | <1 |
| Cholesterin (mg) | 0 |
| Natrium (mg) | 156 |
| Kalorien | 80 |

**Ergibt**
4 Portionen

# SALATE UND DRESSINGS

WER SICH FETTARM ERNÄHREN WILL, muss auf Vinaigretten und Salatsaucen mit Sahne oder gar Mayonnaise verzichten. Das heißt aber keineswegs, dass man seinen Salat nur mit ein paar Tropfen Zitronensaft marinieren darf. Meine ohne Öl zubereitete Vinaigrette krönt jeden Salat mit großem Stil. Mixturen aus edlen Essigen und Saft von Zitrusfrüchten ergeben herrliche Dressings, und meine Ersatzmayo (s. S. 59), die Frischkäse zur Basis nimmt, ist eine höchst würdevolle Alternative zum ölhaltigen Original.

**SPARGEL MIT CREMIGEM GARNELEN-DRESSING:** *luxuriöse Zutaten zu einem ausgezeichneten Salat.*

## GRUNDBAUSTEINE FÜR EIN DRESSING

## SPARGEL MIT CREMIGEM GARNELEN-DRESSING

### ZUTATEN

*5 cm Zitronenschale*
*350 ml Fond (s. S. 30)*
*125 ml trockener weißer Vermouth*
*10 Knoblauchzehen, leicht zerdrückt*
*6 Zwiebeln, in Ringe geschnitten*
*einige Tropfen Zitronensaft*
*je einige Spritzer Teriyaki- und Worcestersauce*
*500 g geschälte Riesengarnelen*
*2 EL Frischkäse*
*1 TL Dijonsenf*
*ein Spritzer Tabasco*
*Salz, frisch gemahlener schwarzer Pfeffer*
*je 2–3 EL gehacktes Basilikum und Petersilie*
*18 Stangen Spargel, geschält und gekocht (s. S. 78)*
*½ Salatgurke, halbiert, Kerne ausgeschabt, in Scheiben geschnitten*
*300 g Kirschtomaten, geviertelt*

1 Zitronenschale, 300 ml Fond, Vermouth, Knoblauch, Zwiebeln, ein paar Tropfen Zitronensaft, Teriyaki- und Worcestersauce in eine Pfanne geben, zum Kochen bringen und unter gelegentlichem Rühren so lange kochen, bis der Knoblauch weich ist und die Flüssigkeit weitgehend verdunstet.

2 Die Zitronenschale herausnehmen, die restliche Mischung mit dem Kartoffelstampfer zerkleinern und in eine Schüssel geben. In der vorher nicht ausgespülten Pfanne den restlichen Fond mit etwas Zitronensaft erhitzen, die Garnelen zugeben und 2–3 Minuten lang sacht köcheln lassen, bis sie rundum rosarot sind, dann kalt abspülen.

3 Frischkäse und Senf miteinander verrühren. Je einen Spritzer Tabasco und Worcestersauce zugeben, das Knoblauchmus, die Garnelen und die Kräuter zugeben; vorsichtig durchmischen.

4 Spargel und Gurken auf den Tellern arrangieren, die Garnelen mit Dressing in die Mitte setzen; mit Kirschtomaten garnieren.

**Pro Portion als Hauptgericht**

| | |
|---|---|
| Fett gesamt (g) | 2 |
| Gesätt. Fettsäuren (g) | <1 |
| Ungesätt. Fettsäuren (g) | 1 |
| Cholesterin (mg) | 244 |
| Natrium (mg) | 405 |
| Kalorien | 153 |

**Ergibt**
6 Portionen als Vorspeise, 4 Portionen als Hauptgericht

## Salat von Roter Bete, Orange und Rauke

*Die erdige Süße der Roten Bete, der herbe bis bittere Geschmack der grünen Rauke und die fruchtige Säure der Orange gehen eine elegante geschmackliche und farbliche Verbindung miteinander ein.*

### Zutaten

- *125 g Rauke*
- *4 Rote Beten à 125 g, gegart (s. S. 78), geschält, in Scheiben geschnitten*
- *2 Orangen oder Blutorangen, geschält, in Scheiben geschnitten*
- *5 EL Rote-Bete-Vinaigrette (s. S. 59)*
- *Salz, frisch gemahlener schwarzer Pfeffer*
- *evtl. glattblättrige Petersilie zur Verzierung*

1 Jeden Teller mit Raukeblättern auslegen, die Scheiben der Roten Bete abwechselnd mit den Orangenscheiben überlappend darauf arrangieren.

2 Die Vinaigrette dekorativ darüber träufeln, Salz und Pfeffer darüber geben. Den Salat zuletzt mit etwas Petersilie garnieren oder ihn anrichten wie auf der nebenstehenden Abbildung.

**Pro Portion**

| | |
|---|---|
| Fett gesamt (g) | 0,5 |
| Gesätt. Fettsäuren (g) | 0 |
| Unges. Fettsäuren (g) | 0,5 |
| Cholesterin (mg) | 0 |
| Natrium (mg) | 129 |
| Kalorien | 85 |

**Ergibt**
4 Portionen

## Salat von kleinen weissen Bohen und Kichererbsen

*Auch dies ergibt einen farbenfrohen, schnell zubereiteten Salat, denn die Hülsenfrüchte kann man vorgekocht in Dosen kaufen.*

### Zutaten

- *2 Knoblauchzehen, zerdrückt*
- *½–1 Pfefferschote, entkernt, klein geschnitten*
- *½ rote Zwiebel, gewürfelt*
- *Saft von 1 großen Orange*
- *Saft von 1 Limone*
- *2 EL Zitronensaft*
- *1 Prise Zucker*
- *1 EL Balsamessig*
- *3 kleine Karotten*
- *1 große gelbe Paprikaschote*
- *2–3 gelbe Stängel Stangensellerie mit Blättern*
- *4 kleine Buschtomaten*
- *1 Dose Kichererbsen (475 g), abgespült und abgetropft*
- *1 Dose kleine weiße Bohnen (475 g), abgespült und abgetropft*
- *Salz, frisch gemahlener schwarzer Pfeffer*
- *60 g junger Spinat*
- *60 g Brunnenkresse*
- *glatte Petersilie und Minzeblätter zur Garnierung*

1 Knoblauch, Pfefferschote, Zwiebel, Zitrussäfte, Zucker und Balsamessig in einer großen Schüssel gut miteinander mischen und durchziehen lassen.

2 Die Karotten schaben und würfeln, die Paprikaschoten schälen, entkernen und ebenfalls würfeln (s. S. 34), den Sellerie klein schneiden, die Tomaten entkernen und würfeln.

3 Die Gemüse zusammen mit Bohnen und Kichererbsen in das Dressing geben und mit zwei Löffeln gründlich durchmischen. Mit Salz und Pfeffer würzen und zugedeckt im Kühlschrank einige Stunden oder über Nacht durchziehen lassen.

4 Zum Servieren die Teller mit Spinatblättern und Brunnenkresse auslegen. Den Gemüse-Hülsenfrucht-Salat in einem Häufchen in die Mitte setzen und mit Petersilie und/oder Minzeblättchen garnieren.

**Pro Portion**

| | |
|---|---|
| Fett gesamt (g) | 3 |
| Gesätt. Fettsäuren (g) | 0,5 |
| Unges. Fettsäuren (g) | 2 |
| Cholesterin (mg) | 0 |
| Natrium (mg) | 542 |
| Kalorien | 198 |

**Ergibt**
6 Portionen

# COUSCOUS-GEMÜSE-SALAT

*Couscous, vermischt mit der herrlich fettfreien Vinaigrette und großzügig bestreut mit knackig frischen Gemüsen, umlegt mit Zwiebeln und Pfefferschoten, ergibt einen wunderbaren Salat als Beilage oder ein vegetarisches Hauptgericht.*

## ZUTATEN

**Für den Couscous**

*180 g Couscous*

*250 ml kräftig gewürzter Fond (s. S. 30)*

**Für das Relish**

*1 kleine rote Zwiebel, fein gewürfelt*

*1 Pfefferschote, entkernt, fein geschnitten*

*1 EL Balsamessig*

*Saft von 1 Limone und ½ Orange*

*8–10 Buschtomaten, geviertelt*

**Für die Gemüse**

*½ Gurke, halbiert, entkernt, in Scheiben geschnitten*

*2 gelbe Stängel Stangensellerie mit Blättern, klein geschnitten*

*1 rote und 1 gelbe Paprikaschote, entkernt und gewürfelt*

*2 kleine Zucchini, gewürfelt*

**Für Dressing und Garnierung**

*1 Portion Vinaigrette von getrockneten Tomaten (s. S. 59)*

*je 1 EL gehackte glatte Petersilie und Minze*

1 Zur Zubereitung des Couscous den Fond zum Kochen bringen. Den Couscous in eine Schüssel geben, den kochenden Fond darüber gießen und durchrühren. Zugedeckt 10–15 Minuten quellen lassen, bis der Couscous weich und die Flüssigkeit aufgesogen ist. Mit einer Gabel auflockern.

2 Alle Zutaten für das Relish (außer den Tomaten) mischen, 10 Minuten durchziehen lassen.

3 Die Gemüse in eine Schüssel geben, 2–3 EL der Vinaigrette darüber träufeln und mit zwei Löffeln gut durchmischen.

4 Die Hälfte der Gemüsemischung zusammen mit 150 ml der Vinaigrette vorsichtig unter den Couscous heben. Je eine Portion Couscousmischung in die Mitte des Tellers geben und von den Gemüsen einen Kranz darumlegen.

5 Die Tomaten zum Relish geben und es dann dekorativ auf die Teller verteilen. Zuletzt das ganze Arrangement mit der gehackten Petersilie und Minze überstreuen.

**Pro Portion**

| | |
|---|---|
| Fett gesamt (g) | 2 |
| Gesätt. Fettsäuren (g) | unb. |
| Ungesätt. Fettsäuren (g) | 1 |
| Cholesterin (mg) | 0 |
| Natrium (mg) | 248 |
| Kalorien | 202 |

**Ergibt**
4 Portionen

# SALAT VON TOMATEN, PFIRSICH UND PAPRIKA

*Auch wenn ich für diesen bunten Salat genaue Mengenangaben vorgebe, können die Mengen nach Vorliebe, Geschmack und Marktangebot beliebig verändert werden.*

## ZUTATEN

*2 reife Tomaten, in Scheiben*

*2 reife Pfirsiche, halbiert, entsteint, in Scheiben*

*je 1 roter und 1 gelber Paprika, gegrillt und gehäutet (s. S. 35)*

*Salz, frisch gemahlener schwarzer Pfeffer*

*1 EL gehackte glatte Petersilie*

*1 EL gehacktes Basilikum*

*½ Portion Paprika-Vinaigrette (s. S. 59)*

1 Die Scheiben von Tomaten und Pfirsichen abwechselnd mit den Paprikastreifen auf einem Teller arrangieren.

2 Den Salat leicht mit Pfeffer und Salz würzen, dann Petersilie und Basilikum darüber streuen, die Vinaigrette extra dazureichen.

**Pro Portion**

| | |
|---|---|
| Fett gesamt (g) | 1 |
| Gesätt. Fettsäuren (g) | unb. |
| Ungesätt. Fettsäuren (g) | 1 |
| Cholesterin (mg) | 0 |
| Natrium (mg) | 203 |
| Kalorien | 63 |

**Ergibt**
4 Portionen

## NICHT-MAYO

*Echte Mayonnaise ist eine Emulsion aus Eigelb und Öl – und schon beim bloßen Gedanken daran läuft es mir kalt über den Rücken. Versuchen Sie stattdessen doch einmal dieses Dressing aus magerem Frischkäse. Keine Mayo – aber eine wundervoll cremige und zugleich delikate Angelegenheit.*

### ZUTATEN

*1 EL Dijonsenf*

*500 g sehr magerer Frischkäse*

Einfach nur Frischkäse und Senf miteinander verrühren.

### VARIATIONEN

Nehmen Sie geschmacklich mit Pfeffer, Knoblauch, Meerrettich, Estragon oder Ähnlichem angereicherten Senf. Verwenden Sie statt Frischkäse Magerjogurt, den Sie auf einem mit Mull ausgelegten Sieb über Nacht abtropfen lassen. Geben Sie (jeweils in kleinen Mengen) die eine oder andere der folgenden Zutaten bei: gerösteten, pürierten Knoblauch (s. S. 35); ein paar Tropfen Balsamessig; gehackte frische Kräuter; enthäutete, pürierte Paprika (s. S. 35).

| **Pro Gesamtmenge** | |
|---|---|
| Fett gesamt (g) | 2 |
| Gesättigte Fettsäuren (g) | 1 |
| Ungesätt. Fettsäuren (g) | 1 |
| Cholesterin (mg) | 6 |
| Natrium (mg) | 641 |
| Kalorien | 396 |

**Ergibt**
600 ml

## GRUNDREZEPT FÜR VINAIGRETTE

*Diese Mixtur aus Balsamessig, Zitrussäften und schwarzen Oliven, die zum Geschmack des Olivenöls beitragen, bildet die Grundlage einer Vielzahl von ölfreien Vinaigretten. In einem verschlossenen Glas hält sie sich im Kühlschrank gut eine Woche.*

### ZUTATEN

*125 ml Balsamessig*

*125 ml Limonensaft*

*125 ml Orangensaft*

*2 Knoblauchzehen, zerdrückt*

*3 schwarze Oliven, entsteint*

*1 EL Dijonsenf (oder anderer Senf nach Geschmack)*

*1 Prise Zucker*

Alle Zutaten in ein Deckelglas geben und kräftig durchschütteln. Bis zum Gebrauch im Kühlschrank aufbewahren.

### VARIATIONEN

**Vinaigrette von getrockneten Tomaten:** 2 EL der Vinaigrette mit 90 ml Wasser gemischt in einen kleinen Topf geben, 2 getrocknete Tomaten hinzufügen, simmern lassen, bis die Tomaten weich sind und die Flüssigkeit eingekocht ist. Zusammen mit der restlichen Vinaigrette im Mixer gründlich durchpürieren.

**Mango-Vinaigrette:** Das Fruchtfleisch von einem Viertel einer großen Mango zusammen mit der Vinaigrette im Mixer pürieren.

**Paprika-Vinaigrette:** Halbe gegrillte, enthäutete Paprikaschote (s. S. 35) oder gut abgetropften Paprika aus des Dose in den Mixer geben, die Vinaigrette hinzufügen und alles gründlich durchmixen.

**Rote-Bete-Vinaigrette:** Halbe vorgegarte Rote Bete (s. S. 78) mit der Vinaigrette in den Mixer geben und alles gründlich durchpürieren, bis die Mischung glatt ist.

**Birnen-Vinaigrette:** Halbe saftige, vollreife Birne schälen und würfeln. Mit der Vinaigrette in den Mixer geben und durchpürieren, bis eine glatte Mischung entsteht.

| **Pro Gesamtmenge** | |
|---|---|
| Fett gesamt (g) | 2 |
| Gesätt. Fettsäuren (g) | unb. |
| Ungesätt. Fettsäuren (g) | 2 |
| Cholesterin (mg) | 0 |
| Natrium (mg) | 684 |
| Kalorien | 95 |

**Ergibt**
300 ml

# SAUCEN UND SALSAS

FRÜHER UMFASSTE EINE AUFZÄHLUNG VON SAUCEN die klassischen Emulsionssaucen wie Hollondaise und Béarnaise ebenso wie die auf einer Roux – einer Butter-Mehl-Mischung – aufbauenden weißen Saucen und die von Öl triefenden Tomatensaucen. Kurz: Saucen waren vor allem fetthaltige, hoch kalorische Zubereitungen. Doch die Zeiten ändern sich. Mit interessanten Geschmacksgebern aufgepeppte Gemüsesaucen stellen heute konsistente, wohlschmeckende Saucen dar: Salsas – exquisite Kompositionen aus frischen Gemüsen und Früchten – bieten eine enorme Bereicherung der Küche.

**VERSCHIEDENE SALSAS ZWISCHEN EINEM STAPEL TORTILLAS –** *eine farbenfrohe, verlockend duftende extravagante Mischung.*

## VERWENDUNG VON SALSAS

**Beim Tortillastapel** (links) handelt es sich um folgende Füllungen (von oben nach unten): Salsa von Mango und Fenchel (siehe unten), eine Lage gegrillte Paprika, Salsa von Kirschtomaten und roten Zwiebeln (siehe unten), Guacamole von grünen Erbsen (s. S. 50), Geschmorte Paprikastreifen (s. S. 71) sowie Gegrillte Auberginen und Zucchini (s. S. 81).

SALSA VON KIRSCHTOMATEN UND ZWIEBELN

GUACAMOLE VON GRÜNEN ERBSEN

SALSA VON MANGO UND FENCHEL

## SALSA VON KIRSCHTOMATEN UND ROTEN ZWIEBELN

*Statt der sonst üblichen zermusten Tomate enthält diese sehr einfache Salsa Tomatenviertel, was das Ganze etwas vollmundiger macht. Als farbenfrohe Beilage kann man die Salsa zum Beispiel zusammen mit gegrillten Auberginen- und Zucchinischeiben (s. S. 81) servieren.*

### ZUTATEN

*1 Knoblauchzehe, zerdrückt*

*1 EL Limonensaft*

*Saft von ½ Orange*

*1 EL Zitronensaft*

*½ rote Zwiebel, gewürfelt*

*1 EL Balsamessig*

*8 Kirsch- oder kleine Strauchtomaten*

*2 Zwiebeln, in Ringe geschnitten*

*je 1 EL frisch gehackte Petersilie, Minze und Koriandergrün*

*Salz*

1 Den Knoblauch, die Zitrussäfte, den Essig und die Zwiebelwürfel in eine Schüssel geben, mischen und 15–30 Minuten ziehen lassen.

2 Die Tomaten vierteln oder achteln (je nach Größe) und ebenfalls in die Schüssel geben. Frühlingszwiebeln und Kräuter darüber streuen, salzen und mit zwei Löffeln gut durchmischen.

**Pro Portion**

| | |
|---|---|
| Fett gesamt (g) | <1 |
| Gesätt. Fettsäuren (g) | unb. |
| Unges. Fettsäuren (g) | unb. |
| Cholesterin (mg) | 0 |
| Natrium (mg) | 42 |
| Kalorien | 23 |

**Ergibt**
6 Portionen

## SALSA VON MANGO UND FENCHEL

*Die deutlich verschiedenen, sich dennoch ergänzenden Aromen von Fenchel und Mango machen aus dieser Salsa ein erinnernswertes Erlebnis. Sie passt ausgezeichnet zu Fleisch, ganz besonders zu Schweinefleisch und Geflügel.*

### ZUTATEN

*1 EL Balsamessig*

*1 EL Limonensaft*

*1 Knoblauchzehe, zerdrückt*

*1 rote Pfefferschote, entkernt, sehr fein geschnitten*

*1 Mango, gewürfelt (s. S. 136)*

*1 Fenchelknolle, geputzt und gewürfelt; das Grün als Garnierung verwenden*

*½ Gurke, entkernt, in Scheiben geschnitten*

*1 kleine rote Zwiebel, gewürfelt*

*3 Frühlingszwiebeln, in Ringen*

*je 2–3 EL frisch gehacktes Koriandergrün, glatte Petersilie und Minze*

1 Essig, Limonensaft, Knoblauch und Pfefferschote in eine Schüssel geben, mischen und 10–15 Minuten marinieren lassen.

2 Mango und Fenchel (mit dem Fenchelgrün), Gurke, Zwiebeln und Kräuter zugeben. Mit zwei Löffeln alle Zutaten vorsichtig, aber gründlich mischen.

**Pro Portion**

| | |
|---|---|
| Fett gesamt (g) | <1 |
| Gesätt. Fettsäuren (g) | unb. |
| Unges. Fettsäuren (g) | unb. |
| Cholesterin (mg) | 0 |
| Natrium (mg) | 7 |
| Kalorien | 53 |

**Ergibt**
6 Portionen

## BOLOGNESER SAUCE

*Obwohl es sich hier nicht um eine »echte« Bolognese handelt (sobald man auf zusätzliches Fett verzichtet, bricht man auch alle anderen Regeln der traditionellen Kochkunst), ist das Ergebnis dank der beigefügten Auberginen doch eine schmackhafte, reichhaltige Sauce. Sie passt gut zu allen Sorten von breiteren oder schmaleren Bandnudeln, zu Spagetti, aber auch zu Pastagerichten wie Lasagne und Cannelloni.*

### ZUTATEN

*2 Auberginen von je etwa 375 g, geputzt, geschält und gewürfelt (s. S. 36–37)*

*2 rote Zwiebeln, gewürfelt*

*2 Knoblauchzehen, zerdrückt*

*3 getrocknete Tomaten, klein geschnitten*

*2 getrocknete Pfefferschoten (nach Geschmack)*

*3 schwarze Oliven, entsteint*

*300 ml Fond (evtl. etwas mehr)*

*4 EL trockener Rotwein*

*500 g sehr mageres Hackfleisch*

*2 Dosen geschnittene Tomaten (zu je 425 g)*

*Salz, frisch gemahlener schwarzer Pfeffer*

1 In einer beschichteten Pfanne mit schwerem Boden alle Zutaten außer dem Fleisch zugedeckt 5–7 Minuten köcheln lassen. Dann bei offener Pfanne unter gelegentlichem Rühren weiter simmern lassen, bis die Auberginen gar sind und die Flüssigkeit aufgesogen ist. Von der Kochstelle nehmen, etwas auskühlen lassen, dann im Mixer zu einem Püree verarbeiten.

2 Inzwischen in einer zweiten Pfanne das Fleisch unter Rühren und Wenden garen. Austretendes Fett abgießen. Das Auberginenpüree zum Fleisch geben, die Tomaten mit allem Saft hinzufügen, würzen. Nochmals 10 Minuten kochen lassen, bis die Sauce die gewünschte Konsistenz hat.

| **Pro Gesamtmenge** | |
|---|---|
| Fett gesamt (g) | 25 |
| Gesättigte Fettsäuren (g) | 8 |
| Ungesätt. Fettsäuren (g) | 15 |
| Cholesterin (mg) | 300 |
| Natrium (mg) | 1157 |
| Kalorien | 1049 |

**Ergibt**
1,5 Liter

## TOMATEN-AUBERGINEN-SAUCE

*Die Kombination von Tomaten und Auberginen wird kräftig mit einer an indischen Curry erinnernden Gewürzmischung abgeschmeckt. Das ergibt eine samtige Sauce, die hervorragend zu Nudeln passt, aber auch ein Fischfilet ausgezeichnet ergänzt.*

### ZUTATEN

*2 Auberginen, geschält und gewürfelt (s. S. 36)*

*2 rote Zwiebeln, gewürfelt*

*8 Knoblauchzehen, zerdrückt*

*4 schwarze Oliven, entsteint*

*1 Msp. getrocknete Pfefferschoten*

*1 EL gemahlener Kreuzkümmel*

*1 EL gemahlener Koriander*

*2 TL Paprikapulver*

*1 TL Kurkuma*

*1 Prise Zucker*

*2 EL Zitronensaft (evtl. mehr)*

*175 ml trockener Rotwein*

*300 ml Fond (s. S. 30)*

*4 Dosen geschnittene Tomaten (zu je 425 g)*

*Salz, gemahlener schwarzer Pfeffer*

*2–3 EL gehackte frische Kräuter wie Koriandergrün, glatte Petersilie oder Minze*

1 Alle Zutaten außer den Tomaten, Gewürzen und Kräutern in eine beschichtete Pfanne geben. Zugedeckt 7–10 Minuten kräftig kochen lassen, dann unbedeckt simmern lassen, bis die Zwiebeln und Auberginen weich sind und die Flüssigkeit fast verdampft ist.

2 Tomaten, Salz und Pfeffer hinzufügen. Teilweise bedeckt weitere 15–20 Minuten simmern lassen, bis die Mischung leicht eingedickt ist. Abkühlen lassen.

3 Die Sauce in kleinen Portionen glatt pürieren. Von diesem Punkt an kann man sie portionsweise einfrieren.

4 Was man verzehren will, erwärmt man bis zum Siedepunkt. Mit den Gewürzen und dem Zitronensaft abschmecken, die Kräuter zugeben, kurz aufwallen lassen und servieren.

| **Pro Gesamtmenge** | |
|---|---|
| Fett gesamt (g) | 11 |
| Gesättigte Fettsäuren (g) | 2 |
| Ungesätt. Fettsäuren (g) | 8 |
| Cholesterin (mg) | 0 |
| Natrium (mg) | 1250 |
| Kalorien | 590 |

**Ergibt**
2 Liter

Bologneser Sauce · Sizilianische Gemüsesalsa · Tomaten-Auberginen-Sauce · Basilikumpesto

## Sizilianische Gemüsesalsa

*Dieser herrlich mit Kräutern abgeschmeckte Gemüsetopf erinnert an die arabisch beeinflusste Küche Siziliens, in der man gern salzige Gerichte mit süßen Zutaten mischt. Ein paar schwarze Oliven geben dabei den Geschmack des Olivenöls. Die Gemüsesalsa passt zu Gebratenem Hähnchen mit Zitronenknoblauch (s. S. 84) oder Kross gegrilltem Schweineschnitzel (s. S. 95).*

### Zutaten

*1 Zucchini, grob geschnitten*

*1 rote Zwiebel, grob geschnitten*

*2 Knoblauchzehen, zerdrückt*

*1 Pfefferschote, klein geschnitten*

*4 getrocknete Tomaten, geschnitten*

*4 schwarze Oliven, entsteint*

*1 EL abgetropfte Kapern*

*2 EL Sultaninen*

*1 Fenchelknolle, geputzt und grob geschnitten*

*1 roter Paprika, geschält und entkernt (s. S. 34–35)*

*1 EL Balsamessig*

*4 EL Zitronensaft*

*Saft von ½ Orange*

*abgeriebene Schale von ¼ Zitrone*

*Salz, gemahlener schwarzer Pfeffer*

*4 Tomaten, gehäutet, entkernt, in Streifen geschnitten*

*1 EL frisch gehackte glatte Petersilie*

*½ EL frisch gehackter Oregano*

*1 EL zerzupfte Basilikumblätter*

1 Alle Zutaten außer Tomaten und Kräutern in eine Pfanne geben. Unter gelegentlichem Rühren simmern lassen, bis die Gemüse weich sind und die Flüssigkeit weitgehend verdunstet ist.

2 Die Tomaten zugeben und weitere 5–10 Minuten köcheln lassen, bis die Tomaten zerfallen sind. Abschmecken und je nach Bedarf nachwürzen.

3 Die Salsa ein wenig abkühlen lassen, dann die Kräuter zugeben. Servieren Sie sie als Hauptgericht zu Röstkartoffeln mit Knoblauch und Zitrone (s. S. 74) oder als Vorspeise mit knusprigem Brot.

**Pro Portion**

| | |
|---|---|
| Fett gesamt (g) | <1 |
| Gesätt. Fettsäuren (g) | unb. |
| Ungesätt. Fettsäuren (g) | <1 |
| Cholesterin (mg) | 0 |
| Natrium (mg) | 76 |
| Kalorien | 55 |

**Ergibt**
900 ml
6 Portionen

## Weisser Pesto

*Weißer Pesto ist ein cremiger Aufstrich mit viel Knoblauch – Dynamit auf krustig-krossem Brot, aber auch herrlich zu frisch zubereiteter Pasta.*

### Zutaten

*200 g Magerquark*

*30 g Pinienkerne*

*75 g frisch geriebener Parmesan*

*etwa 12 Zehen in der Pfanne geschmorter Knoblauch (s. S. 78)*

Alle Zutaten in den Mixer geben und zu einem glatten Püree verarbeiten. Bis zum Gebrauch im Kühlschrank aufbewahren.

### Variation

Für einen Basilikumpesto geben Sie vor dem Pürieren noch ein paar frische Basilikumblätter und/oder glatte Petersilie zu den anderen Zutaten im Mixer.

**Pro Gesamtmenge**

| | |
|---|---|
| Fett gesamt (g) | 45 |
| Gesätt. Fettsäuren (g) | 17 |
| Ungesätt. Fettsäuren (g) | 26 |
| Cholesterin (mg) | 77 |
| Natrium (mg) | 908 |
| Kalorien | 705 |

**Ergibt**
300 ml

## PAPRIKASAUCE

*Es gibt viele Möglichkeiten, Saucen von großer Farbintensität herzustellen, indem man zum Beispiel roten oder gelben Paprika verwendet. Ich liebe Paprikasaucen beider Farben als Bett für Fisch, Geflügel, gegrillte Auberginenscheiben und Gerichte aus gegrilltem Fleisch.*

### ZUTATEN

- *10 gelbe oder rote Paprikaschoten, ungeschält grob geschnitten*
- *2 Knoblauchzehen, zerdrückt*
- *6 Zwiebeln, in Ringe geschnitten*
- *1 Pfefferschote, entkernt, klein geschnitten (nach Geschmack)*
- *½ EL Paprikapulver (nur bei rotem Paprika)*
- *300 ml Fond*
- *Salz, gemahlener schwarzer Pfeffer*

1 Alle Zutaten außer Salz und Pfeffer in eine beschichtete Pfanne geben. Zum Kochen bringen, die Hitze reduzieren und 20–30 Minuten köcheln lassen, bis die Gemüse weich sind. Salzen und pfeffern, dann die Mischung etwas abkühlen lassen.

2 Die Mischung in Portionen in einem Standmixer pürieren, dann durch ein Sieb streichen. Was im Sieb hängen bleibt, wegwerfen.

3 Die pürierte Paprikasauce in die Pfanne zurückgeben und erneut köcheln lassen, bis sie eindickt. Abschmecken und je nach Geschmack nachwürzen. Man kann die gelbe Paprikasauce zusätzlich mit echtem Safran färben und würzen.

| **Pro Gesamtmenge** | |
|---|---|
| Fett gesamt (g) | 4 |
| Gesättigte Fettsäuren (g) | 1 |
| Ungesätt. Fettsäuren (g) | 2 |
| Cholesterin (mg) | 0 |
| Natrium (mg) | 319 |
| Kalorien | 371 |

**Ergibt**
900 ml

## TOMATEN-KNOBLAUCH-PAPRIKA-SAUCE

*Hierbei handelt es sich um eine interessante Variante zur üblichen Tomatensauce, wird sie doch mit Knoblauch und püriertem Paprika angereichert und außerdem mit Pfefferschoten und Limonensaft gewürzt. Das Ergebnis ist eine Nudelsauce, die sich auch für gegrilltes Fleisch, Geflügel oder Fisch eignet.*

### ZUTATEN

- *2 rote Zwiebeln, grob geschnitten*
- *8 Knoblauchzehen, leicht zerdrückt*
- *4 getrocknete Tomaten, geschnitten*
- *4 schwarze Oliven, entsteint*
- *500 g rote Paprikaschoten, geschält, entkernt, grob geschnitten (s. S. 34)*
- *1 TL gemahlener Kreuzkümmel*
- *½ TL gemahlener Koriander*
- *1 Msp. getrocknete Pfefferschote*
- *300 ml Gemüsefond (evtl. etwas mehr)*
- *300 ml trockener Rotwein*
- *4 Dosen geschnittene Tomaten (zu je 425 g) oder 1,75 kg frische Tomaten, gehäutet, entkernt, grob geschnitten*
- *Salz, frisch gemahlener schwarzer Pfeffer*
- *1 Prise Zucker*
- *Saft von 1 Limone*
- *gehackte frische Kräuter zur Garnierung*

1 Alle Zutaten bis einschließlich zum Rotwein in eine Pfanne geben, zum Kochen bringen und zugedeckt 10 Minuten kräftig kochen lassen.

2 Den Deckel abnehmen und ein paar Minuten weiterköcheln, bis die Gemüse weich sind und die Flüssigkeit weitgehend eingekocht ist. Es muss ein Minimum an Flüssigkeit verbleiben, eventuell Fond nachgießen. Die weichen Gemüse sollten zuletzt im eigenen Saft schmoren.

3 Die Tomaten zugeben, salzen und pfeffern und eine Prise Zucker hinzufügen. Weitere 10–15 Minuten simmern lassen, bis die Mischung eindickt. Den Limonensaft zugeben, abschmecken und gegebenenfalls nachwürzen.

4 Die leicht abgekühlte Mischung portionsweise im Mixer pürieren, nochmals abschmecken. Viele frische Kräuter zugeben, entweder als Garnierung über das Gericht gestreut oder in die Sauce eingerührt.

| **Pro Gesamtmenge** | |
|---|---|
| Fett gesamt (g) | 8 |
| Gesättigte Fettsäuren (g) | 1 |
| Ungesätt. Fettsäuren (g) | 5 |
| Cholesterin (mg) | 0 |
| Natrium (mg) | 1256 |
| Kalorien | 651 |

**Ergibt**
2 Liter

## PAPRIKA UND OREGANO-PISTOU

*Dieses besonders würzige Paprikapüree verwendet man zur Garnierung von Suppen oder Eintöpfen. Es ist nicht nur ein appetitlicher Blickfang, es verleiht auch zusätzlichen Geschmack und Extraklasse.*

### ZUTATEN

*2 große Paprika, gegrillt, gehäutet und gewürfelt (s. S. 35)*

*2–3 Zehen in der Pfanne geschmorter Knoblauch (s. S. 78)*

*2 EL frische Oreganoblättchen*

*1 EL frisch gehackte glatte Petersilie*

*½–1 TL Sambal Oelek (indonesische Pfefferpaste)*

*2–3 EL frisch geriebener Parmesan*

1 Alle Zutaten zusammen in einen Standmixer geben und zu einem groben Püree verarbeiten.

2 Das Püree mit Klarsichtfolie abgedeckt bis zum Gebrauch im Kühlschrank aufbewahren. Es hält sich dort mehrere Tage.

**Pro Gesamtmenge**

| | |
|---|---|
| Fett gesamt (g) | 14 |
| Gesättigte Fettsäuren (g) | 8 |
| Ungesätt. Fettsäuren (g) | 6 |
| Cholesterin (mg) | 37 |
| Natrium (mg) | 485 |
| Kalorien | 312 |

**Ergibt**
Garnierung für 3–4 Gerichte

## SALSA VON GERÖSTETEM GEMÜSE

*Diese Salsa eignet sich fantastisch als Dip für Kross gebackenes Fladenbrot (s. S. 53), Kartoffelschalen-Dipper (s. S. 53) oder fettfreie Tortillastücke. Man kann sie aber auch als leckere kleine Beilage zu vielen in diesem Buch vorgestellten Gerichten reichen.*

**TORTILLAS (Grundrezept)**
Für ca. 10 Stück
50 Kalorien pro Stück

**Zutaten**
150 g Maismehl für Tortillas (masa harina)
Salz

1 Das Maismehl mit Salz und etwa 200 ml Wasser zu einem Teig verkneten und diesen in ca. 10 Portionen teilen.

2 Jedes Teigstück zu einer Kugel formen und zwischen den Handflächen flach aufdrücken, dann mit dem Nudelholz ausrollen (Ø 10 bis 12 cm). Falls die Ränder der Teigfladen brechen, etwas mehr Wasser hinzufügen.

3 Die Tortillas in einer beschichteten Pfanne ohne Fett jeweils 2–3 Minuten von beiden Seiten backen, bis sie hellbraun sind.

### ZUTATEN

*2 Auberginen, je etwa 250 g*

*1 ganze Knoblauchknolle plus 2 zerdrückte Knoblauchzehen*

*2 rote Paprika, gegrillt, gehäutet und gewürfelt (s. S. 35)*

*1 Pfefferschote, entkernt, fein geschnitten*

*1 kleine rote Zwiebel, gewürfelt*

*2 getrocknete Tomaten, geschnitten*

*je 1 EL Zitronen-, Orangen- und Limonensaft*

*1 EL Balsamessig*

*4 reife Tomaten, gehäutet, entkernt, gewürfelt*

*4 Frühlingszwiebeln, in dünne Ringe geschnitten*

*6 EL fein gehackte glatte Petersilie*

*4 EL zerzupfte frische Minze*

*Salz, frisch gemahlener schwarzer Pfeffer*

1 Die Auberginen mehrmals mit einer Gabel einstechen. Die äußere Schale von der Knoblauchknolle entfernen, aber die Zehen nicht voneinander lösen; die Knolle in Alufolie packen (s. S. 35).

2 Aubergine und Knoblauch auf ein Backblech legen und im vorgeheizten Ofen etwa 45–55 Minuten garen, bis die Aubergine zusammengefallen und der Knoblauch schön weich ist. Aus dem Ofen nehmen und etwa 2 Stunden auf einem Rost auskühlen lassen.

3 Inzwischen die gewürfelten Paprika, die zerdrückten Knoblauchzehen, die Pfefferschoten, die roten Zwiebeln, die getrockneten Tomaten, die Zitrussäfte und den Balsamessig in einer Schüssel verrühren und gut durchziehen lassen.

4 Die ausgekühlte Aubergine vom Stängel befreien, häuten und würfeln, anschließend das Fruchtfleisch in einen Standmixer geben.

5 Die geröstete Knoblauchknolle in Zehen brechen. Jede Zehe über den Mixbecher halten und das gegarte Innere aus der Haut drücken.

6 Alle übrigen Zutaten sowie die Gemüse samt der Marinade in den Mixbecher geben und alles zu einem groben Püree verarbeiten. Zuletzt mit Salz und Pfeffer abschmecken.

**Pro Portion**

| | |
|---|---|
| Fett gesamt (g) | 1 |
| Gesätt. Fettsäuren (g) | unb. |
| Ungesätt. Fettsäuren (g) | 1 |
| Cholesterin (mg) | 0 |
| Natrium (mg) | 15 |
| Kalorien | 68 |

**Ofentemperatur**
190 °C

**Garzeit**
45–55 Minuten

**Ergibt**
600 ml
4 Portionen

# TOMATENSAUCE

*Das Geheimnis einer guten fettarmen Tomatensauce liegt in den verwendeten Gewürzen. Es lohnt sich, gleich eine größere Menge der Sauce portionsweise einzufrieren, denn auf der Basis einer guten Tomatensauce lassen sich rasch viele herrliche Gerichte zubereiten.*

### ZUTATEN

*2 rote Zwiebeln, gewürfelt*
*4 getrocknete Tomaten, geschnitten*
*4 schwarze Oliven, entsteint*
*1 Msp. getrocknete Pfefferschoten*
*2 Knoblauchzehen, zerdrückt*
*175 ml Fond*
*175 ml Rotwein*
*4 Dosen geschnittene Tomaten (zu je 425 g)*
*1 Prise Zucker*
*Salz, gemahlener schwarzer Pfeffer*
*1–2 EL Tomatenmark*
*3 EL frische, gehackte Kräuter wie glatte Petersilie, Oregano oder Basilikum*

1 Zwiebeln, getrocknete Tomaten, Oliven, Pfefferschoten, Knoblauch, Fond und Rotwein in eine beschichtete Pfanne oder einen Wok geben. Zugedeckt 5–7 Minuten kräftig kochen lassen, dann den Deckel abnehmen und simmern lassen, bis die Zwiebeln weich sind und die Flüssigkeit fast verdunstet ist.

2 Die Tomaten samt Saft sowie eine Prise Zucker hinzufügen. Mit Salz und Pfeffer würzen und alles zusammen teilweise bedeckt weitere 15–20 Minuten köcheln lassen.

3 Das Tomatenmark zugeben und nochmals 5–10 Minuten simmern lassen. Man kann die Sauce an diesem Punkt vom Herd nehmen und einige Tage lang im Kühlschrank aufbewahren oder man kann sie portionsweise einfrieren. Zur endgültigen Zubereitung bringt man die Sauce wieder zum Kochen und rührt die Kräuter ein. Man lässt sie etwa 5 Minuten köcheln, schmeckt ab und würzt je nach Geschmack nach.

### VARIATION

**Scharfe Tomatensauce:** Je nach Geschmack erhöht man die Zahl der Knoblauchzehen auf 8–10 und gibt statt der getrockneten Pfefferschoten 1–2 frische scharfe Pfefferschoten zu, die man vorher entkernt und fein schneidet.

| **Pro Gesamtmenge** | |
|---|---|
| Fett gesamt (g) | 5 |
| Gesättigte Fettsäuren (g) | 1 |
| Ungesätt. Fettsäuren (g) | 3 |
| Cholesterin (mg) | 0 |
| Natrium (mg) | 1176 |
| Kalorien | 464 |

**Ergibt**
1 Liter

# TOMATENSAUCE MIT SCHWARZE-BOHNEN-PASTE

*Um diese orientalisch-chinesisch inspirierte Sauce zuzubereiten, kann man Zutaten aus dem Vorratsschrank verwenden, die man in der Asienabteilung der Kaufhäuser oder in speziellen Asiengeschäften bekommt. Die Sauce passt sehr gut zu Fischsteaks oder -filet, zu Schweinelende oder gegrillter Entenbrust.*

### ZUTATEN

*4 Knoblauchzehen, gepellt*
*2,5 cm frische Ingwerwurzel, geschält*
*6–7 Frühlingszwiebeln, geputzt und in Ringe geschnitten*
*300 ml Fond*
*60 ml Reiswein oder trockener Sherry*
*1 EL Austernsauce*
*1 TL chinesische Chilisauce*
*2 EL Schwarze-Bohnen-Paste*
*125 ml Passata (dünnflüssiges Tomatenpüree)*
*Saft von 1 Limone*
*2 EL gehacktes Koriandergrün*

1 Knoblauch und Ingwerwurzel zerdrücken, in einen Wok geben, mit Frühlingszwiebeln, Fond und Reiswein kochen lassen, bis die Flüssigkeit fast verdampft ist.

2 Austern- und Chilisauce sowie Bohnen-Paste zugeben und wieder zum Kochen bringen. Einige Sekunden unter Rühren kochen lassen.

3 Die Passata zugeben, weitere 30 Sekunden kochen lassen. Den Limonensaft und das gehackte Koriandergrün zugeben und unter Rühren simmern lassen.

| **Pro Gesamtmenge** | |
|---|---|
| Fett gesamt (g) | 2 |
| Gesättigte Fettsäuren (g) | 1 |
| Ungesätt. Fettsäuren (g) | 1 |
| Cholesterin (mg) | 0 |
| Natrium (mg) | 2082 |
| Kalorien | 199 |

**Ergibt**
300 ml

## CHINESISCHE TOMATENSALSA

*Verbinden Sie eine mexikanische Salsa mit chinesischen Gewürzen, und Sie erzeugen eine wahre Geschmacksexplosion. Diese unkonventionelle Salsa ist eine großartige Beilage zu Fisch, Pasta und Fleischklopsen.*

### ZUTATEN

- *2 Knoblauchzehen, zerdrückt*
- *2,5 cm Ingwerwurzel, geschält und zerdrückt*
- *3 EL Reisessig*
- *375 g Kirschtomaten*
- *6 Frühlingszwiebeln, in Ringe geschnitten*
- *2–3 EL gehacktes Koriandergrün*
- *1 TL Zucker*
- *1 TL chinesische Chilisauce*

1 Knoblauch, Ingwer und Reisessig in eine Schüssel geben und gut 30 Minuten durchziehen lassen.

2 Die Kirschtomaten halbieren oder vierteln, dann zusammen mit den Frühlingszwiebeln, dem Koriandergrün, dem Zucker und der Chilisauce zu den marinierten Zutaten in der Schüssel geben. Vor dem Servieren alles gut und mit zwei Löffeln durchmischen.

**Pro Portion**

| | |
|---|---|
| Fett gesamt (g) | <1 |
| Gesätt. Fettsäuren (g) | unb. |
| Unges. Fettsäuren (g) | <1 |
| Cholesterin (mg) | 0 |
| Natrium (mg) | 50 |
| Kalorien | 30 |

**Ergibt**
300 ml
4 Portionen

## PÜREE VON WEISSEN BOHNEN, ORANGE UND ESTRAGON

*Ich platziere gern eine winzige Portion von diesem Püree als würzende Verzierung auf einen Teller Suppe, doch kann man es auch als Dip oder Aufstrich verwenden. Versuchen Sie auch andere Kräuter – zum Beispiel glatte Petersilie oder Minze –, falls Sie Estragon nicht mögen.*

### ZUTATEN

- *1 Dose kleine weiße Bohnen (425 g), abgespült und abgetropft*
- *1½ EL geschnittener frischer Estragon*
- *1 EL Senf mit Parika und Knoblauch*
- *½ EL Tomatenmark*
- *4–5 Zehen in der Pfanne geschmorter Knoblauch (s. S. 78)*
- *Saft von ½ großen Orange*
- *2 EL Zitronensaft (evtl. mehr)*
- *1–2 Spritzer Tabasco*
- *Salz, frisch gemahlener schwarzer Pfeffer*

Alle Zutaten zusammen im Standmixer pürieren. Abschmecken und je nach Geschmack eher sauer mit Zitrussaft oder scharf mit Tabasco nachwürzen.

**Pro Gesamtmenge**

| | |
|---|---|
| Fett gesamt (g) | 4 |
| Gesättigte Fettsäuren (g) | 1 |
| Ungesätt. Fettsäuren (g) | 3 |
| Cholesterin (mg) | 0 |
| Natrium (mg) | 2150 |
| Kalorien | 370 |

**Ergibt**
300 ml

PÜREE VON WEISSEN BOHNEN, ORANGE UND ESTRAGON

TOMATENSAUCE

TOMATENSAUCE MIT SCHWARZE-BOHNEN-PASTE

# GEMÜSE

GEMÜSE SIND DIE GRUNDLAGE einer gesunden fettarmen Kost. Sie machen aus dem Essen nicht nur einen Augenschmaus, sondern auch ein delikates Mahl. Darüber hinaus enthalten sie jede Menge gesunde Vitamine und Mineralstoffe. Gestalten Sie Ihre Mahlzeiten so, dass sie entweder immer Gemüse als Beilage oder einen Hauptgang aus Gemüse umfassen. Warum nicht von Zeit zu Zeit ein rein vegetarisches Essen einplanen, das aus verschiedenen Rezepten dieses Buches besteht?

**IN ROTWEIN GESCHMORTER BLUMENKOHL** *nimmt während des Garens eine hübsche Färbung und einen herrlichen Geschmack an.*

## EINE GESCHMACKSKOMPOSITION FÜR SCHMORGEMÜSE

**Die geschmacksgebende Grundmischung** für dieses Rezept besteht aus frischen Pfefferschoten, Knoblauch, Oliven, getrockneten Tomaten und Zwiebeln. Wein und Fond liefern die Flüssigkeit, in der die Zutaten kurz simmern, ehe die Gemüse hinzugefügt werden.

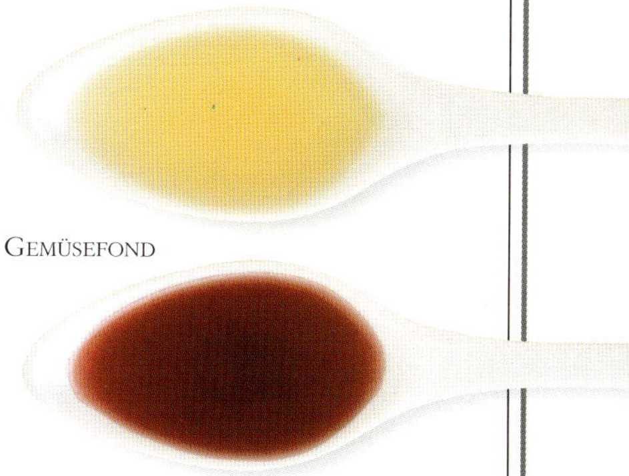

GEMÜSEFOND

TROCKENER ROTWEIN

ROTE PFEFFERSCHOTEN

KNOBLAUCH

SCHWARZE OLIVEN

GETROCKN. TOMATEN

ROTE ZWIEBELN

## IN ROTWEIN GESCHMORTER BLUMENKOHL

### ZUTATEN

*4 schwarze Oliven, entsteint*

*4 getrocknete Tomaten, geschnitten*

*1 große rote Zwiebel, geachtelt*

*1 Msp. (oder mehr) getrocknete Pfefferschote*

*4 große Knoblauchzehen, zerdrückt*

*150 ml trockener Rotwein*

*300 ml Gemüsefond*

*4 rote Paprikaschoten, gegrillt, enthäutet (s. S. 35), in Streifen geschnitten*

*2 Blumenkohle, in Röschen geschnitten*

*Salz, frisch gemahlener schwarzer Pfeffer*

*4 EL Zitronensaft*

*gehackte glatte Petersilie oder Oregano zur Garnierung*

1 Oliven, getrocknete Tomaten, Zwiebelachtel, Pfefferschote, Knoblauch, Rotwein und 150 ml Gemüsefond in eine beschichtete Pfanne geben. Zugedeckt 5 Minuten kräftig kochen lassen.

2 Den Deckel abnehmen, den Paprika hinzufügen, umrühren und weitere 2–3 Minuten kochen lassen.

3 Die geputzten Blumenkohlröschen und den restlichen Fond zugeben, mit Salz und Pfeffer würzen. Unter gelegentlichem Rühren zugedeckt 5 Minuten kräftig kochen lassen.

4 Deckel von der Pfanne nehmen und etwa 2 EL Zitronensaft über den Blumenkohl träufeln. Unbedeckt köcheln lassen, bis der Blumenkohl weich und die Flüssigkeit auf etwa ein Drittel reduziert ist.

5 Mit dem restlichen Zitronensaft, Salz und Pfeffer abschmecken. Die gehackten Kräuter darüber streuen und servieren.

**Pro Portion**

| | |
|---|---|
| Fett gesamt (g) | 3 |
| Gesättigte Fettsäuren (g) | 1 |
| Ungesätt. Fettsäuren (g) | 2 |
| Cholesterin (mg) | 0 |
| Natrium (mg) | 167 |
| Kalorien | 173 |

**Ergibt**
4 Portionen

# GESCHMORTER FENCHEL

*Fenchel ähnelt einem zur Knolle verwachsenen Stangensellerie. Knackiger roher Fenchel ist für jeden Salat eine Bereicherung. Fenchel stellt ein herrliches Gemüse dar, wenn er im Fond und Zitronensaft in der Pfanne geschmort wird, bis er weich ist, und anschließend mit Orangen vermischt wird. Abbildungen des Gerichts auf den Seiten 113 und 151.*

**ZUTATEN**

*3 Fenchelknollen, geputzt; das Grün zur Garnierung beiseite legen*

*2 EL Zitronensaft*

*150–175 ml Gemüsefond (selbst zubereitet oder aus dem Glas)*

*Salz, gemahlener schwarzer Pfeffer*

*1 große Orange, geschält und in große Würfel geschnitten*

*2 schwarze, trocken eingelegte Oliven, entsteint und klein geschnitten*

1 Die Fenchelknollen quer in 1 cm dicke Scheiben schneiden.

2 Die Fenchelscheiben zusammen mit Zitronensaft und 125 ml Fond in eine beschichtete Pfanne oder einen Wok geben, salzen und pfeffern und über großer Hitze unter Rühren schmoren, bis der Fenchel gar, aber noch bissfest ist. Eventuell mehr Fond angießen.

3 Die Orangenwürfel, die Oliven und das Fenchelgrün untermischen. Das Gemüse heiß als Beilage servieren, alternativ als Füllung für ein Omelett oder als Belag für gegrillte Polentaecken.

**Pro Portion**

| | |
|---|---|
| Fett gesamt (g) | <1 |
| Gesätt. Fettsäuren (g) | unb. |
| Unges. Fettsäuren (g) | <1 |
| Cholesterin (mg) | 0 |
| Natrium (mg) | 78 |
| Kalorien | 36 |

**Ergibt**
4 Portionen

# ROTE ZWIEBELN SÜSS-SAUER

*Ringe von roten Zwiebeln, sanft in einer würzigen Mischung aus Balsamessig, Dijonsenf und Fond gegart, ergeben einen leckeren Brotbelag oder eine Beilage zu Steak, Fisch oder Würstchen. Abbildungen des Gerichts auf den Seiten 113 und 151.*

**ZUTATEN**

*6 rote Zwiebeln, gepellt und längs halbiert*

*450–500 ml Gemüsefond (selbst zubereitet oder aus dem Glas)*

*½ TL Dijonsenf*

*1½ EL Balsamessig*

*1 EL Zucker*

*2 Knoblauchzehen, zerdrückt*

*1 Msp. getrocknete Pfefferschoten*

1 Die Zwiebelhälften längs in 1 cm dicke Scheiben schneiden. Zusammen mit den übrigen Zutaten in eine beschichtete Pfanne geben und über mittlerer Hitze zugedeckt aufstellen.

2 Wenn die Mischung zu kochen beginnt, die Hitze reduzieren. Zugedeckt unter gelegentlichem Rühren etwa 10 Minuten köcheln lassen.

3 Den Deckel von der Pfanne nehmen. Die Zwiebeln nun unter ständigem Rühren so lange garen lassen, bis sie weich und gut überzogen sind, aber noch immer ein wenig Biss haben.

**Pro Portion**

| | |
|---|---|
| Fett gesamt (g) | 1 |
| Gesätt. Fettsäuren (g) | unb. |
| Unges. Fettsäuren (g) | 1 |
| Cholesterin (mg) | 0 |
| Natrium (mg) | 126 |
| Kalorien | 143 |

**Ergibt**
4 Portionen

# GESCHMORTE PAPRIKASTREIFEN

*In Gemüsefond oder einer Mischung aus Fond und Wein geschmorte Paprikastreifen – es können rote oder gelbe Paprikaschoten oder eine Mischung aus beidem sein – sind ein leckeres, leicht süßliches Gemüse von herrlich intensiver Farbe.*

**ZUTATEN**

*6 Paprikaschoten, halbiert, geputzt und entkernt*

*175 ml Gemüsefond*

*frisch gemahlener schwarzer Pfeffer*

1 Jede Schotenhälfte in ihre natürlichen Segmente aufteilen und mit einem Sparschäler abschälen. Jedes geschälte Stück in Streifen von etwa 1 cm Dicke schneiden.

2 Die Paprikastreifen mit dem Fond in eine beschichtete Pfanne geben und auf mittlere Hitze setzen. Pfeffern und zum Kochen bringen.

3 Den Paprika gelegentlich vorsichtig wenden und köcheln lassen, bis die Flüssigkeit um etwa zwei Drittel reduziert ist.

4 Die Hitze verringern und den Paprika quasi im eigenen Saft schmoren lassen, bis er sehr weich ist und sich eine dickliche Sauce gebildet hat.

5 Man serviert den geschmorten Paprika als Vorspeise auf einer kross getoasteten, mit einer Knoblauchzehe abgeriebenen Scheibe Stangenweißbrot. Genauso gut kann man das Gemüse als Beilage servieren, etwa als Bestandteil einer gemischten Antipastiplatte.

**Pro Portion**

| | |
|---|---|
| Fett gesamt (g) | 1 |
| Gesätt. Fettsäuren (g) | unb. |
| Unges. Fettsäuren (g) | 1 |
| Cholesterin (mg) | 0 |
| Natrium (mg) | 48 |
| Kalorien | 79 |

**Ergibt**
4 Portionen

# IM OFEN GEBACKENE KARTOFFELN

*Alles, was Sie für im Ofen gebackene Kartoffeln brauchen – seien es Ecken, Scheiben oder Kartoffelstäbchen –, sind ungeschälte Kartoffeln, Öl-Wasser-Spray und ein antihaftbeschichtetes Backblech. Es eignen sich sowohl große, mehlig kochende als auch kleine, fest kochende Kartoffeln. Auf diese Art gegarte Kartoffeln schmecken hervorragend: Sie sind außen knusprig, innen aber weich, und sie haben einen überragenden Kartoffelgeschmack, der nicht von Fett oder Öl überdeckt wird. Sie ergeben prima Snacks oder einen ersten Gang, besonders wenn man sie in würzige Saucen dippt.*

## ZUTATEN

*2 oder 3 große, mehlig kochende Kartoffeln (je etwa 180 g), gut geschrubbt*

*Öl-Wasser-Spray (s. S. 29)*

*Salz*

1 Die Kartoffeln mit Küchentüchern trocken tupfen und je nach Wunsch in Ecken, Scheiben oder Stäbchen schneiden. Ein Backbleck mit Öl-Wasser-Spray einsprühen, die Kartoffeln darauf verteilen, ohne dass sich die Stücke berühren oder überlagern. Im vorgeheizten Ofen etwa 10 Minuten rösten.

2 Das Blech aus dem Ofen nehmen. Die Kartoffeln losschütteln und wenden. Das Blech erneut für 15 Minuten in den Ofen geben, bis die Kartoffeln goldbraun und etwas aufgegangen sind. Leicht salzen und servieren.

## VARIATIONEN

**Im Ofen gebackene neue Kartoffeln:** 500 g neue Kartoffeln schrubben, halbieren und zubereiten wie beschrieben. Zunächst 15, dann noch einmal 20 Minuten in den Backofen legen.

**Würzige Ofenkartoffeln:** Für 500 g gewürfelte Kartoffeln oder geschälte, gewürfelte Süßkartoffeln verrührt man ein paar Tropfen Zitronen- oder Limonensaft mit 1½ EL Tomatenmark. Man gibt 1½ TL Gewürzmischung zu – vielleicht einen indischen Curry als Pulver oder Paste oder eine mexikanische Gewürzmischung aus Paprika und Cayennepfeffer. Man wendet die Kartoffelwürfel in der Würzmischung und bereitet sie anschließend wie im Rezept beschrieben im Ofen zu, wendet sie allerdings mehrmals.

**Pro Portion**

| | |
|---|---|
| Fett gesamt (g) | <1 |
| Gesätt. Fettsäuren (g) | unb. |
| Ungesätt. Fettsäuren (g) | <1 |
| Cholesterin (mg) | 0 |
| Natrium (mg) | 105 |
| Kalorien | 87 |

**Ofentemperatur**
220 °C

**Garzeit**
Etwa 25 Minuten

**Ergibt**
4 Portionen

# KNOBLAUCH-KARTOFFELBREI

*Um einen cremigen, herzhaften fettfreien Kartoffelbrei herzustellen, sollten Sie mit gebackenen (nicht gekochten) Kartoffeln anfangen und dann fortfahren, wie es mein Rezept vorschreibt.*

## ZUTATEN

*3 mehlig kochende Kartoffeln, jede etwa 300 g, gut abgeschrubbt*

*9–12 geröstete oder in der Pfanne geschmorte Knoblauchzehen (s. S. 35)*

*3–4 EL warmer Fond (s. S. 30)*

*3–4 EL warme Magermilch*

*Salz, gemahlener schwarzer Pfeffer*

*frisch geschnittener Schnittlauch zur Garnierung*

1 Die Kartoffeln mehrmals mit einer Gabel anstechen. Auf einen Rost in den vorgeheizten Ofen legen und etwa 2 Stunden garen lassen.

2 Halten Sie die Kartoffel mit einem Grillhandschuh fest, ritzen Sie die Schale in Form eines X oben ein und drücken Sie das gegarte Innere in eine Schüssel. Den Rest mit einem Löffel auskratzen.

3 Die Knoblauchzehen zugeben und alles gründlich mit dem Kartoffelstampfer durcharbeiten. Den Fond und die Milch teelöffelweise zugeben und jedesmal gut einarbeiten, bis die gewünschte Konsistenz erreicht ist. Salzen und pfeffern und – falls gewünscht – mit Schnittlauch garnieren.

## VARIATION

**Knoblauch-Kartoffelbrei mit Parmesan:** Folgen Sie dem Rezept, doch arbeiten Sie statt Fond und Milch 1–2 EL fettarmen Frischkäse und 2–3 EL frisch geriebenen Parmesan unter den Kartoffelbrei.

**Pro Portion**

| | |
|---|---|
| Fett gesamt (g) | <1 |
| Gesätt. Fettsäuren (g) | unb. |
| Unges. Fettsäuren (g) | <1 |
| Cholesterin (mg) | unb. |
| Natrium (mg) | 28 |
| Kalorien | 110 |

**Ofentemperatur**
200 °C

**Garzeit**
Etwa 2 Stunden

**Ergibt**
4 Portionen

## SÜSSKARTOFFELPFANNKUCHEN

*Dieses Rezept ist für die Küche am Beginn eines neuen Jahrtausends wie geschaffen. Die Farbe der Pfannkuchen ist ein tropisches Orange, ihre Konsistenz ist weich mit knusprigem Rand und als Würze dient eine mexikanisch-karibische Mischung. Servieren Sie diese Pfannkuchen als Vorspeise oder mit Mangosalsa als ein leichtes Hauptgericht. Sie passen auch zu kleinen weißen Bohnen mit Parmaschinken (s. S. 116) oder zu geschmortem mexikanischem Hähnchen (s. S. 87).*

### ZUTATEN

*2 Eiweiße*

*je ½ TL Ingwerpulver, gemahlener Koriander, Kurkuma, gemahlener Kreuzkümmel, Paprikapulver*

*1 Msp. gemahlener Zimt*

*ein paar Spritzer Tabasco*

*Salz, frisch gemahlener schwarzer Pfeffer*

*2 EL Zitronensaft*

*1 große rote Zwiebel*

*500 g Süßkartoffeln, geschält*

*60 g Mehl*

*Öl-Wasser-Spray (s. S. 29)*

1 Die Eiweiße in einer Schüssel leicht schlagen. Gewürze, Tabasco, Salz, Pfeffer und Zitronensaft zugeben, beiseite stellen.

2 Die Zwiebel und die Süßkartoffel grob auf ein sauberes Tuch reiben, das Tuch zusammennehmen und so viel Saft wie möglich auspressen. Die Raspeln zur Eiweißmischung geben und gut durchmischen.

3 Zwei Backbleche mit Öl-Wasser-Spray einsprühen und im vorgeheizten Ofen anwärmen. Mit einem großen Löffel Portionen vom Kartoffelteig auf die Bleche setzen, mit dem Löffelrücken etwas flach drücken, dann mit Öl-Wasser-Spray übersprühen.

4 7–10 Minuten backen. Wenden, übersprühen und weitere 5–7 Minuten backen. Erneut wenden und backen, so lange, bis die Pfannkuchen weich sind und knusprige braune Ränder haben. Heiß mit Limonenspalten (nach Geschmack) servieren.

### VARIATION

**Kartoffelpfannkuchen:** Statt der Süßkartoffel normale Karfoffeln verwenden. Die Gewürze weglassen, stattdessen eine Prise Muskat und eine Handvoll geschnittenen Schnittlauch untermischen. Dazu passen Frischkäse mit Schnittlauch und Meerrettich und eventuell noch etwas Räucherlachs.

**Pro Portion**

| | |
|---|---|
| Fett gesamt (g) | 1 |
| Gesätt. Fettsäuren (g) | unb. |
| Unges. Fettsäuren (g) | 1 |
| Cholesterin (mg) | 0 |
| Natrium (mg) | 67 |
| Kalorien | 126 |

**Ofentemperatur**
230 °C

**Garzeit**
Etwa 25–30 Minuten

**Ergibt**
6 Portionen

## GESCHMORTE KARTOFFELN MIT ZITRONE UND MINZE

*Die so zubereiteten Kartoffeln schmecken intensiv nach Zitrone und passen ausgezeichnet zu gebratenem oder in der Pfanne geschmortem Fleisch und Geflügel. Ich liebe den intensiven Geschmack, der die Kartoffeln nicht nur umgibt, sondern wirklich ganz und gar durchdringt. Die zerzupften Minzeblätter sind eine perfekte Ergänzung.*

### ZUTATEN

*500 g kleine neue Kartoffeln, geschrubbt und längs halbiert*

*300 ml Fond (s. S. 30)*

*4 EL frisch gepresster Zitronensaft*

*ein paar Spritzer Tabasco*

*Salz, frisch gemahlener schwarzer Pfeffer*

*eine Handvoll zerzupfter Minzeblättchen*

1 Kartoffeln, Fond, 2 EL Zitronensaft und Tabasco in eine schwere, beschichtete Pfanne geben. Salzen und pfeffern und zum Kochen bringen. Zugedeckt 5–7 Minuten heftig kochen lassen. Deckel abnehmen und unter gelegentlichem Rühren köcheln lassen, bis die Kartoffeln weich sind und die Flüssigkeit fast verdunstet ist. Aufpassen, dass nichts anbrennt, eventuell mehr Fond zugeben.

2 Wenn die Kartoffeln weich sind und die Flüssigkeit aufgesogen ist, die Mischung umrühren und noch ein wenig köcheln lassen, bis die Kartoffeln etwas Farbe annehmen. Vor dem Servieren den restlichen Zitronensaft und die Minzeblätter darüber geben.

**Pro Portion**

| | |
|---|---|
| Fett gesamt (g) | <1 |
| Gesätt. Fettsäuren (g) | unb. |
| Unges. Fettsäuren (g) | <1 |
| Cholesterin (mg) | 0 |
| Natrium (mg) | 88,5 |
| Kalorien | 102 |

**Ergibt**
4 Portionen

# RÖSTKARTOFFELN MIT KNOBLAUCH UND ZITRONE

*Diese Kartoffelzubereitung passt gut zu gebratenem Hähnchen mit Zitronenknoblauch (s. S. 84). Beide sind von hinreißendem Geschmack, obwohl sie quasi kein Fett enthalten. Die Kartoffeln nehmen den Geschmack der beigefügten Zutaten auf. Abbildung auf der gegenüberliegenden Seite.*

**ZUTATEN**

*750 g kleine ovale Kartoffeln, geschrubbt, aber nicht geschält*

*2 EL Zitronensaft*

*1 große feste Knolle Knoblauch, in Zehen gebrochen*

*4 getrocknete Tomaten, geviertelt*

*4 schwarze Oliven, entsteint*

*4–5 Spritzer Tabasco*

*ein Spritzer Worcestersauce*

*ein Spritzer Teriyakisauce*

*4 EL Fond (s. S. 30)*

*Öl-Wasser-Spray (s. S. 29)*

*frisch gehackte Petersilie zur Garnierung*

1 Die Kartoffeln längs halbieren und zusammen mit den anderen Zutaten – außer dem Öl-Wasser-Spray und der Petersilie – in einem flachen Bräter ausbreiten.

2 Einen feinen Nebel von Öl-Wasser-Spray darüber stäuben, dann den Bräter in den vorgeheizten Ofen geben und alles etwa 30 Minuten lang schmoren lassen. Gelegentlich umrühren und eventuell noch etwas Fond angießen, um zu verhindern, dass die Kartoffeln anbrennen.

3 Wenn die Kartoffeln gar und leicht gebräunt sind, den Bräter aus dem Ofen nehmen. Die Kartoffeln mit gehackter Petersilie garnieren und servieren.

## VARIATION

Man kann das Rezept auch mit ganzen neuen Kartoffeln zubereiten, sollte aber dafür sehr kleine auswählen. Die Garzeit kann sich hierbei geringfügig ändern.

**Pro Portion**

| | |
|---|---|
| Fett gesamt (g) | <1 |
| Ges. Fettsäuren (g) | unb. |
| Unges. Fettsäuren (g) | <1 |
| Cholesterin (mg) | 0 |
| Natrium (mg) | 77 |
| Kalorien | 106 |

**Ofentemperatur**
200 °C

**Garzeit**
Etwa 30 Minuten

**Ergibt**
4 Portionen

# PILZVARIATION »WILD«

*Die »heilige Dreifaltigkeit« des fettfreien Pilzkochens – Fond, Wein und Teriyakisauce – lässt den Pilzgeschmack wie nichts sonst auf der Welt zur Geltung kommen. Fügen Sie außerdem andere Geschmacksgeber hinzu, zum Beispiel getrocknete Steinpilze. Selbst im Supermarkt gekaufte, aus der Zucht stammende Champignons schmecken, als hätten Sie sie selbst im Morgengrauen im Wald gesammelt. Abbildungen auf den Seiten 113 und 151.*

**ZUTATEN**

*4 Knoblauchzehen, zerdrückt*

*4 schwarze Oliven, entsteint*

*4 getrocknete Tomaten, klein geschnitten*

*1 Pfefferschote, entkernt, fein geschnitten*

*125 ml trockener Rotwein*

*250 ml Einweichwasser von Trockenpilzen (s. S. 30)*

*500 g kleine geschlossene Champignons*

*30 g getrocknete Steinpilze, eingeweicht, abgetropft und klein geschnitten*

*ein Spritzer Teriyaki- oder Sojasauce*

1 Knoblauch, Oliven, getrocknete Tomaten, Pfefferschote, Wein und die Hälfte des Pilzwassers in eine schwere beschichtete Pfanne geben. Aufkochen und so lange kochen lassen, bis die Flüssigkeit auf etwa 1 EL voll reduziert ist.

2 Champignons, verbliebenes Einweichwasser, Steinpilze und Teriyakisauce zugeben. Alles gut mischen.

3 Die Hitze reduzieren und alles unbedeckt köcheln lassen. Gelegentlich umrühren, bis die Pilze gar und von der reduzierten Sauce überzogen sind.

4 Servieren Sie die Pilze als Belag auf gegrillten Polentaecken (s. S. 112). Auch als Beilage zu Gerichten mit Schweinefleisch passen sie ganz hervorragend.

**Pro Portion**

| | |
|---|---|
| Fett gesamt (g) | 1 |
| Ges. Fettsäuren (g) | unb. |
| Ungesätt. Fettsäuren (g) | 1 |
| Cholesterin (mg) | 0 |
| Natrium (mg) | 86 |
| Kalorien | 51 |

**Ergibt**
4 Portionen

# ARTISCHOCKEN MIT KRÄUTER-OLIVEN-FÜLLUNG

*Mit einer würzigen Brotmischung gefüllte Artischocken ergeben – heiß oder kalt serviert – eine schmackhafte Vorspeise. Natürlich eignen sie sich auch für einen Teller mit gemischten Antipasti. Wenn Sie ganze Artischocken servieren wollen, bereiten Sie sie wie auf dieser Seite beschrieben zu. Wenn Sie keinen Artischockenfond haben, nehmen Sie ersatzweise Gemüsefond, das geht genauso gut.*

## ZUTATEN

*6 Artischocken, vorbereitet, wie auf Seite 77 in Schritt 1 und 2 beschrieben*

*125 ml Artischockenfond (siehe unten), evtl. etwas mehr*

**Für die Füllung**

*2–3 große Knoblauchzehen, zerdrückt*

*1 EL Balsamessig*

*Saft von ½ Zitrone*

*6 EL gehackte Petersilie*

*3 EL gehackte Minze*

*60 g altbackenes Weißbrot*

*4–5 Oliven, entsteint*

*1 TL Einlegwasser der Oliven*

*frisch gemahlener schwarzer Pfeffer*

*3 EL Artischockenfond*

*Öl-Wasser-Spray (s. S. 29)*

1 Die äußeren Blätter der Artischocke abspreizen und die inneren rötlichen Blätter auszupfen, dann mit einem Teelöffel das nicht essbare Heu auskratzen. Den Fond in eine flache Auflaufform gießen, die Artischocken nebeneinander hineinstellen.

2 Für die Füllung Knoblauch, Essig und Zitronensaft in eine Schüssel geben und 10 Minuten ziehen lassen.

3 Dann Petersilie, Minze, das zerpflückte Weißbrot, Oliven samt Wasser, Pfeffer und Artischockenfond zu der Knoblauchmischung geben und alles gut vermengen.

4 In die ausgehöhlte Mitte jeder Artischocke ein Sechstel der Füllung geben, auch etwas zwischen die Blätter stopfen. Jede Artischocke mit Fond beträufeln und leicht mit Öl-Wasser-Spray übersprühen.

5 Die Artischocken locker mit Alufolie abdecken und im vorgeheizten Ofen 15 Minuten lang backen. Die Folie entfernen. Sieht die Füllung zu trocken aus, mehr Fond darüber träufeln, eventuell erneut mit Öl-Wasser-Spray übersprühen.

6 Weitere 10–15 Minuten unbedeckt im Ofen lassen. Mit einem Messer zur Garprobe unten in eine Artischocke stechen. Ist sie noch nicht gar, weitere 4–5 Minuten im Ofen lassen, eventuell wieder abdecken.

## VARIATIONEN

**Gefüllte Artischockenböden:** Auf 6 Artischockenböden (Zubereitung s. S. 77) jeweils 1 EL der beschriebenen Füllung geben und festdrücken. Die Böden nebeneinander in eine flache Auflaufform setzen, verbliebene Füllung in die Zwischenräume verteilen. Bis zu einer Höhe von etwa 2,5 cm Fond angießen. Die Form mit Alufolie abdecken und 20–25 Minuten ins Rohr geben. Abdecken und mit 3 EL Parmesan überstreuen. Wieder zudecken und weitere 20 Minuten backen.

**Artischocken mit Vinaigrette:** Ganze gekochte Artischocken mit einer Vinaigrette (s. S. 59) servieren.

## TIPP

Artischockenblätter ergeben einen sehr intensiven Fond. Geben Sie sie mit viel kaltem Wasser in einen großen Topf; zugedeckt 45 Minuten kochen lassen. Das Kochwasser durch ein Sieb in einen anderen Topf umgießen, dann die Blätter kräftig ausdrücken. Abkühlen lassen und in kleinen Behältern einfrieren.

**Pro Portion**

| | |
|---|---|
| Fett gesamt (g) | 1 |
| Gesätt. Fettsäuren (g) | unb. |
| Ungesätt. Fettsäuren (g) | 1 |
| Cholesterin (mg) | 0 |
| Natrium (mg) | 161 |
| Kalorien | 68 |

**Ofentemperatur**
180 °C

**Garzeit**
25–30 Minuten

**Ergibt**
6 Portionen

# GESCHMORTE ARTISCHOCKEN UND ZUCCHINI

*Diese interessante Gemüsemischung ergibt eine wunderbare Vorspeise, ein leichtes Mittagessen oder eine farbenfrohe Beilage zu Fisch oder Geflügel, zum Beispiel zu gegrillter Hähnchenbrust.*

## ZUTATEN

*6 kleine Zucchini*

*6 Artischockenböden (Zubereitung siehe unten)*

*8 Stangen Spargel*

*1 große rote Paprikaschote*

*1 große gelbe Paprikaschote*

*Öl-Wasser-Spray (s. S. 29)*

*etwa 125 ml Artischockenfond (siehe Tipp auf Seite 76) oder anderen Fond (s. S. 30)*

*Salz, gemahlener schwarzer Pfeffer*

*Saft von ½ Zitrone oder Limone*

1 Die Zucchini putzen und längs halbieren; die Artischockenböden in Streifen schneiden.

2 Den Spargel schälen, in 2,5 cm lange Stücke schneiden.

3 Die Paprika schälen (s. S. 34), halbieren, entkernen und die Hälften in Streifen schneiden.

4 Eine beschichtete Pfanne oder einen Wok mit Öl-Wasser-Spray aussprühen und alle vorbereiteten Gemüse hineingeben.

5 Den Fond angießen und mit Salz und frisch gemahlenem schwarzem Pfeffer würzen.

6 Die Gemüse bei großer Hitze und unter ständigem Rühren sautieren, bis alle gar, aber noch bissfest sind und der Fond weitestgehend eingekocht ist. Den Limonen- oder Zitronensaft darüber träufeln. Das unter Rühren gebratene Gemüse sofort servieren, zum Beispiel mit einer Scheibe Brot mit wilden Pilzen (s. S. 146).

## VARIATION

Um daraus ein sättigendes, nicht vegetarisches Hauptgericht zu machen, gibt man in Scheiben geschnittene geräucherte Entenbrust (s. S. 90) dazu oder reicht das Gemüse zu gegrilltem Schweineschnitzel (s. S. 95).

**Pro Portion**

| | |
|---|---|
| Fett gesamt (g) | 1 |
| Gesätt. Fettsäuren (g) | unb. |
| Unges. Fettsäuren (g) | <1 |
| Cholesterin (mg) | 0 |
| Natrium (mg) | 14 |
| Kalorien | 80 |

**Ergibt**
6 Portionen

## ARTISCHOCKEN VORBEREITEN

1 Den Stängel abschneiden, die äußeren Blätter entfernen und die Spitze abschneiden. Sobald die Blätter entfernt sind, die Artischocke in eine Schüssel mit Wasser legen, das mit dem Saft einer Zitrone versetzt ist, damit sie sich nicht verfärbt.

2 Die ganzen Artischocken in einen Topf mit kochendem, leicht gesalzenem Wasser etwa 25–30 Minuten garen. Abgießen, unter kaltem Wasser abspülen, kopfüber abtropfen lassen. Die holzigen äußeren und die roten inneren Blätter entfernen.

3 Zur Zubereitung der Artischockenböden alle Blätter entfernen (man kann sie zur Bereitung von Fond verwenden, siehe Tipp auf Seite 76). Dann mit einem Löffel oder Messer das gesamte ungenießbare Heu von den Böden ablösen.

4 Zuletzt mit einem Messer auch die harten grünen Reste an der Unterseite der Artischockenböden wegschneiden. Man kann sie jetzt füllen oder anderweitig zubereiten. Alternativ vorgegarte Artischockenböden aus der Dose nehmen.

## FENCHEL

*Sowohl die Knolle als auch die zum Würzen verwendeten Samen haben einen deutlich hervorstechenden Anisgeschmack, der etwas gewöhnungsbedürftig ist.*

Zur Verarbeitung ganzer Fenchelknollen entfernt man – falls nötig – die gesamte äußere Lage und schneidet die Stängel und das franselige Grün ab. (Die äußere Lage sollte zur Bereitung von Fond aufbewahrt werden; das Grün dient als Garnierung.) Den Boden der Knolle abschneiden, aber nicht zu viel, sie fällt sonst beim Kochen auseinander.

| **Je 500 g** | |
|---|---|
| Fett gesamt (g) | 1 |
| Gesätt. Fettsäuren (g) | unb. |
| Ungesätt. Fettsäuren (g) | 1 |
| Cholesterin (mg) | 0 |
| Natrium (mg) | 55 |
| Kalorien | 60 |

## IM OFEN GEGARTE ROTE BETE

*Saure, schlabbrige Rote Bete in einer Lake aus schlechtem Essig, wie man sie fertig kaufen kann, ist eine Schande. Die Knollen sollten stets frisch gekauft und im Ofen gegart werden.*

Wählen Sie Knollen von gleicher Größe. Wickeln Sie die gewaschenen Knollen locker in starke Alufolie (matte Seite nach außen, kleine Knollen kommen zu zweit oder zu dritt in ein Päckchen) und garen Sie sie im vorgeheizten Ofen bei 200 °C 1–2 Stunden. Die Garzeit hängt von Größe und Alter der Knollen ab. Machen Sie mit einem Messer die Garprobe: Das Messer sollte leicht hineingleiten, aber die Knolle sollte nicht matschig sein. Etwas abkühlen lassen und dann abschälen. Von Roter Bete gefärbte Hände mit Zitronensaft waschen.

| **Je 500 g** | |
|---|---|
| Fett gesamt (g) | <1 |
| Gesätt. Fettsäuren (g) | unb. |
| Ungesätt. Fettsäuren (g) | <1 |
| Cholesterin (mg) | 0 |
| Natrium (mg) | 330 |
| Kalorien | 180 |

## SPARGEL

*Weißen Spargel und dicke Stangen von grünem Spargel muss man schälen. Die Schalen waschen, auskochen und über einem Sieb gründlich ausdrücken: Das ergibt Kochwasser für den eigentlichen Spargel; das Kochwasser selbst dient als Fond. Spargel niemals zu lange kochen, er muss unbedingt Biss haben. Übergarter Spargel ist ein Skandal!*

Zum Schälen einen Sparschäler verwenden und immer vom Fuß zum Kopf arbeiten, den Kopf selbst nicht abschälen. (Nur bleistiftdünne grüne Stangen muss man nicht schälen.) Den holzigen Fuß abschneiden und zusammen mit den Schalen auskochen. Spargel möglichst sofort nach dem Schälen zubereiten. Ist das nicht möglich, sollten Sie die Stangen wie einen Blumenstrauß mit den Füßen in ein Glas Wasser stellen, oben eine Plastiktüte darüber ziehen und im Kühlschrank aufbewahren. Den Spargel entweder über Dampf 3–7 Minuten oder im Kochwasser der Schalen garen. Er soll vom Wasser nur knapp bedeckt sein. Etwas Salz und 1–2 Stück Würfelzucker zugeben, zur Garprobe mit einem Messer einstechen. Die mit einer Zange herausgehobene Spargelstange darf sich nur minimal biegen. Wollen Sie den Spargel kalt servieren, sofort nach dem Kochen kalt abschrecken, damit der Garprozess unterbrochen wird. Alles gut abtropfen lassen.

| **Je 500 g** | |
|---|---|
| Fett gesamt (g) | 3 |
| Gesättigte Fettsäuren (g) | 1 |
| Ungesätt. Fettsäuren (g) | 2 |
| Cholesterin (mg) | 0 |
| Natrium (mg) | 5 |
| Kalorien | 125 |

## IN DER PFANNE GESCHMORTER KNOBLAUCH

| **Je 250 g** | |
|---|---|
| Fett gesamt (g) | 2 |
| Gesättigte Fettsäuren (g) | 1 |
| Ungesätt. Fettsäuren (g) | 1 |
| Cholesterin (mg) | 0 |
| Natrium (mg) | 280 |
| Kalorien | 296 |

So viele Knoblauchzehen wie gewünscht pellen, nebeneinander in eine schwere beschichtete Pfanne legen und reichlich mit Fond übergießen. Fest zudecken und 10–15 Minuten kräftig kochen lassen, bis die Zehen weich sind und die Flüssigkeit weitgehend reduziert ist. Zwischendurch nachschauen, ob eventuell mehr Fond angegossen werden muss. Den Knoblauch durch ein Sieb abgießen (den Fond auffangen und für Suppen oder Saucen verwenden), dann durch das Sieb pürieren und je nach Rezept verwenden.

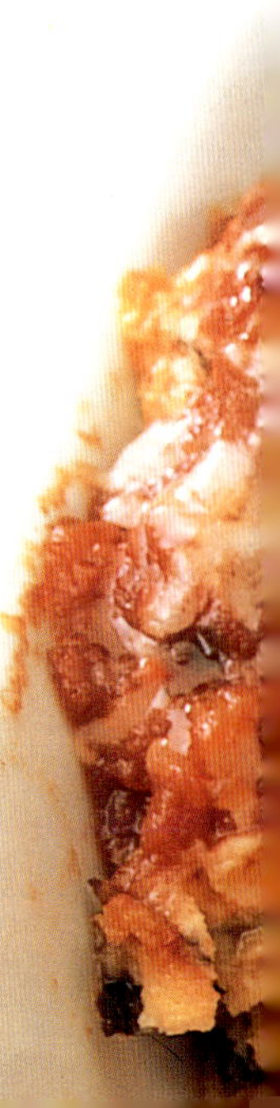

# GRATIN VON AUBERGINEN UND TOMATEN

*Auf traditionelle Weise zubereitete Auberginen saugen Öl und Fett auf wie ein Schwamm. Retten Sie sich vor Hunderten (vielleicht Tausenden!) von unnötigen Kalorien, indem Sie die Auberginen mit einem Spritzer Öl-Wasser-Spray grillen. Als Ergebnis erhalten Sie eine fettarme Version eines kampanischen Gerichts, dessen Original den verheißenden Namen »Parmigiani di melanzane« hat. Unsere Version ist leicht und locker und lässt doch an Geschmack nichts zu wünschen übrig.*

## ZUTATEN

*13 EL frische Weißbrotkrumen*

*5 EL frisch geriebener Parmesan*

*Salz, frisch gemahlener schwarzer Pfeffer*

*2 EL Mehl*

*3 Eiweiße*

*2–3 Spritzer Tabasco*

*2 Auberginen zu je 250 g, geputzt und geschält (s. S. 36)*

*Öl-Wasser-Spray (s. S. 29)*

*½ Portion Tomaten-Knoblauch-Paprika-Sauce (s. S. 64)*

1 Die Brotkrumen in eine Schüssel geben, mit 3 EL Parmesan mischen, salzen und pfeffern. Das Mehl in eine zweite Schüssel geben, ebenfalls salzen und pfeffern. Das Eiweiß in eine dritte Schüssel geben, mit Salz, Pfeffer und Tabasco würzen und mit einer Gabel leicht schaumig schlagen.

2 Den Grill vorheizen. Die Auberginen diagonal in Scheiben schneiden, die Scheiben in der Mehlmischung wenden, dann in das Eiweiß tauchen und in den Brotkrumen wenden. Scheiben noch mal in das Eiweiß tauchen, erneut in den Brotkrumen wenden und auf einem Teller ablegen.

3 Ein beschichtetes Backblech mit Öl-Wasser-Spray besprühen und unter den Grill schieben. Die panierten Auberginenscheiben auf das heiße Blech legen und mit dem Öl-Wasser-Gemisch besprühen. Im Abstand von 10 cm zur Heizschlange 5 Minuten grillen, bis die Scheiben gebräunt sind, vorsichtig mit einer Palette lösen und wenden, mit dem Öl-Wasser-Gemisch besprühen und weitere 5 Minuten auf der anderen Seite grillen, bis auch diese gebräunt ist. In der Zwischenzeit die Tomaten-Knoblauch-Paprika-Sauce erhitzen.

4 Die Auberginenscheiben in eine Gratinform legen und die Sauce darüber gießen. Den restlichen Parmesan darüber streuen und unter den Grill stellen, bis die Oberfläche leicht gebräunt ist.

**Pro Portion**

| | |
|---|---|
| Fett gesamt (g) | 6 |
| Gesättigte Fettsäuren (g) | 3 |
| Ungesätt. Fettsäuren (g) | 3 |
| Cholesterin (mg) | 13 |
| Natrium (mg) | 403 |
| Kalorien | 208 |

**Ergibt**
6 Portionen

# RICOTTA-PARMESAN-SAUCE

*Diese schmackhafte Sauce ist ein raffinierter Überzug für Aufläufe, Lasagne (s. S. 110 und 111) und Gemüsegerichte. So kann man die Sauce beispielsweise auch statt des reinen Parmesans über das Gratin von Auberginen und Tomaten (s. S. 79) geben.*

**ZUTATEN**

*3 Eiweiße*

*250 g Ricotta*

*175 ml Magermilch*

*5 EL frisch geriebener Parmesan*

*Salz, gemahlener schwarzer Pfeffer*

1 Die Eiweiße mit dem Ricotta verschlagen, dann die Milch und 4 EL Parmesan unterrühren. Mit Salz und Pfeffer abschmecken. Die Mischung über das gewählte Rezept gießen, die Form hin und her bewegen, damit sich der Überzug gleichmäßig verteilt.

2 Den restlichen Parmesan darüber streuen. Die Form in den vorgeheizten Ofen geben und je nach Rezept bei 180 °C 30–40 Minuten garen, bis der Überzug leicht gebräunt ist.

**Pro Portion**

| | |
|---|---|
| Fett gesamt (g) | 9 |
| Gesättigte Fettsäuren (g) | 6 |
| Ungesätt. Fettsäuren (g) | 3 |
| Cholesterin (mg) | 34 |
| Natrium (mg) | 222 |
| Kalorien | 132 |

**Ergibt**
6 Portionen

# PANIERTE AUBERGINEN- UND ZUCCHINISCHEIBEN

*Diese panierten und gegrillten Gemüsescheiben erinnern im Aussehen an paniertes Fischfilet. Reichen Sie Tomaten-Knoblauch-Paprika-Sauce (s. S. 64) dazu. Die Scheiben passen auch zu jeder beliebigen Salsa oder einer Vinaigrette (s. S. 59).*

**ZUTATEN**

*500 g Magerjogurt*

*1 rote Paprikaschote, gegrillt, gehäutet (s. S. 35) und püriert*

*1½ TL Dijonsenf*

*5–6 EL frische Krumen von Weiß- oder Graubrot*

*4–5 EL frisch geriebener Parmesan*

*1 gute Prise Paprikapulver*

*Salz, gemahlener schwarzer Pfeffer*

*1 Aubergine (etwa 250 g), geputzt und geschält (s. S. 36)*

*1 Zucchini (etwa 180 g), geputzt*

*Öl-Wasser-Spray (s. S. 29)*

*Zitronenachtel zur Garnierung*

1 Den Jogurt in eine Schüssel geben, Paprikapüree und Senf einrühren. Dann den Jogurt gleichmäßig auf einem großen flachen Teller verteilen.

2 Die Brotkrumen auf einen zweiten Teller geben, mit Parmesan, Paprikapulver, Salz und Pfeffer vermischen und ebenfalls gleichmäßig ausbreiten.

3 Aubergine und Zucchini der Länge nach in 0,5 cm dicke Scheiben schneiden. Jede Scheibe in der Jogurtmischung wenden und dann fest in die Brotkrumen drücken.

4 Ein beschichtetes Backblech mit dem Öl-Wasser-Gemisch einsprühen und unter den Grill stellen. Wenn das Blech heiß ist, herausnehmen und erneut vorsichtig besprühen.

5 Die panierten Gemüsescheiben nebeneinander auf dem Blech arrangieren, so dass sie sich nicht berühren. Das Blech 12 cm von der Heizschlange entfernt in den Backofen geben und 3–4 Minuten grillen.

6 Das Blech herausnehmen, die Scheiben mit einer Palette lösen und wenden. Mit Öl-Wasser-Spray besprühen und wieder unter den Grill schieben, bis auch die zweite Seite gebräunt ist und die Gemüse gar sind. (Zur Probe mit einem spitzen Messer hineinstechen.)

7 Die Gemüsescheiben auf einen Teller geben und warm halten, bis alle fertig gegrillt sind. Die fertigen Gemüsescheiben mit Zitronenachteln garnieren. Sauce oder Salsa in einer anderen Schüssel getrennt dazu reichen.

**Pro Portion**

| | |
|---|---|
| Fett gesamt (g) | 8 |
| Gesättigte Fettsäuren (g) | 4 |
| Ungesätt. Fettsäuren (g) | 3 |
| Cholesterin (mg) | 22 |
| Natrium (mg) | 494 |
| Kalorien | 259 |

**Ergibt**
4 Portionen

# GEGRILLTE AUBERGINEN UND ZUCCHINI

*Die hier verwendete Technik des zweimaligen Garens der Auberginen- und Zucchinischeiben – sie werden erst in einer mit Öl-Wasser ausgesprühten Pfanne vorgegart, dann in der geriffelten Grillpfanne fertig gestellt – garantiert, dass die Gemüse zart und gar sind und zugleich einen feinen rauchigen Barbecuegeschmack haben. Ich serviere sie gern zusammen mit anderen Antipasti auf einen Teller gestapelt und mit Zitronenachteln garniert.*

## ZUTATEN

*Öl-Wasser-Spray (s. S. 29)*

*1 lange Aubergine (etwa 250 g), geputzt und geschält (s. S. 36)*

*2 Zucchini (je etwa 125 g), geputzt*

1 Eine schwere beschichtete Pfanne mit Öl-Wasser-Spray aussprühen. Die Pfanne sowie eine geriffelte Grillpfanne auf mittlere Hitze stellen.

2 Die Aubergine und die Zucchini der Länge nach in 0,5 cm dicke Scheiben schneiden. Die Scheiben in Portionen, die sich nicht überlappen, in die Pfanne legen und so lange garen, bis sie Farbe annehmen. Wenden, mit Öl-Wasser-Spray übersprühen und bräunen lassen.

3 Die vorgegarten Scheiben auf die geriffelte Grillpfanne legen und dort auf jeder Seite etwa 1 Minute braten, bis sie die typischen braunen Streifen haben. Die gebratenen Scheiben nicht besprühen.

4 Die fertigen Scheiben auf einem vorgewärmten Teller warm halten, bis alle anderen gebraten sind.

**Pro Portion**

| | |
|---|---|
| Fett gesamt (g) | 1 |
| Gesätt. Fettsäuren (g) | unb. |
| Ungesätt. Fettsäuren (g) | 1 |
| Cholesterin (mg) | 0 |
| Natrium (mg) | 2 |
| Kalorien | 23 |

**Ergibt**
4 Portionen

# WÜRZIGE GRÜNE BOHNEN MIT LIMONE

*Als orientalisch inspirierte Zubereitung kann man dieses Gericht aus grünen Bohnen heiß, lauwarm oder auch kalt verzehren. Es passt sehr gut zu Hähnchen Tandoori (s. S. 86) oder zu Fisch.*

## ZUTATEN

*Saft von ½ Limone*

*300 ml Fond*

*½–1 Pfefferschote, entkernt, klein geschnitten*

*½ TL Kurkuma*

*½ TL gemahlener Koriander*

*1 Prise Zucker*

*2 Knoblauchzehen, zerdrückt*

*1 cm frische Ingwerwurzel, zerdrückt*

*500 g kleine, junge Buschbohnen, geputzt*

*Salz, gemahlener schwarzer Pfeffer*

1 Den Limonensaft und die Hälfte des Fonds mit den anderen Zutaten außer den Bohnen mischen und in einer Pfanne oder einem Wok kochen lassen, bis die Flüssigkeit weitgehend verdampft ist.

2 Die Bohnen und den restlichen Fond zugeben, salzen und pfeffern. Zugedeckt 3–5 Minuten simmern lassen. Den Deckel abnehmen und unter Rühren weitere 2–3 Minuten köcheln lassen, bis die Bohnen gar sind. Sie sollten allerdings noch Biss haben und ihre frische grüne Farbe bewahren.

**Pro Portion**

| | |
|---|---|
| Fett gesamt (g) | <1 |
| Gesätt. Fettsäuren (g) | unb. |
| Ungesätt. Fettsäuren (g) | <1 |
| Cholesterin (mg) | 0 |
| Natrium (mg) | 67,5 |
| Kalorien | 45 |

**Ergibt**
4 Portionen

# GEFLÜGEL

EIN GERÖSTETES ODER GEGRILLTES GANZES HÄHNCHEN ist, wenn man es seiner Haut und von allem Fett beraubt, nicht unbedingt ein Ausbund an Geschmacksfülle. Gibt man den Brustfilets aber einen leckeren Mantel aus Kräutern und Gewürzen dazu, mariniert und gart man sie in Zitrussäften oder Gemüsepürees oder umlegt man sie mit saftigen Gemüsezubereitungen, sieht die Sache schon ganz anders aus. Entenbrust und Hühnerschenkel, ebenfalls von Haut und Fett befreit, sind selbst von kräftigerem Geschmack, vertragen aber dennoch eine mutige Würzmischung. Hühnerfleisch sollte immer völlig durchgegart sein.

**HÄHNCHENBRUST MIT MITTELMEERGEMÜSEN** *sieht mit einer Garnitur aus Zitronenachtel und frischen Kräutern sehr verlockend aus.*

## EINE MEDITERRANE KOMPOSITION

**Die Geschmacksgeber** für dieses Gericht haben einen südländischen Touch, gehören doch Oliven und Pfefferschoten dazu.

ROTE ZWIEBEL

KNOBLAUCHZEHEN

GETROCKN. TOMATEN

SCHWARZE OLIVEN

AUBERGINE

PAPRIKASCHOTEN

PFEFFERSCHOTE

TROCKENER WEISSWEIN

HÜHNERFOND

KAPERN

ROSINEN

## HÄHNCHENBRUST MIT MITTELMEERGEMÜSEN

### ZUTATEN

*4 Hähnchenbrustfilets, enthäutet*

**Für die Marinade**

*4 Knoblauchzehen, zerdrückt*

*2 Oliven, entsteint*

*Saft von 1 großen Orange*

*90 ml Zitronensaft*

*2 EL Balsamessig*

*2 Spritzer Teriyakisauce*

**Für die mediterrane Komposition**

*1 rote Zwiebel, in Ringen*

*4 Knoblauchzehen, zerdrückt*

*4 getrocknete Tomaten, geschnitten*

*4 schwarze Oliven, entsteint*

*1 rote Pfefferschote, entkernt, fein geschnitten*

*180 g Aubergine, geschält und gewürfelt (s. S. 36)*

*je 2 EL Kapern und Rosinen*

*1 rote und 1 gelbe Paprikaschote, entkernt, geschält (s. S. 34), in Streifen geschnitten*

*300 ml Hühnerfond (s. S. 30)*

*300 ml trockener Weißwein*

*Salz, gemahlener schwarzer Pfeffer*

*Öl-Wasser-Spray (s. S. 29)*

1 Die Filets in eine Schale legen, die Zutaten für die Marinade mischen und über die Filets geben; ziehen lassen. Die Zutaten für die mediterrane Komposition in eine Pfanne geben, zugedeckt 5–7 Minuten simmern lassen. Deckel abnehmen und köcheln lassen, bis die Gemüse weich sind.

2 Eine gerillte Grillpfanne erhitzen und mit Öl-Wasser-Spray besprühen. Die Filets aus der Marinade nehmen, abtropfen lassen und auf jeder Seite 2–3 Minuten grillen. Die Filets nebeneinander auf das Gemüsebett legen, die Pfanne mit dem Deckel schließen und weitere 7–8 Minuten sanft köcheln lassen, dabei die Filets einmal wenden.

**Pro Portion**

| | |
|---|---|
| Fett gesamt (g) | 3 |
| Gesättigte Fettsäuren (g) | 1 |
| Ungesätt. Fettsäuren (g) | 2 |
| Cholesterin (mg) | 84 |
| Natrium (mg) | 290 |
| Kalorien | 271 |

**Ergibt**
4 Portionen

# GEBRATENES HÄHNCHEN MIT ZITRONENKNOBLAUCH

*Meiner Meinung nach ist dies wirklich die Krone aller Hähnchenrezepte. Es beweist unschlagbar, dass fettarmes Kochen nicht gleichbedeutend ist mit langweiligem, fadem Geschmack. Wenn Sie zu diesem Hähnchengericht außerdem noch Röstkartoffeln mit Knoblauch und Zitrone (s. S. 74) servieren, ist die Wonne der Esser perfekt. Wie alles andere Geflügel sollte auch Hähnchenfleisch Zimmertemperatur haben, wenn es in den Ofen kommt, damit es gleichmäßig durchgart. Vor dem Garen sollte es jedoch nicht zu lange in warmer Umgebung stehen.*

## ZUTATEN

*1 große Knoblauchknolle, in Zehen geteilt (etwa 14 Stück)*

*5 getrocknete Tomaten, 4 längs halbiert, 1 klein geschnitten*

*4 schwarze Oliven, entsteint*

*500 ml Hühnerfond (s. S. 30)*

*einige Spritzer Tabasco*

*1–2 Spritzer Teriyaki- und Worcestersauce*

*1 Hähnchen (1,25–1,5 kg), von allem Fett befreit*

*90 ml Zitronensaft (die ausgepressten Hälften aufheben)*

*1 Zitrone, in dünne Scheiben geschnitten, Kerne entfernt*

*1 große Zwiebel, in Ringe geschnitten*

*etwa 175 ml trockener Vermouth*

*Salz, gemahlener schwarzer Pfeffer*

*125–175 ml trockener weißer Vermouth (für die Sauce)*

*1 großes Bund Brunnenkresse als Garnierung*

1 12 Knoblauchzehen abpellen und längs halbieren, eventuell vorhandene grüne Keime entfernen. Die halbierten Knoblauchzehen mit den halbierten Tomaten, den Oliven, 300 ml Fond, Tabasco, Teriyaki- und Worcestersauce in eine Pfanne geben. Kochen lassen, bis der Knoblauch weich und die Flüssigkeit reduziert und sirupartig eingedickt ist. Abkühlen lassen.

2 Das Hähnchen rundum, außer auf der Brust, mit kleinen Schnitten einschneiden, dann das Hähnchen mit Zitronensaft einreiben. Die Brusthaut lösen und Zitronensaft darunter reiben, die ausgepressten Zitronenhälften in die Bauchhöhle des Hähnchens legen.

3 Die Zitronenscheiben gleichmäßig unter die Brusthaut schieben. Dann das Hähnchen in eine Schüssel legen und mehrere Stunden oder über Nacht im Kühlschrank marinieren lassen.

4 Das Hähnchen aus dem Kühlschrank nehmen, die Beine zusammenbinden und es auf einen Rost in eine Bratform legen. Zwiebelringe, den restlichen Knoblauch und die getrockneten Tomaten um das Hähnchen verteilen.

5 Je 60 ml Fond und Vermouth angießen, das Hähnchen würzen und mit der Brust nach unten auf dem Rost 30 Minuten im vorgeheizten Backofen garen. Umdrehen und weitere 40 Minuten braten.

6 Nach Bedarf Fond und Vermouth nachfüllen und das Hähnchen regelmäßig begießen. Eventuell nochmals wenden, damit nichts anbrennt. Es ist gar, wenn beim Anstechen aus den fleischigsten Teilen heller Saft austritt. Das Hähnchen vor dem Tranchieren 10 Minuten mit Alufolie abgedeckt ruhen lassen.

7 Zur Zubereitung der Sauce den Fond aus dem Bratgeschirr durch ein Sieb gießen. Alles, was im Sieb ist, gut ausdrücken; was hängen bleibt, wegwerfen. Die Flüssigkeit etwa 10 Minuten in die Tiefkühltruhe stellen und das Fett, das sich oben sammelt, abheben.

8 Das Bratgeschirr auf die Herdplatte stellen, Weißwein und Vermouth angießen und die Hälfte einkochen. Bratensatz vom Boden lösen. Den entfetteten Fond zugeben und alles zum Kochen bringen, dann in eine Sauciere füllen.

9 Das Hähnchen tranchieren, mit Brunnenkresse garnieren und zusammen mit der Sauce zu Röstkartoffeln mit Knoblauch und Zitrone servieren.

**Pro Portion**

| | |
|---|---|
| Fett gesamt (g) | 5 |
| Gesättigte Fettsäuren (g) | 2 |
| Ungesätt. Fettsäuren (g) | 3 |
| Cholesterin (mg) | 91 |
| Natrium (mg) | 297 |
| Kalorien | 211 |

**Ofentemperatur**
230 °C

**Garzeit**
Etwa 1½ Stunden

**Ergibt**
4 Portionen

# GERÄUCHERTE STUBENKÜKEN MIT ROSMARIN

*Für einen außerordentlichen Geschmack – und er bedeutet beim fettarmen Kochen alles – sorgt eine Kulturen verbindende französisch-chinesische Kombination aus Rosmarin, Knoblauch, Olive und Zitrone, die den Küken unter die Haut gestopft wird, ehe sie über Tee, Zucker und Reis im Wok geräuchert werden. Die Stubenküken werden erst im Wok geräuchert, dann im Ofen fertig gegart. Die Garzeit im Ofen hängt davon ab, wie gar die Küken aus dem Wok kommen. Nehmen Sie die hier gemachten Zeitangaben also nur als grobe Richtlinien.*

## ZUTATEN

*2 Stubenküken, je etwa 425 g, von allem Fett befreit*

*4 Knoblauchzehen*

*6 schwarze Oliven, entsteint*

*4 EL frische Rosmarinnadeln plus 2 lange Zweige*

*Saft von 2 Zitronen*

*gemischte ganze Pfefferkörner*

*3 flache EL Teeblätter (bevorzugt Lapsang Souchong)*

*3 flache EL brauner Zucker*

*3 flache EL weißer Reis*

*Salz*

*Öl-Wasser-Spray (s. S. 29)*

1 Die Haut über Brust und Schenkeln der Stubenküken lösen, indem man mit dem Finger zwischen Haut und Fleisch fährt.

2 Knoblauch und Oliven zerdrücken, mit den Rosmarinnadeln und der Hälfte des Zitronensafts mischen. Die Mixtur tief unter die Haut der Küken schieben. Den restlichen Zitronensaft über die Vögel träufeln, die Pfefferkörner darüber mahlen. Abgedeckt einige Stunden oder über Nacht im Kühlschrank ziehen lassen.

3 Einen Wok mit fest sitzendem Deckel so mit starker Aluminiumfolie auslegen, dass ein wenig über den Rand des Woks übersteht.

4 Tee, Zucker, Reis und die klein geschnittenen Rosmarinzweige auf die Alufolie geben, dann den Räuchereinsatz darüber stellen. Die Stubenküken salzen und mit der Brust nach unten auf den Räuchereinsatz legen. Den Wok mit dem Deckel schließen. Die überstehende Alufolie über den Deckelrand falten und fest andrücken, damit kein Rauch entweichen kann. Für 5 Minuten die Herdplatte auf größte Hitze schalten, dann die Hitze reduzieren und die Küken etwa 20 Minuten räuchern. Inzwischen den Ofen vorheizen. Ein Backblech mit Alufolie auslegen und einen Rost darauf stellen.

5 Den Rost mit Öl-Wasser-Spray einsprühen. Die geräucherten Stubenküken mit der Brustseite nach oben auf den Rost legen und im Backofen 10 Minuten braten. Die Küken wenden und abermals 10 Minuten braten. Wiederum wenden und weitere 5 Minuten braten. Aus dem Ofen nehmen und 5 Minuten ruhen lassen.

6 Zum Anrichten die Haut samt der Rosmarinmischung von den Küken entfernen und wegwerfen. Die Küken tranchieren und auf vorgewärmten Tellern arrangiert servieren. Sie können sie auch nur halbieren und den Gästen erlauben, sie aus der Hand zu essen.

**Pro Portion**

| | |
|---|---|
| Fett gesamt (g) | 4 |
| Gesättigte Fettsäuren (g) | 1 |
| Ungesätt. Fettsäuren (g) | 3 |
| Cholesterin (mg) | 61 |
| Natrium (mg) | 181 |
| Kalorien | 238 |

**Ofentemperatur**
230 °C

**Garzeit**
40 Minuten

**Ergibt**
4 Portionen

# HÄHNCHEN TANDOORI

*Ohne einen Tandoor – einen zylindrischen, meist in den Boden eingelassenen indischen Lehmofen, der mit Holzkohle befeuert wird – gibt es natürlich kein echtes »Tandoori murg«. Doch auch mit einem normalen Backofen kann man diesem köstlichen indischen Gericht nahe kommen. Wer die im Rezept aufgezählten Gewürze nicht alle einzeln erstehen möchte, kann die indische Gewürzmischung »Garam masala« kaufen, die bei uns gemeinhin unter dem Namen »Curry« bekannt ist.*

## ZUTATEN

*4 Hähnchenbrüste, enthäutet und von allem Fett befreit*

*Salz, frisch gemahlener schwarzer Pfeffer*

*1 TL gemahlener Koriander*

*1 TL gemahlener Kreuzkümmel*

*1 TL gemahlene Kurkuma*

*je ¼ TL frisch geriebene Muskatnuss, gemahlener Zimt, Cayennepfeffer und gemahlener Kardamom*

*1 Prise Nelkenpulver*

*350 ml Magerjogurt*

*6 Knoblauchzehen, zerdrückt*

*2,5 cm frische Ingwerwurzel, geschält, zerdrückt*

*Öl-Wasser-Spray (s. S. 29)*

*gehacktes frisches Koriandergrün zur Garnierung*

1 Die Hähnchenbrüste eventuell vom Knochen lösen. Jede Hähnchenbrust mit einem Messer mehrmals einstechen. Mit Salz und Pfeffer würzen.

2 Gewürze, Ingwer und Knoblauch mit dem Jogurt mischen, die Hähnchenbrüste nebeneinander in eine flache Form legen, die Jogurtmischung darüber geben. Mit Klarsichtfolie abgedeckt im Kühlschrank einige Stunden oder über Nacht marinieren lassen.

3 Das Hähnchenfleisch aus dem Kühlschrank nehmen und Zimmertemperatur erreichen lassen. Ein beschichtetes Backblech mit Öl-Wasser-Spray einsprühen und im vorgeheizten Ofen erwärmen.

4 Eine geriffelte Grillpfanne auf der Herdplatte sehr stark erhitzen, nacheinander je zwei Hähnchenbrüste auf jeder Seite jeweils 1½–2 Minuten grillen, bis sie die typischen Grillstreifen haben.

5 Die vorgegarten Hähnchenbrüste dann auf das Backblech legen und im Backofen zu Ende garen; das wird, je nach Größe der Filets, weitere 4–5 Minuten dauern. Sie sind gar, wenn sie sich fest und dennoch elastisch anfühlen.

6 Zum Servieren die Hähnchenbrüste quer zur Faser in Scheiben schneiden und auf einem Bett aus duftendem Bismatireis anrichten. Man garniert mit frischem Koriandergrün und Limonenachteln. Als Beilage zum Hähnchen Tandoori passen sauer eingelegte Gemüse, Chutneys und Raita mit Kräutern (s. S. 52).

**Pro Portion**

| | |
|---|---|
| Fett gesamt (g) | 3 |
| Gesättigte Fettsäuren (g) | 1 |
| Ungesätt. Fettsäuren (g) | 2 |
| Cholesterin (mg) | 86 |
| Natrium (mg) | 151 |
| Kalorien | 170 |

**Ofentemperatur**
230 °C

**Garzeit**
etwa 7 Minuten

**Ergibt**
4 Portionen

## HÄHNCHENBRUST MIT BACKPFLAUMEN UND SCHALOTTEN

*In Brandy eingeweichte, dann mit Estragon, Knoblauch und Schalotten geköchelte Backpflaumen verleihen einem Hähnchenbrustfilet einen Geschmack von großem Charakter. Die Farbe des Gerichts, das genau das Aroma verströmt, das ich am Essen so liebe, erinnert an den Herbst.*

### ZUTATEN

*4 Hähnchenbrustfilets, enthäutet und von Fett befreit*

*Salz, gemahlener schwarzer Pfeffer*

*125 ml trockener Weißwein*

*2 EL Brandy*

*125 ml Hühnerfond (s. S. 30)*

*6 essfertige Backpflaumen, entsteint, geviertelt*

*Öl-Wasser-Spray (s. S. 29)*

*4 Schalotten, geachtelt*

*2 Knoblauchzehen, zerdrückt*

*1½ EL frisch gehackter Estragon*

*1 Bund Brunnenkresse zur Garnierung*

1 Jedes der 4 Filets mit etwas Salz und viel Pfeffer würzen. Wein, Brandy, Fond und Pflaumen in eine Schüssel geben. Eine beschichtete Pfanne großzügig mit Öl-Wasser-Spray aussprühen und erhitzen, bis es leicht spritzt. Die Filets hineingeben und auf jeder Seite 1–2 Minuten anbräunen, dann aus der Pfanne nehmen.

2 Die Weinmischung mit den Pflaumen in die Pfanne geben, Schalotten, Knoblauch und 1 EL Estragon zugeben. Aufkochen lassen und den Bratensatz dabei lösen. Kurz kräftig kochen lassen.

3 Wenn die Schalotten weich sind und die Flüssigkeit weitgehend reduziert ist, die Filets zusammen mit dem restlichen Estragon in die Pfanne geben und weitere 2–3 Minuten köcheln lassen. Die Filets dabei mehrmals wenden, bis sie leicht gebräunt und eben gerade gar sind. Eventuell Fond und Wein nachgießen, doch sollte die Sauce eine sirupartige Konsistenz behalten. Zum Anrichten die Filets auf eine vorgewärmte Platte geben und mit der Backpflaumen-Schalotten-Mischung übergießen.

**Pro Portion**

| | |
|---|---|
| Fett gesamt (g) | 2 |
| Gesättigte Fettsäuren (g) | <1 |
| Ungesätt. Fettsäuren (g) | 1 |
| Cholesterin (mg) | 84 |
| Natrium (mg) | 104 |
| Kalorien | 178 |

**Ergibt**
4 Portionen

## GESCHMORTES MEXIKANISCHES HÄHNCHEN

*Ein von der mexikanischen Küche inspiriertes Hähnchenrezept. Das Aroma der Gewürze durchzieht das herrlich saftige Fleisch buchstäblich bis auf den Knochen. Servieren Sie zu diesem Geflügelgericht Süßkartoffelpfannkuchen (s. S. 73) und Salsa von Kirschtomaten und roten Zwiebeln (s. S. 61).*

### ZUTATEN

*3 Knoblauchzehen, zerdrückt*

*½ rote und ½ grüne Pefferschote, entkernt, fein geschnitten*

*12 Frühlingszwiebeln, in Ringen*

*Saft von 1 Limone*

*abgeriebene Schale von ½ Limone*

*½ EL gemahlener Kreuzkümmel*

*½ TL gemahlener Koriander*

*1 EL brauner Rum*

*1 EL Tomatenmark*

*Salz, gemahlener schwarzer Pfeffer*

*6 Hühnerschenkel, enthäutet, von Fett befreit*

*250 ml Hühnerfond (s. S. 30)*

*frisch gehacktes Koriandergrün zur Garnierung*

1 Alle Zutaten außer Hühnerschenkeln, Fond und Koriandergrün in einer Schüssel vermischen. Die Hühnerschenkel darin wenden und 30 Minuten durchziehen lassen.

2 Die Hühnerschenkel samt Marinade nebeneinander in eine beschichtete Pfanne geben und den Fond angießen. Alles zum Simmern bringen und etwa 20 Minuten simmern lassen, dabei die Schenkel gelegentlich wenden, bis sie gar sind und die Sauce zu einem terrakottafarbenen Sirup eingedickt ist.

3 Die Hähnchenschenkel mit Koriandergrün und Limonenachteln garniert servieren.

**Pro Portion**

| | |
|---|---|
| Fett gesamt (g) | 2 |
| Gesättigte Fettsäuren (g) | <1 |
| Ungesätt. Fettsäuren (g) | 1,5 |
| Cholesterin (mg) | 68 |
| Natrium (mg) | 125 |
| Kalorien | 97 |

**Ergibt**
4 Portionen

# Hähnchen mit Süsskartoffel und Limone

*Die Sauce ist ein Traum in leuchtendem Orange und das Hähnchenfleisch ist exquisit und zart. Das für die Sauce verwendete Zitronengras gibt es frisch in ausgesuchten Gemüsegeschäften oder (gefriergetrocknet) im Gewürzregal der Supermärkte. Zur Abwechslung kann man das Gericht wie bis zur Mitte von Schritt 3 beschrieben zubereiten, dann aber die Sauce unpüriert lassen. Das gegrillte Hähnchenfleisch würfeln und mit den Gemüsen zu einem Eintopf mischen.*

## Zutaten

*Saft von 1 Limone*

*Saft von ½ Orange*

*je ½ TL Kurkuma, Kreuzkümmel und Koriander*

*Salz, gemahlener schwarzer Pfeffer*

*4 Hähnchenbrustfilets*

**Für die Sauce**

*2–3 Knoblauchzehen, zerdrückt*

*2,5 cm frische Ingwerwurzel, geschält, zerdrückt*

*2 Kardamomkapseln, leicht zerdrückt*

*4 Frühlingszwiebeln, in Ringen*

*je ½ TL Kurkuma, Kreuzkümmel und Koriander*

*2 Stängel Zitronengras*

*500 g Süßkartoffel, geschält und gewürfelt*

*300 ml Hühnerfond (s. S. 30)*

*Saft von ½ Limone*

*ein paar Tropfen Zitronensaft*

*Koriandergrün zum Garnieren*

1 Die Zitrussäfte mit den Gewürzen mischen und die Filets darin marinieren. Für die Sauce alle Zutaten außer dem Fond und den Zitrussäften 7–10 Minuten in einem geschlossenen Topf schmoren lassen. Deckel abnehmen und weitere 3–5 Minuten schmoren, bis die Gemüse gar sind. Zitronengras und Kardamomkapseln herausfischen und wegwerfen. Den Fond und die Zitrussäfte dazugeben, mit Salz und Pfeffer abschmecken. Die Mischung pürieren, danach durch ein feines Sieb streichen.

2 Die Hähnchenbrust in einer Grillpfanne 2–3 Minuten vorgaren, dann im vorgeheizten Backofen in 6–7 Minuten fertig garen. Die Sauce wieder erhitzen und abschmecken. Jeweils eine Kelle voll auf einen Teller geben, die Hähnchenbrüste längs aufschneiden und auf die Sauce geben. Mit Koriandergrün und 3 Stängeln Schnittlauch garnieren.

**Pro Portion**

| | |
|---|---|
| Fett gesamt (g) | 2 |
| Gesättigte Fettsäuren (g) | 1 |
| Ungesätt. Fettsäuren (g) | 1 |
| Cholesterin (mg) | 84 |
| Natrium (mg) | 194 |
| Kalorien | 260 |

**Ofentemperatur**
220 °C

**Garzeit**
18–25 Minuten

**Ergibt**
4 Portionen

# ENTENBRUST MIT PREISELBEER-CHUTNEY

*Der volle Geschmack der Entenbrust wird von dem süß-sauren Aroma des Chutneys aus getrockneten Preiselbeeren wunderbar ergänzt. Die gehäutete Entenbrust – so mager, wie sie nur sein kann – wird nur kurz gegart, so dass sie innen noch rosa und folglich sehr saftig bleibt. Wilder Reis mit Orange und Thymian (s. S. 115) ist eine ideale Beilage zur Entenbrust.*

## ZUTATEN

*4 Entenbrüste, ohne Knochen, enthäutet, von allem Fett befreit*

*1 EL Pfefferkörner, zerdrückt*

*Öl-Wasser-Spray (s. S. 29)*

**Für die Marinade**

*Saft von ½ Orange*

*4 EL Zitronensaft*

*½ EL Balsamessig*

*½ EL roter Vermouth*

*2 Knoblauchzehen, zerdrückt*

*1 cm frische Ingwerwurzel, geschält, zerdrückt*

*je ¼ TL Kurkuma, gemahlener Kreuzkümmel und gemahlener Koriander*

**Für das Chutney**

*1 cm frische Ingwerwurzel, geschält, zerdrückt*

*2 Knoblauchzehen, zerdrückt*

*1 rote Zwiebel, gewürfelt*

*1 Pfefferschote, entkernt, klein geschnitten*

*Saft von ½ Orange*

*4 EL Zitronensaft (evtl. etwas mehr)*

*150 ml Fond (s. S. 30)*

*125 ml roter Vermouth*

*1 EL Balsamessig*

*75 g getrocknete Preiselbeeren*

1 Die Entenbrust beidseitig in den zerstoßenen Pfeffer drücken und nebeneinander in eine flache Form legen.

2 Die Zutaten für die Marinade mischen, über die Entenbrust geben und alles gut bedecken. 1–2 Stunden bei Zimmertemperatur oder länger im Kühlschrank marinieren lassen. Im Kühlschrank marinierte Entenbrust sollten Sie vor der weiteren Zubereitung erst Zimmertemperatur annehmen lassen.

3 Inzwischen die Zutaten für das Chutney in eine Pfanne geben, leicht köcheln lassen, bis die Zwiebeln weich und die Preiselbeeren aufgegangen sind. Die Flüssigkeit sollte eine sirupartige Konsistenz reduziert sein. Abschmecken, ggf. mehr Zitronensaft zugeben, beiseite stellen. Das Chutney, falls nötig, wieder erhitzen und in eine ofenfeste flache Form geben, die groß genug ist, die Entenbrüste nebeneinander aufzunehmen.

4 Eine schwere beschichtete Pfanne mit Öl-Wasser-Spray (s. S. 29) besprühen und auf große Flamme setzen. Die Entenbrust aus der Marinade nehmen und auf jeder Seite etwa 1 Minute anbraten.

5 Die Entenbrust nebeneinander auf das Chutney legen, dann die Form in den vorgeheizten Ofen geben. Etwa 7 Minuten braten, bis die Entenbrust innen gerade noch rosa ist (auf Fingerdruck fühlt sich das Fleisch fest, aber elastisch an – weder hart noch matschig.).

6 Die Entenbrust auf ein Tranchierbrett legen und 5 Minuten ruhen lassen. Das Chutney auf eine Servierplatte geben, die Entenbrust gegen die Faser in Scheiben schneiden. Die Scheiben leicht überlappend auf dem Chutney arrangieren. Den Fleischsaft, der sich auf dem Brett gesammelt hat, darüber träufeln und sofort servieren.

**Pro Portion**

| | |
|---|---|
| Fett gesamt (g) | 6 |
| Gesättigte Fettsäuren (g) | 2 |
| Ungesätt. Fettsäuren (g) | 4 |
| Cholesterin (mg) | 132 |
| Natrium (mg) | 178 |
| Kalorien | 241 |

**Ofentemperatur**
200 °C

**Garzeit im Ofen**
7 Minuten

**Ergibt**
4 Portionen

# GERÄUCHERTE ENTENBRUST

*Vor langer Zeit zeigte mir mein Freund, der Küchenchef Frank Ma aus Atlanta, Georgia, wie man in einem Wok kleine Stücke von Geflügel räuchert. Es ist eine für die fettarme Küche bestens geeignete Technik, denn das Geflügel bekommt einen herrlichen, unwiderstehlichen Rauchgeschmack. Ich stelle hier drei Rezepte mit geräucherter Entenbrust vor. Auf der gegenüberliegenden Seite ist der Salat von Entenbrust und Birne abgebildet.*

## ZUTATEN

*3 flache EL Teeblätter (bevorzugt Lapsang Souchong) oder der Inhalt von 6 Teebeuteln*

*3 flache EL weißer Reis*

*3 flache EL brauner Zucker*

*2–4 Brüste von franz. Barbarie-Enten, gehäutet und von allem Fett befreit*

*je eine kräftige Prise scharfes Paprikapulver, gemahlener Koriander und gemahlener Kreuzkümmel*

*frisch gemahlener schwarzer Pfeffer*

*Saft von 1 Limone*

*Öl-Wasser-Spray (s. S. 29)*

1 Einen Wok mit fest sitzendem Deckel derart mit Aluminiumfolie auslegen, dass etwas Folie über den Rand des Woks übersteht. Tee, Reis und Zucker auf die Alufolie geben, dann einen Räuchereinsatz darüber stellen. Die Entenbrust auf einen Teller legen, auf beiden Seiten die Gewürze darüber streuen und gleichmäßig mit Pfeffer bestreuen. Die Gewürze gut einreiben. Den Zitronensaft darüber träufeln und die Entenbrust darin wenden.

2 Die Entenbrust auf den Räuchereinsatz legen, den Wok schließen und die Alufolie über den Rand des Deckels umschlagen und festdrücken. Den Wok 5 Minuten auf maximale Hitze stellen, dann weitere 5 Minuten auf kleiner Hitze halten. Von der Herdplatte nehmen und weitere 5 Minuten ungeöffnet ruhen lassen.

3 Eine Grillpfanne mit Öl-Wasser-Spray besprühen und erhitzen. Die Entenbrust einlegen und auf beiden Seiten grillen, dabei ein- oder zweimal wenden und mit Öl-Wasser-Spray besprühen. Das Fleisch ist am besten, wenn es innen noch leicht rosa ist. Die Garzeit kann je nach Dicke des Fleischs 2–7 Minuten betragen. Schneiden Sie die Entenbrust quer zur Faser in dünne Scheiben und servieren Sie sie mit dem beim Aufschneiden ausgetretenen Saft.

**Pro Portion**

| | |
|---|---|
| Fett gesamt (g) | 6 |
| Gesätt. Fettsäuren (g) | 2 |
| Ungesätt. Fettsäuren (g) | 4 |
| Cholesterin (mg) | 132 |
| Natrium (mg) | 132 |
| Kalorien | 151 |

**Ergibt**
2–4 Portionen

**Variation**
**Salat von Entenbrust und Birne:** Einen Teller mit Brunnenkresse und Rauke (Rucola) auslegen. Abwechselnd Scheiben von geräucherter Entenbrust und Birnen darauf arrangieren, mit grünem Spargel und frischen Himbeeren oder Heidelbeeren garnieren. Das Ganze mit etwas Birnen-Vinaigrette (s. S. 59) beträufeln.

# GERÄUCHERTE ENTENBRUST MIT TORTILLAS

*Geräucherte Entenbrust, zubereitet nach dem oben angegebenen Rezept und zusammen mit Weizentortillas und verschiedenen Salsas serviert, ist ein Fest für die Sinne. Selbst der Verdrießlichste wird munter, wenn er sich zu einem solchen mexikanisch inspirierten Festmahl niederlässt.*

## ZUTATEN

*16–20 Weizentortillas (Fertigprodukt)*

*4 geräucherte Entenbrüste (siehe oben), in Streifen oder Scheiben geschnitten*

*eine Auswahl an gerösteten oder gegrillten Gemüsen wie etwa roten und gelben Paprikaschoten, Auberginen und Zucchinischeiben*

*Guacamole von grünen Erbsen (s. S. 50)*

*Salsa von Kirschtomaten und roten Zwiebeln (s. S. 61)*

*Salsa von Mango und Fenchel (s. S. 61)*

*Raita mit Kräutern (s. S. 52)*

1 Die Tortillas zusammen in Alufolie wickeln und im vorgeheizten Backofen etwa 10 Minuten erwärmen.

2 Die Tortillas auf einem Teller in die Mitte des Tisches stellen. Alle anderen Zutaten in Schalen und Schüsseln dekorativ angerichtet um die Tortillas arrangieren. Jeder Esser am Tisch nimmt sich von den Tortillas, belegt sie nach seiner Wahl mit den angebotenen Zutaten, dreht sie zu einer Tüte und ißt sie aus der Hand.

**Pro Portion**

| | |
|---|---|
| Fett gesamt (g) | 6 |
| Gesätt. Fettsäuren (g) | 2 |
| Ungesätt. Fettsäuren (g) | 4 |
| Cholesterin (mg) | 132 |
| Natrium (mg) | 132 |
| Kalorien | 151 |

**Ofentemperatur**
180 °C

**Garzeit**
10 Minuten

**Ergibt**
4 Portionen

# FLEISCH

DAS GANZE GEHEIMNIS VON FLEISCHGERICHTEN liegt darin, dass man gelegentlich kleine magere Portionen verzehren sollte, zu denen man großzügig bemessene Portionen von Gemüsen, Getreide und Früchten reicht. Selbst bei der Planung von Fleischgerichten sollten Gemüse die eigentliche Hauptrolle spielen. In diesem Kapitel werden deshalb Hackfleischbällchen und Würstchen durch die Beigabe von Auberginen leichter gemacht; geschmortes Rindfleisch schwimmt in einer reichen Gemüsesauce, gebratenes und sautiertes Fleisch steht gleichberechtigt neben Salsa, Salat, Chutney und Relish.

**SCHWEINELENDE MIT MANGO-PAPAYA-SALSA** *ist rasch im Backofen gegartes Fleisch, das zuvor mariniert wurde. So bleibt das Fleisch zart und saftig.*

## EINE WÜRZIGE SALSA ZUM FLEISCH

**Die Mango-Papaya-Salsa,** die zum marinierten Schweinefleisch gereicht wird, ergänzt das Aroma der Fleischmarinade und setzt zugleich einen Kontrapunkt. Eine Pfefferschote und rote Zwiebeln sorgen für Biss; Früchte und Kräuter tragen zu delikaten Geschmacksnuancen bei.

## SCHWEINELENDE MIT MANGO-PAPAYA-SALSA

### ZUTATEN

*1 Schweinelende, etwa 500 g, sorgfältig pariert*

**Für die Marinade**

*125 ml Orangensaft*

*3 EL Zitronensaft*

*250 ml Wasser*

*2 EL Limonensaft*

*6–8 Knoblauchzehen, zerdrückt*

*2 EL Sojasauce*

*gemahlener schwarzer Pfeffer*

*2 EL getrockneter Oregano*

*4 Lorbeerblätter*

**Für die Salsa**

*1 Mango, gewürfelt (s. S. 136)*

*1 Papaya, gewürfelt*

*1 kleine rote Zwiebel, gewürfelt*

*3 EL Limonensaft*

*1 Pfefferschote, entkernt, klein geschnitten*

*2 EL gehacktes Koriandergrün*

*2 EL zerzupfte Minzeblätter*

1 Die Lende in eine flache Schale legen. Die Zutaten der Marinade mischen, über das Fleisch gießen, mehrere Stunden marinieren lassen, dabei das Fleisch gelegentlich wenden.

2 Eine Saftpfanne mit Alufolie auskleiden. 1 cm hoch Wasser angießen. Einen Bratrost mit Öl-Wasser-Spray einsprühen und auf die Saftpfanne setzen. Das Fleisch auf den Rost legen, im vorgeheizten Ofen 20–25 Minuten braten, dabei nach 12 Minuten wenden und mit Marinade bepinseln. Während das Fleisch gart, die Zutaten der Salsa vorbereiten und mischen.

3 Die Lende aus dem Backofen nehmen und 5–10 Minuten ruhen lassen, dann quer zur Faser in diagonale Scheiben schneiden.

VARIATION

**Koreanische Marinade:** 1 EL zerdrückte Ingwerwurzel, 6–8 zerdrückte Knoblauchzehen, 2 Bund Frühlingszwiebeln in Ringen, 125 g Zucker, 125 ml Teriyaki- oder Sojasauce, 250 ml Wasser. Reichen Sie zu mariniertem Schweinefleisch eine asiatische Gemüsemischung.

**Pro Portion**

| | |
|---|---|
| Fett gesamt (g) | 5 |
| Gesättigte Fettsäuren (g) | 2 |
| Ungesätt. Fettsäuren (g) | 3 |
| Cholesterin (mg) | 75 |
| Natrium (mg) | 171 |
| Kalorien | 234 |

**Ofentemperatur**
240 °C

**Garzeit**
20–25 Minuten

**Ergibt**
4 Portionen

# ZITRUSPARFÜMIERTE, WÜRZIGE MEXIKANISCHE WÜRSTCHEN

*Das Fleisch für diese Würstchen sollte sehr mager sein; für Saftigkeit sorgt die beigefügte Aubergine. Man serviert die Würstchen beispielsweise auf Tortillas zusammen mit leckeren Saucen wie einer Tomaten-Knoblauch-Paprika-Sauce (s. S. 64) oder einer Salsa von Kirschtomaten und roten Zwiebeln (s. S. 61). Sie können auch das Schweinefleisch durch Putenfleisch ersetzen.*

## ZUTATEN

*250 g magerste Schweinelende, durch den Wolf gedreht*

*1 Aubergine (250 g), geröstet, geschält, gewürfelt (s. S. 37)*

*2 Frühlingszwiebeln, in Ringen*

*375 g plus 3 EL frische Weißbrotkrumen*

*1 EL frisch gehackte Petersilie*

*1 EL frisch gehackte Minze*

*1 EL frisch gehacktes Koriandergrün*

*½ TL gemahlener Kreuzkümmel*

*½ TL gemahlener Koriander*

*1–2 Prisen Cayenne*

*Salz, gemahlener schwarzer Pfeffer*

*Saft und abgeriebene Schale von ¼ Orange und ½ Limone*

*3 Eiweiße, leicht verschlagen*

*8 EL Mehl*

*600 ml Fond (s. S. 30)*

*600 ml trockener Rotwein*

*4–6 rote oder gelbe Paprikaschoten, geputzt, entkernt, geschält, in Streifen (s. S. 34)*

*fein gehacktes Koriandergrün zur Garnierung*

1 Fleisch, Aubergine, Zwiebeln, 3 EL Brotkrumen, Kräuter, Gewürze, Salz, Pfeffer, Zitrussäfte und -schalen gut mischen (geht mit den Händen am besten). In einer beschichteten Pfanne eine kleine Portion der Mischung durchbraten und probieren. Fleischteig eventuell nachwürzen.

2 8–10 flache Würstchen aus dem Fleischteig formen.

3 Das Eiweiß in einen Suppenteller kippen, das Mehl auf einen flachen Teller streuen, ebenso die restlichen Brotkrumen. Mischung leicht mit Salz und Pfeffer würzen.

4 Jedes vorbereitete Würstchen im Mehl wenden, durch das Eiweiß ziehen und dann in den Brotkrumen panieren. Gut andrücken, damit die Panade beim Braten hält. Beiseite stellen.

5 Eine schwere beschichtete Pfanne leicht mit Öl-Wasser-Spray übernebeln und erhitzen. Die Würstchen einlegen. Auf mittlerer Hitze braten, bis sie braun und knusprig sind. Wenden, auf der anderen Seite ebenfalls braun werden lassen. Fertige Würstchen auf einen vorgewärmten Teller geben.

6 Je etwa 350 ml Fond und Wein in die Pfanne geben, kräftig kochen lassen, dabei die Röststoffe vom Pfannenboden lösen. Nochmals jeweils etwa 175 ml Fond und Wein zugeben.

7 Die Würstchen in die Pfanne zurückgeben. Über mittlerer Hitze ein paar Minuten simmern lassen, dabei gelegentlich wenden.

8 Wenn die Würstchen gut von dem sirupartig eingedickten Fond überzogen sind, gibt man sie auf einen vorgewärmten Teller und deckt sie locker mit Folie ab, damit sie nicht kalt werden. Wollen Sie die Würstchen, wie von mir vorgeschlagen, mit Sauce und Salsa servieren, können Sie sie auf einem Spiegel erwärmter Tomaten-Knoblauch-Paprika-Sauce anrichten.

9 Den restlichen Fond und Wein in eine frische Pfanne geben und die Paprikastreifen hineingeben. Unter Rühren angehen lassen, bis die Paprikastreifen weich und die Säfte zu sirupartiger Konsistenz eingekocht sind. Die Würstchen mit den Paprikastreifen und garniert mit gehacktem Koriandergrün servieren.

**Pro Portion**

| | |
|---|---|
| Fett gesamt (g) | 6 |
| Gesättigte Fettsäuren (g) | 2 |
| Ungesätt. Fettsäuren (g) | 4 |
| Cholesterin (mg) | 38 |
| Natrium (mg) | 989 |
| Kalorien | 670 |

**Ergibt**
4 Portionen

# Kross gegrillte Schweineschnitzel

*Schweineschnitzel sind eine Köstlichkeit, wenn man sie mit farbenfrohen Gemüsepürees serviert. Auch in der Pfanne gegarte Pilze oder Sizilianische Gemüsesalsa (s. S. 63) passen hervorragend dazu. Sie stellen aber auch eine tolle Sandwichfüllung dar. Versuchen Sie es mit selbst gebackenem Brot und einer guten Salsa oder roten Zwiebeln süßsauer (s. S. 70). Eine wirklich fantastische Idee für ein Sandwich!*

## Zutaten

*Salz, gemahlener schwarzer Pfeffer*

*2–3 EL Mehl*

*etwa 16 EL frische Brotkrumen*

*eine gute Prise Paprikapulver*

*2–3 EL frisch geriebener Parmesan*

*8 dünne, magere Schweineschnitzel, je etwa ½–1 cm dick, zusammen 400 g Gewicht*

*4 Eiweiße, mit ein paar Spritzern Tabaso, Worcestersauce und ½ TL Balsamessig leicht verschlagen*

*Olivenöl-Wasser-Spray (s. S. 29)*

*Zitronenachtel zum Garnieren*

1 Das Mehl salzen und pfeffern und auf einen Teller geben. Brotkrumen, Paprika und Parmesan mischen. Die Schnitzel im Mehl wenden, in das Eiweiß tauchen und in die Brotkrumen drücken. Nochmals in Eiweiß und Brotkrumen tauchen, wenn möglich 1–2 Stunden gut kalt stellen, damit die Panade besser haftet.

2 Ein beschichtetes Backblech mit Öl-Wasser-Spray einsprühen und unter dem Grill erhitzen. Herausnehmen, nochmals übersprühen und die Schnitzel nebeneinander darauf legen. Auch die Schnitzel besprühen, 12 cm von der Heizschlange entfernt etwa 3 Minuten lang grillen.

3 Wenden, erneut übersprühen und grillen, bis die Schnitzel bruzzeln und so eben durchgebraten sind. Mit Zitronenachteln zu einer Gemüsesauce servieren.

**Pro Portion**

| | |
|---|---|
| Fett gesamt (g) | 12 |
| Gesättigte Fettsäuren (g) | 5 |
| Ungesätt. Fettsäuren (g) | 7 |
| Cholesterin (mg) | 80 |
| Natrium (mg) | 704 |
| Kalorien | 456 |

**Ergibt**
4 Portionen

# Pikant gewürzte Fleischbällchen

*Bei diesen Fleischbällchen handelt es sich um delikat duftende, saftige kleine Leckerbissen. Es ist die Aubergine, die den Frikadellen ihre Saftigkeit verleiht. Normalerweise erinnern Buletten, die aus sehr magerem Fleisch gemacht sind, eher an Kanonenkugeln. Diese Fleischbällchen kann man heiß oder kalt servieren, allein (mit Zitrone und Minze), zu Fladenbrot mit Salsa und Relish oder auf einem Bett aus leckerer Sauce, etwa einer Tomaten-Auberginen-Sauce (s. S. 62).*

## Zutaten

*500 g magerste Schweinelende, durch den Wolf gedreht*

*3 EL Zitronensaft (evtl. etwas mehr)*

*abgeriebene Schale von ½ Zitrone*

*je 1 EL gehackte Petersilie, Minze und Koriandergrün*

*je 1 TL gemahlener Kreuzkümmel und Koriander*

*½ TL Paprikapulver*

*ein paar Spritzer Tabasco*

*1 Prise Cayenne*

*2 Auberginen (je 180 g), geröstet, geschält, gehackt (s. S. 36)*

*Salz, frisch gemahlener schwarzer Pfeffer*

1 Alle Zutaten in einer Schüssel gut vermengen. In einer beschichteten Pfanne eine kleine Portion der Mischung durchbraten und probieren.

2 Aus dem Fleischteig mit den Händen kleine Bällchen formen, ein wenig flach drücken und auf einen Teller legen. Eine haftbeschichtete, schwere Pfanne mit Öl-Wasser-Spray einsprühen und erhitzen. Die Fleischküchlein in Portionen nacheinander in der Pfanne braten (sie sollten nicht zu eng nebeneinander liegen) – pro Seite etwa 2–3 Minuten, bis sie gut gebräunt und durchgegart sind.

**Pro Portion**

| | |
|---|---|
| Fett gesamt (g) | 6 |
| Gesättigte Fettsäuren (g) | 3 |
| Ungesätt. Fettsäuren (g) | 3 |
| Cholesterin (mg) | 47 |
| Natrium (mg) | 461 |
| Kalorien | 287 |

**Ergibt**
6 Portionen

# In Rotwein geschmorter Rinderbraten

*Der Schmorbraten in Rotwein ist als »Brassato alla milanese« eine lombardische Spezialität, für die man am besten Rindfleisch vom Bug verwendet, dazu einen gehaltvollen Rotwein, beispielsweise einen Bardolino oder gar einen Barolo. Das magere Fleisch vom Bug ist für das langsame Schmoren ein bestens geeignetes Stück. Bei meinem Rezept wird es zusammen mit Rotwein und Gemüsen gegart, die dann für die reiche, sämige Sauce püriert werden. Ich selbst mag gern viel Brunnenkresse oder Rauke (auch Rucola genannt) und Kartoffeln zu diesem Braten.*

## Zutaten

*etwa 2 kg Rinderbraten vom Bug, von allem sichtbaren Fett befreit*

*175 ml Fond, evtl. etwas mehr (s. S. 30)*

*3 große rote Zwiebeln, in Ringe geschnitten*

*3 rote Paprikaschoten, entkernt und in Streifen geschnitten*

*250 ml trockener Rotwein*

*175 ml dünnes Tomatenpüree*

*1 große Karotte, in Scheiben*

*8–10 Knoblauchzehen, gepellt*

*1 Pfefferschote, grob gehackt (nach Geschmack)*

*Salz, frisch gemahlener schwarzer Pfeffer*

1 Eine große beschichtete Pfanne mit Öl-Wasser-Spray besprühen und erhitzen. Das Fleisch hineingeben und auf allen Seiten kurz kräftig anbraten, damit sich die Poren schließen. Auf einen Teller legen und locker mit Folie bedeckt beiseite stellen.

2 Die Pfanne mit Küchenpapier austupfen, dann den Fond hineingießen und die Zwiebeln zugeben. Deckel auflegen und 4–5 Minuten kochen lassen. Deckel abnehmen, Hitze reduzieren und sanft köcheln lassen.

3 Wenn die Zwiebeln fast weich sind, die Paprikastreifen zugeben. Unter Rühren kochen lassen, bis die Flüssigkeit verdampft ist und die Streifen weich sind. Den Bratensatz vom Pfannenboden lösen. Inzwischen Wein und Tomatenpüree in eine andere Pfanne geben und kochen lassen.

4 Das Zwiebel-Paprika-Gemisch in einen Bräter geben. Karotten, Knoblauch und Pfefferschoten zufügen. Das Fleisch samt dem Saft, der sich gesammelt hat, auf

**Pro Portion**

| | |
|---|---|
| Fett gesamt (g) | 21 |
| Gesättigte Fettsäuren (g) | 9 |
| Ungesätt. Fettsäuren (g) | 11 |
| Cholesterin (mg) | 180 |
| Natrium (mg) | 263 |
| Kalorien | 556 |

**Ofentemperatur**
180 °C, dann 120 °C

**Garzeit**
3–3½ Stunden

**Ergibt**
6 Portionen

die Gemüse setzen, salzen und pfeffern. Den reduzierten Wein über das Fleisch gießen.

5 Den Bräter schließen, im vorgeheizten Ofen 1 Stunde schmoren lassen. Dann die Ofentemperatur auf 120 °C herunterschalten und das Fleisch weitere 2–2½ Stunden schmoren lassen, bis es sehr weich ist. Den Braten auf eine Platte heben und zudecken. Die Sauce aus dem Bräter und den Fleischsaft, der sich unter dem Braten gesammelt hat, in ein Deckelglas füllen und zuschrauben. Den Braten völlig auskühlen lassen, dann in Klarsichtfolie hüllen. Das Glas mit der Sauce sowie den Braten 1–2 Tage in den Kühlschrank geben und durchkühlen lassen.

6 Von der kalten Gemüsesauce alles Fett abheben. Die Sauce mit allen Gemüsen im Mixer pürieren und durch ein feines Sieb streichen. Das Fleisch quer zur Faser in dünne Scheiben schneiden und in eine flache Auflaufform legen. Die pürierte Gemüsesauce darüber geben. Entweder im Ofen erwärmen oder erneut mit Klarsichtfolie bedeckt in den Kühlschrank stellen. Zum Wiedererhitzen die Form mit Alufolie abdecken und bei mittlerer Hitze 35–40 Minuten in den Backofen geben. Das Fleisch zusammen mit der Sauce servieren.

# Beefsteak in Rotwein-Knoblauch-Sauce

*Für dieses Rezept muss man unbedingt bestes Rindfleisch benutzen, das man bevorzugt bei einem guten Metzger kauft und nicht als abgepackte Ware im Supermarkt. Als Beilage zu diesen Steaks schlage ich im Ofen gebackene Kartoffeln (s. S. 72) und Brunnenkresse vor. Wenn alle Zutaten von erstklassiger Qualität sind, ergibt das ein wirklich großartiges Essen.*

**Zutaten**

*frisch gemahlener schwarzer Pfeffer*

*2 Rumpsteaks von je etwa 150 g, 0,5–1 cm dick und von Fett befreit*

*Salz*

*1 kleine rote Zwiebel, geviertelt, in dünne Scheiben geschnitten*

*2–3 Knoblauchzehen, zerdrückt*

*ein paar Spritzer Tabasco*

*300 ml trockener Rotwein*

*300 ml Fond (s. S. 30)*

*1½ EL Dijonsenf oder Senf mit rotem Paprika und Knoblauch*

1 Eine großzügige Portion Pfeffer auf einen Teller mahlen, die Steaks darauf legen und viel Pfeffer darüber mahlen. Den Pfeffer gut in das Fleisch eindrücken. Eine schwere beschichtete Pfanne mit Öl-Wasser-Spray einsprühen und erhitzen, bis es leicht zischt. Die Steaks in die Pfanne legen und salzen. 1 Minute auf starker Hitze halten, die Steaks umdrehen, salzen und nochmals auf großer Hitze 1 Minute braten. Die Steaks auf einen Teller legen.

2 Zwiebeln, Knoblauch, Tabasco und je 125 ml Wein und Fond in die Pfanne geben. Zugedeckt 2–3 Minuten kräftig kochen lassen. Deckel abnehmen, weiter kräftig kochen lassen, bis die Zwiebeln weich sind und die Flüssigkeit sirupartig reduziert ist. Den Fleischsaft zugeben, der sich unter den Steaks gesammelt hat.

3 Die Steaks in die Pfanne legen und in der Sauce 1–2 Minuten garen, dabei einmal wenden. Wer sie lieber ganz durch mag, gart entsprechend länger. Die Steaks wieder auf den Teller legen.

4 Den restlichen Wein und Fond in die Pfanne geben; kochen, bis die Flüssigkeit um die Hälfte reduziert und aller Alkohol verflogen ist. Mit dem Schneebesen den Senf einrühren und 2 Minuten kochen lassen, damit die Sauce noch etwas andickt und sich alle Aromen gut verbinden. Die Steaks wieder in die Pfanne geben, wenden, damit sie sich gut mit Sauce überziehen und wieder heiß werden. Steaks in der Sauce servieren.

**Pro Portion**

| | |
|---|---|
| Fett gesamt (g) | 11 |
| Gesättigte Fettsäuren (g) | 4 |
| Ungesätt. Fettsäuren (g) | 6 |
| Cholesterin (mg) | 81 |
| Natrium (mg) | 556 |
| Kalorien | 282 |

**Ergibt**
2 Portionen

# HIRSCHSTEAK MIT PAPRIKAPÜREE

*Wild, vor allem Hirsch- und Rehfleisch, ist bemerkenswert fettarm und zugleich sehr intensiv im Geschmack. Sogar aus der Zucht stammendes Wild hat noch einen hervorstechenden Wildgeschmack und ist von jedem anderen Fleisch sofort zu unterscheiden. Es verträgt sich gut mit anderen Aromen, solange diese nicht die Oberhand gewinnen wollen. Ich serviere es hier mit einem Paprikapüree und einem Zwiebelgemüse, das mit bitterer Orangenmarmelade aromatisiert ist.*

## ZUTATEN

**Für das Zwiebelgemüse**

*2 große rote Zwiebeln, halbiert, in dünne Ringe geschnitten*

*6 Knoblauchzehen, zerdrückt*

*Saft von ½ großen Orange*

*1 EL Zitronensaft*

*350 ml Fond (s. S. 30)*

*175 ml trockener Rotwein*

*1 TL bittere Orangenmarmelade*

*2 TL französischer Senf*

*ein paar Spritzer Tabasco*

*1–2 Spritzer Worcestersauce*

**Für das Paprikapüree**

*2 rote oder gelbe Paprikaschoten, gegrillt (s. S. 35)*

*Salz, gemahlener schwarzer Pfeffer*

**Für die Hirschsteaks**

*schwarze Pfefferkörner*

*4 Hirschsteaks, je 2,5–3,5 cm dick, je etwa 125 g Gewicht*

*1–2 EL trockener Rotwein*

*1–2 EL Fond (s. S. 30)*

1 Für das Zwiebelgemüse Zwiebeln, Knoblauch und Zitrussäfte in eine schwere beschichtete Pfanne geben, 300 ml Fond und 125 ml Wein angießen. Deckel auflegen und 5–7 Minuten kräftig kochen lassen.

2 Deckel abnehmen, weiter stark kochen lassen, bis die Zwiebeln weich sind und die Flüssigkeit weitgehend verdampft ist. Das Gemüse darf nicht matschig zerfallen.

3 Den restlichen Fond und Wein angießen und ein paar Sekunden kräftig kochen, dann die Marmelade, Senf und Würzsaucen einrühren und noch 1–2 Minuten köcheln lassen, bis die Mischung angedickt ist. Das Zwiebelgemüse beiseite stellen. Für das Paprikapüree die unter dem Grill vorbereiteten Paprika pürieren, mit Salz und Pfeffer abschmecken, beiseite stellen.

4 Für die Hirschsteaks den Pfeffer grob auf einen Teller mahlen, das Fleisch darauf legen und auch von oben gut pfeffern.

5 Eine schwere beschichtete Pfanne mit Öl-Wasser-Spray aussprühen und erhitzen, bis es zischt. Die Steaks einlegen und über großer Hitze anbraten. Zwei- bis dreimal wenden, bis sie außen braun, aber innen noch leicht blutig sind.

6 Wein und Fond zu den Steaks geben und weitere 5 Minuten köcheln lassen, bis das Hirschfleisch überzogen und fast durch, aber noch immer rosa ist. Es sollte sich elastisch anfühlen, wenn man darauf drückt. Auf einen vorgewärmten Teller geben.

## ZUM ANRICHTEN

1 Das Zwiebelgemüse in die Pfanne geben, in der die Steaks gebraten wurden. Zum Kochen bringen, kurz simmern lassen und dabei alle Röststoffe vom Pfannenboden lösen.

2 In einer anderen Pfanne das Paprikapüree wieder erhitzen (falls nötig) und es dann auf eine vorgewärmte Servierplatte geben. Die Steaks quer zur Faser in Scheiben schneiden, auf der Platte arrangieren und das Zwiebelgemüse darüber verteilen.

3 Kleine junge Zucchini, auf dem Gurkenhobel der Länge nach in hauchdünne Scheiben geschnitten, sind eine ausgezeichnete Beilage.

**Pro Portion**

| | |
|---|---|
| Fett gesamt (g) | 3 |
| Gesätt. Fettsäuren (g) | 1 |
| Unges. Fettsäuren (g) | 2 |
| Cholesterin (mg) | 63 |
| Natrium (mg) | 237 |
| Kalorien | 220 |

**Ergibt**
4 Portionen

# FISCH UND SCHALTIERE

FISCH HAT WENIG KALORIEN, ist reich an Eiweiß und hat viele Vitamine der B-Gruppe. Der Fettgehalt der Fische ist je nach Art sehr unterschiedlich, doch selbst fetter Fisch gilt als sehr gesund. Jüngsten wissenschaftlichen Untersuchungen zufolge sollen die im Fischöl enthaltenen Omega-3-Fettsäuren eine gute Auswirkung auf das Herz haben. Übergarter Fisch ist trocken; kochen Sie Fisch immer nur gerade so lange, bis er seine Glasigkeit verliert. Eine gute Faustregel für im Ofen gegarten Fisch lautet: Den Fisch an seiner dicksten Stelle messen und dann pro 2,5 cm Dicke 9–10 Minuten bei hoher Hitze garen.

## CAJUN-GARNELEN

*Das Gericht ist inspiriert von einer Spezialität, die aus New Orleans stammt. Das Original wird freilich mit einem Pfund Butter zubereitet, und man braucht einen ganzen Laib Brot, um die Fettsauce aufzutunken. Butter ist Geschichte (Achtung: Arterienverkalkung!), doch das Brot ist eine gute Idee, denn der Saft ist – auch ohne Fett – einfach köstlich und verlangt geradezu danach, dass man ihn auftunkt.*

### ZUTATEN

*4 Knoblauchzehen*

*4 schwarze Oliven, entsteint*

*1 rote Pfefferschote, entkernt, fein geschnitten*

*1 EL frisch geschnittener Rosmarin*

*1 TL Paprikapulver*

*1 TL grüne Pfefferkörner, in Lake eingelegt, und 1 TL Lake*

*etwa 2 EL Zitronensaft*

*300 ml Hühner- oder Gemüsefond (s. S. 30)*

*Salz, gemahlener schwarzer Pfeffer*

*2 Spritzer Worcestersauce*

*175 ml Fischfond (frisch oder aus dem Glas)*

*1 kg rohe Riesengarnelen, geschält, ohne Darm*

**Für die Garnierung**

*glatte Petersilie, gehackt*

*zerzupfte frische Oreganoblättchen*

1 Knoblauch und Oliven zusammen zu Mus zerdrücken. Mit allen Zutaten bis zur Worcestersauce (diese einschließlich) in einen Wok geben, zum Kochen bringen und auf ein Drittel reduzieren.

2 Den Fischfond zufügen, wieder kochen und dabei um die Hälfte reduzieren. Die Garnelen hineingeben und unter Rühren etwa 3 Minuten köcheln, bis die Garnelen sich krümmen und rundum rosa sind. Dann sofort vom Feuer nehmen: Sie werden sonst zäh. Mit den frischen Kräutern überstreut sofort zu Tisch geben. Als Beilage passt Reis dazu oder auch würziger Bulgur (s. S. 114).

### VARIATIONEN

**Cajun-Muscheln:** Statt der Riesengarnelen 1 kg gründlich gewaschene Miesmuscheln verwenden. (Muscheln, die sich beim Antippen nicht schließen, wegwerfen!) Nehmen Sie statt des Woks eine große Pfanne, die Sie, nachdem Sie die Muscheln hineingegeben haben, zudecken. Die Muscheln 4–6 Minuten köcheln lassen, bis sie sich geöffnet haben. Dabei die Pfanne immer wieder durchrütteln. Ungeöffnete Muscheln wegwerfen.

**Cajun-Seeteufel:** 2 Filets vom Seeteufel enthäuten und entgräten (s. S. 103), in 1 cm lange Streifen schneiden und die Grundsauce wie beschrieben zubereiten. Eine beschichtete Pfanne mit Öl-Wasser-Spray benetzen und erhitzen, den Fisch einlegen und auf beiden Seiten kurz anbraten. Die reduzierte Flüssigkeit darüber geben und erhitzen; nicht kochen. Gericht mit frischen Kräutern garniert servieren.

**Pro Portion**

| | |
|---|---|
| Fett gesamt (g) | 2 |
| Gesätt. Fettsäuren (g) | unb. |
| Ungesätt. Fettsäuren (g) | 1 |
| Cholesterin (mg) | 488 |
| Natrium (mg) | 762 |
| Kalorien | 220 |

**Ergibt**
4 Portionen

**CAJUN-GARNELEN** *mit dem feurigen Geschmack roter Pfefferschoten.*

# IN WEISSWEIN GEDÄMPFTE MUSCHELN

*Ich reiche diese Muscheln gern hoch aufgetürmt auf einer Platte als ersten Gang oder als Teil eines Antipasti-büfetts. Man kann zu diesem Rezept auch frische kleine Muscheln verwenden.*

## ZUTATEN

*1 kg frische Miesmuscheln*

*300 ml trockener Weißwein oder trockener weißer Vermouth*

*150 ml Wasser*

*1 große Zwiebel, fein geschnitten*

*4 Frühlingszwiebeln, in Ringen*

*2 EL frisch gehackte Petersilie*

*4 Stängel frischer Thymian*

*1 doppelte Menge Auberginenpüree (siehe Bolognese Sauce, S. 62)*

*1–2 EL Paniermehl*

*geriebener Parmesan zur Garnierung (nach Geschmack)*

1 Die Muscheln gründlich waschen und bürsten, um allen Sand zu entfernen. Den Bart (haarähnliche Fasern) abreißen. Muscheln, deren Schalen beschädigt oder die ungewöhnlich schwer sind, wegwerfen. Desgleichen Muscheln, die nicht fest geschlossen sind oder sich beim Antippen nicht sofort schließen. Die guten Muscheln in kaltem Wasser schwenken, abtropfen lassen und nochmals abspülen.

2 Wein, Wasser, Zwiebel, Frühlingszwiebel und Kräuter in einer tiefen Pfanne zum Kochen bringen. Die Muscheln hineingeben, zugedeckt 4–6 Minuten simmern lassen, bis sich die Muscheln öffnen. Die Pfanne gut durchrütteln. Muscheln, die sich nicht geöffnet haben, aussortieren und wegwerfen.

3 Die vorbereiteten Auberginen im Standmixer grob pürieren, dann das Paniermehl einrühren. Wenn die Muscheln gar sind, den Grill anheizen. Von allen Muscheln die obere Schale entfernen, auf jede Muschel einen Teelöffel voll von der Auberginenmischung setzen. Eventuell etwas Parmesan darüber streuen. Die Muscheln kurz unter den Grill schieben, bis sie leicht gebräunt sind, dann sofort zu Tisch bringen.

**Pro Portion**

| | |
|---|---|
| Fett gesamt (g) | 6,5 |
| Gesätt. Fettsäuren (g) | 1,5 |
| Unges. Fettsäuren (g) | 4,5 |
| Cholesterin (mg) | 103 |
| Natrium (mg) | 1028 |
| Kalorien | 375 |

**Ergibt**
4 Portionen

# THUNFISCH MIT ZITRONE UND KNOBLAUCH

*Thunfisch ist ein festfleischiger Fisch, der hoffnungslos trocken wird, wenn man ihn übergart. Bereitet man ihn jedoch richtig zu, schmeckt er ausgesprochen lecker und fleischig. Thunfisch sollte idealerweise in der Mitte noch leicht rosa sein. Um ein gutes Ergebnis zu erzielen, garen Sie ihn kürzer, als es die Faustregel (s. S. 100) vorsieht.*

## ZUTATEN

*2 Thunfischsteaks, je etwa 1,5 bis 2,5 cm dick*

*125–150 ml frisch gepresster Zitronensaft*

*2 EL trockener weißer Vermouth*

*2 Knoblauchzehen, zerdrückt*

*frisch gemahlener schwarzer Pfeffer*

*je 6 EL rote und gelbe Paprikasauce (s. S. 64)*

1 Den Thunfisch in eine flache Auflaufform legen und mit dem Zitronensaft beträufeln. Vermouth und Knoblauch darüber geben, mit Pfeffer würzen. Den Fisch in der Marinade wenden, mit Klarsichtfolie bedecken und ein paar Stunden im Kühlschrank marinieren lassen. Zwischendurch ein- oder zweimal wenden.

2 Den Fisch auf Zimmertemperatur erwärmen lassen. Falls die Marinade aufgesogen sein sollte, mehr Zitronensaft darüber geben. Den Fisch unbedeckt im vorgeheizten Ofen etwa 8–9 Minuten garen, bis er knapp durch, aber keinesfalls trocken ist. Sofort auf einem Bett aus Paprikasauce servieren.

## VARIATION

Statt Thunfisch Schwerfisch nehmen. Auch ihn nicht übergaren.

**Pro Portion**

| | |
|---|---|
| Fett gesamt (g) | 7 |
| Gesättigte Fettsäuren (g) | 2 |
| Ungesätt. Fettsäuren (g) | 5 |
| Cholesterin (mg) | 42 |
| Natrium (mg) | 106 |
| Kalorien | 265 |

**Ofentemperatur**
230 °C

**Garzeit**
etwa 9 Minuten

**Ergibt**
2 Portionen

# GEBRATENER SEETEUFEL MIT KNOBLAUCHSAUCE

*Der Seeteufel, der üblicherweise ohne Kopf verkauft wird, hat sehr festes Fleisch. Da es an Hummer erinnert, nannte man ihn früher auch den »Hummer des armen Mannes«. Dieses feste Fleisch, das keine Gräten aufweist, macht den Seeteufel heute zu einem beliebten Fisch, der zum Braten und Grillen bestens geeignet ist. Eine rubinrote Weinsauce setzt einen herrlichen Farbkontrast.*

## ZUTATEN

*12 Knoblauchzehen, gepellt*

*200 ml trockener Rotwein*

*200 ml Fond (s. S. 30)*

*Öl-Wasser-Spray (s. S. 29)*

*2 Seeteufelfilets zu je 125 g, küchenfertig zubereitet (siehe unten)*

*Salz, gemahlener schwarzer Pfeffer*

*2 getrocknete Tomaten, geschnitten*

*1½ TL Dijonsenf*

*gehackte glatte Petersilie zur Garnierung*

1 10 Knoblauchzehen mit je 125 ml Wein und Fond in eine Pfanne geben. Kochen, bis der Knoblauch weich und sirupartig überzogen ist. Den Knoblauch durch ein feinmaschiges Sieb in eine Schüssel streichen, beiseite stellen. Die verbliebenen beiden Knoblauchzehen grob zerdrücken, beiseite stellen.

2 Eine ofenfeste Pfanne mit Öl-Wasser-Spray besprühen und auf dem Herd erhitzen. Wenn es zischt, den Seeteufel auf allen Seiten etwa 1½–2 Minuten anbraten und mit Salz und Pfeffer würzen.

3 Die Pfanne dann in den Backofen geben und den Fisch etwa 7 Minuten backen. Nicht übergaren! Der Fisch soll saftig bleiben und darf keinesfalls trocken und faserig werden. Wenn man auf das Fleisch drückt, muss es sich fest und doch elastisch anfühlen.

4 Inzwischen den rohen Knoblauch mit dem restlichen Fond und Wein in eine Pfanne geben, Tomaten zufügen und 2–3 Minuten kochen lassen, bis die Flüssigkeit um die Hälfte reduziert ist. Dann den Senf und das Knoblauchpüree unterschlagen und noch 1 Minute köcheln lassen.

5 Den Seeteufel auf ein Tranchierbrett legen und in 1 cm dicke Scheiben schneiden. Die Knoblauchsauce auf eine vorgewärmte Servierplatte geben und die Seeteufelscheiben überlappend darauf anrichten. Mit Petersilie garnieren. Gelbe Gemüse sind eine ideale Beilage.

**Pro Portion**

| | |
|---|---|
| Fett gesamt (g) | 2 |
| Gesätt. Fettsäuren (g) | unb. |
| Ungesätt. Fettsäuren (g) | 1 |
| Cholesterin (mg) | 18 |
| Natrium (mg) | 196 |
| Kalorien | 156 |

**Ofentemperatur**
220 °C

**Garzeit**
etwa 7 Minuten

**Ergibt**
2 Portionen

## SEETEUFEL VORBEREITEN

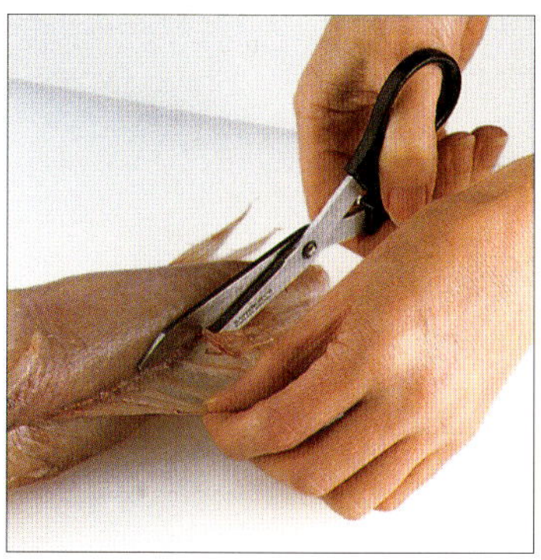

1 Sofern der Händler den Fisch nicht küchenfertig anbietet, mit einer Schere oder einem scharfen Messer die beiden Flossen dicht am Fleisch abschneiden und wegwerfen.

2 Die obere Haut vorsichtig lösen und abziehen. Darauf achten, dass das Fleisch nicht verletzt wird.

3 Mit einem großen Küchenmesser dicht an der Mittelgräte entlangschneiden und so das erste Filet in einem Stück ablösen.

4 Das zweite Filet ebenso mit einem Schnitt entlang der Mittelgräte in einem Stück ablösen. (Die Gräte nicht wegwerfen, sondern für Fischfond verwenden.)

## LACHS MIT GELBEM PAPRIKA UND ESTRAGONSAUCE

*Lachs ist ein eher fetter Fisch, doch die Omega-3-Fettsäuren, die er enthält, sollen sehr gesund für das Herz sein. Zusammen mit einem Püree aus gelbem Paprika ergibt der zartrosafarbene Lachs eine großartige geschmackliche und farbliche Komposition.*

### ZUTATEN

*450 ml Paprikasauce aus gelben Paprikaschoten (s. S. 64)*

*2 Lachsfilets von je 150–180 g Gewicht*

*frisch gemahlene bunte Pfefferkörner*

*Salz*

*Öl-Wasser-Spray (s. S. 29)*

*2 frische Zweige Estragon*

*1 Rezeptmenge Salsa von Mango und Fenchel (s. S. 61)*

1 Die Paprikasauce nach dem Rezept auf Seite 64 aus gelbem Paprika zubereiten, doch statt Knoblauch und Pfefferschote eine Prise Cayenne und 1 TL getrockneten Estragon verwenden.

2 Den Lachs auf beiden Seiten gut mit gemischtem Peffer und Salz würzen. Eine Deckelpfanne mit Öl-Wasser-Spray besprühen und erhitzen. Den Lachs auf beiden Seiten insgesamt 1½ Minuten anbraten.

3 Den Deckel auflegen, die geschlossene Pfanne von der Herdplatte nehmen und 3–4 Minuten ruhen lassen, bis der Lachs soeben durchgebraten ist. Das Fleisch muss unbedingt saftig und zart bleiben.

4 Auf zwei vorgewärmte Teller einen Spiegel von Paprikasauce gießen, auf jeden je ein Filet legen und mit einem Estragonzweig garnieren. Dazu die Salsa reichen.

**Pro Portion**

| | |
|---|---|
| Fett gesamt (g) | 20 |
| Gesättigte Fettsäuren (g) | 3 |
| Ungesätt. Fettsäuren (g) | 15 |
| Cholesterin (mg) | 83 |
| Natrium (mg) | 176 |
| Kalorien | 505 |

**Ergibt**
2 Portionen

## GEBACKENER HEILBUTT IN TOMATEN-AUBERGINEN-SAUCE

*Im Ofen gebackener Heilbutt auf einem Bett aus Tomaten-Auberginen-Sauce (s. S. 62) ist eine höchst delikate Angelegenheit. Wichtig ist dabei, dass der Fisch auf einer dicken Schicht Sauce lagert, doch sollte keine Sauce darüber gegeben werden. So zubereitet zergeht der Fisch auf der Zunge.*

### ZUTATEN

*375 g kleine neue Kartoffeln (etwa 16 Stück)*

*2 Heilbuttfilets von je 180–250 g, alle Gräten mit einer Pinzette entfernt*

*Salz, frisch gemahlener schwarzer Pfeffer*

*600 ml Tomaten-Auberginen-Sauce (s. S. 62)*

**Für die Garnierung**

*frische Basilikumblätter, zerzupft*

*frische glatte Petersilie, grob gehackt*

1 Einen Topf Wasser aufstellen. Inzwischen die Kartoffeln waschen. Wenn das Wasser kocht, die Kartoffeln im Dampfeinsatz über dem Wasser ungefähr 15–20 Minuten dämpfen, bis sie so eben gar sind.

2 Den Heilbutt mit Salz und Pfeffer würzen.

3 Die Tomaten-Auberginen-Sauce erhitzen und kurz simmern lassen. In eine vorgeheizte Auflaufform umfüllen, in der die Fischfilets nebeneinander gut Platz haben und sich nicht berühren.

4 Die Fischfilets auf die kochend heiße Sauce legen und die Kartoffeln rundherum platzieren. Die Auflaufform sofort unbedeckt in den vorgeheizten Ofen geben, pro 2,5 cm Dicke des Fischfilets 9–10 Minuten backen. (Siehe hierzu auch die Faustregel auf Seite 100.)

5 Petersilie und Basilikum über den Fisch streuen und das Gericht anschließend in der Auflaufform zu Tisch bringen.

**Pro Portion**

| | |
|---|---|
| Fett gesamt (g) | 6 |
| Gesättigte Fettsäuren (g) | 1 |
| Ungesätt. Fettsäuren (g) | 5 |
| Cholesterin (mg) | 90 |
| Natrium (mg) | 355 |
| Kalorien | 378 |

**Ofentemperatur**
230 °C

**Garzeit**
9–10 Minuten je 2,5 cm Dicke des Fischs

**Ergibt**
2 Portionen

# Gebackener Kabeljau mit Tomatensauce

*Der Kabeljau wird mit Ingwer mariniert und dann rasch im Ofen gebacken, so dass sein weißes Fleisch in zarte, saftige, milchigweiße Lamellen zerfällt. Als Kontrast dient eine salzige, pfeffrige Tomatensauce, die mit einer chinesischen Paste aus fermentierten schwarzen Bohnen – man kann sie in Asiengeschäften kaufen – zubereitet wird. Als Beilage zum Kabeljau passt Chinesische Tomatensalsa (s. S. 67).*

## Zutaten

*1 große Knoblauchzehe*

*1 cm frische Ingwerwurzel, geschält*

*2 TL Teriyakisauce*

*1 TL Reisweinessig*

*etwa 400 g Kabeljaufilet*

*frisch gemahlener schwarzer Pfeffer*

*Öl-Wasser-Spray (s. S. 29)*

*1 Rezeptmenge Tomatensauce mit Schwarze-Bohnen-Paste (s. S. 66)*

*1 Rezeptmenge Chinesische Tomatensalsa (s. S. 67)*

1 Knoblauch und Ingwer zusammen zerdrücken, Teriyakisauce und Reisweinessig zugeben.

2 Den Fisch auf einen Teller legen und die Knoblauchmischung darüber geben. Pfeffer darüber mahlen, bei Zimmertemperatur 20 Minuten marinieren lassen.

3 Ein beschichtetes Backblech mit Öl-Wasser-Spray besprühen. Den Kabeljau darauf legen, die Marinade über den Fisch geben und Öl-Wasser-Spray darüber sprühen. In den vorgeheizten Ofen geben und je 2,5 cm Dicke des Fischs 9–10 Minuten backen.

4 Die erhitzte Tomatensauce als Spiegel auf einen Teller geben, den Fisch darauf setzen und angerichtet mit der Salsa servieren.

**Pro Portion**

| | |
|---|---|
| Fett gesamt (g) | 4 |
| Gesättigte Fettsäuren (g) | 1 |
| Ungesätt. Fettsäuren (g) | 3 |
| Cholesterin (mg) | 86 |
| Natrium (mg) | 1571 |
| Kalorien | 304 |

**Ofentemperatur**
220 °C

**Garzeit**
9–10 Minuten je 2,5 cm Dicke des Fischs

**Ergibt**
2 Portionen

# PASTA

TRADITIONELLE NUDELSAUCEN sind leider oft sehr fettreich, vor allem Butter- und Sahnesaucen oder Saucen, die mit viel Olivenöl oder fetten Käsen zubereitet werden. Aber das kann man leicht ändern: Saucen auf der Grundlage von Gemüsen, Gemüsefond und fettarmen Käsen werden durch die Zugabe von Gewürzen und frischen Kräutern zu üppigen Pastadressings, die obendrein noch von wertvollen Inhaltsstoffen strotzen. Eine Portion für eine Person kann, je nach zugegebener Sauce, 60–120 g Nudeln betragen, je nachdem, ob es sich um eine Vorspeise oder ein Hauptgericht handelt.

## PASTA MIT ORIENTALISCHEM FLAIR

*Für einen herrlich asiatisch anmutenden Nudelteller sollten Sie superdünne Spagetti oder asiatische Nudeln nehmen und eine Sauce mit Pilzen, Zucchini und Paste von schwarzen Bohnen dazugeben. Gekrönt wird das Ganze mit einer Chinesischen Tomatensalsa (s. S. 67). Sollten Sie Appetit auf Fleisch haben, so fügen Sie ein paar Scheiben Schweinelende hinzu, zubereitet nach dem Rezept auf Seite 93, eingelegt in koreanischer Marinade.*

### ZUTATEN

*1 cm frische Ingwerwurzel, geschält*

*2 Knoblauchzehen*

*1 rote Zwiebel, in groben Stücken*

*300 ml Hühner- oder Gemüsefond (s. S. 30)*

*125 g kleine Champignons, geviertelt*

*60 ml Sherry*

*1–2 Spritzer Teriyakisauce*

*375 g Zucchini, geputzt, gewürfelt*

*250 g Vermicelli (dünne Spagetti)*

*125 ml dünnes Tomatenpüree (Passata)*

*2 EL Schwarze-Bohnen-Paste*

*2 EL Hoisinsauce*

*2 EL chinesische Chilisauce*

*ein paar Tropfen Limonensaft*

**Für die Garnierung**

*frisch gehacktes Koriandergrün*

*2–3 Frühlingszwiebeln, in Ringe geschnitten*

*1 Rezeptmenge Chinesische Tomatensalsa (s. S. 67)*

1 Ingwer und Knoblauch zusammen zerdrücken, mit den Zwiebeln und dem Fond in einen Wok geben. Heftig kochen lassen, bis die Flüssigkeit um die Hälfte reduziert ist.

2 Pilze, Sherry und Teriyakisauce zugeben, unter Rühren ein paar Minuten simmern lassen, bis die Pilze fast gar sind. Zucchini zugeben und weitere 2–3 Minuten köcheln lassen. Die Gemüse müssen noch Biss haben.

3 Inzwischen einen Topf mit leicht gesalzenem Wasser aufsetzen und die Nuden nach Packungsvorschrift kochen. Abgießen, heiß abspülen, warm halten.

4 Passata, Bohnen-Paste, Hoisinsauce und chinesische Chilisauce miteinander verrühren und zu den Gemüsen im Wok geben. 2 Minuten blubbernd köcheln lassen, dann mit ein paar Tropfen Limonensaft abschmecken.

5 Die Sauce über die Nudeln geben, alles gut durchmischen und auf vorgewärmte Teller verteilen. Jede Portion mit Kräutern und einem kräftigen Löffel chinesische Tomatensalsa garnieren.

**Pro Portion**

| | |
|---|---|
| Fett gesamt (g) | 3 |
| Gesättigte Fettsäuren (g) | 1 |
| Ungesätt. Fettsäuren (g) | 2 |
| Cholesterin (mg) | 0 |
| Natrium (mg) | 979 |
| Kalorien | 317 |

**Ergibt**
4 Portionen

**PASTA MIT ORIENTALISCHEM FLAIR**
*kombiniert eine Reihe von chinesischen Würzsaucen zu einer ungewöhnlichen, exotischen Nudelsauce.*

# OFFENE RAVIOLI MIT ZWEI SAUCEN

*Diese erinnernswerte Vorspeise ist im Nu zubereitet, wenn Sie die Zutaten zur Hand haben. Bereiten Sie den Spargel und die Saucen im Voraus zu und erwärmen Sie alles nur kurz vor dem Servieren.*

**ZUTATEN**

*4 frische Lasagneblätter*

*300 ml gelbe Paprikasauce (s. S. 64)*

*8 Stangen grüner Spargel, vorgegart (s. S. 78)*

*300 ml Tomatensauce (s. S. 66)*

*frisch gemahlener gemischter Pfeffer*

1 Die Lasagne nach Packungsvorschrift kochen. Abgießen, abschrecken, trocken tupfen. Auf zwei Teller je ein Blatt legen.

2 Etwas Paprikasauce darauf löffeln und je 4 Stangen Spargel darauf legen. Mit dem zweiten Lasagneblatt dekorativ abdecken. Tomatensauce darüber geben, pfeffern, sofort auftragen.

**Pro Portion**

| | |
|---|---|
| Fett gesamt (g) | 4 |
| Gesättigte Fettsäuren (g) | 1 |
| Ungesätt. Fettsäuren (g) | 2 |
| Cholesterin (mg) | 0 |
| Natrium (mg) | 272 |
| Kalorien | 358 |

**Ergibt**
2 Portionen

# FARFALLE MIT ERBSENPÜREE UND PAPRIKA

*Ein leuchtend grünes Erbsenpüree, abgeschmeckt mit Minze und Limone, ist eine wunderbare Ergänzung zu den in Deutschland auch »Schmetterlingsnudeln« genannten Teigwaren. Streuen Sie zur Garnierung grüne Erbsen, Spargelspitzen und kleine gelbe und rote Paprikawürfel über das fertige Gericht.*

**ZUTATEN**

*125 g feine Markerbsen*

*125 g Spargelspitzen*

*3 Paprikaschoten (je eine gelbe, rote und orangefarbene), enthäutet und entkernt (s. S. 35)*

*300 ml Fond (s. S. 30)*

*375 g Farfalle*

*1 Rezeptmenge Erbsenpüree (s. S. 50), mit etwas Fond verdünnt*

*1 EL Limonensaft*

*zerzupfte Minzeblätter zur Garnierung*

1 Erbsen und Spargelspitzen dämpfen, bis sie so eben gar sind. Die Paprikaschoten würfeln, vorsichtig im Fond sautieren, so dass sie nicht zerfallen.

2 Die Nudeln nach Packungsanweisung al dente kochen, abgießen. Das Erbsenpüree mit Limonensaft aromatisieren. Zusammen mit den anderen Gemüsen über die Nudeln geben, gut durchmischen. Minze darüber streuen, sofort servieren.

**Pro Portion**

| | |
|---|---|
| Fett gesamt (g) | 4 |
| Gesättigte Fettsäuren (g) | 1 |
| Ungesätt. Fettsäuren (g) | 3 |
| Cholesterin (mg) | 0 |
| Natrium (mg) | 162 |
| Kalorien | 462 |

**Ergibt**
4 Portionen

# PASTA MIT PILZAROMA

*Ein schlichtes Rezept, das kleinen Conchiglie (Muschelnudeln) ein zartes Pilzaroma verleiht. So ergeben sie eine famose Beilage zu Pilzragout, Schweinelende oder gebratenem Hähnchen.*

**ZUTATEN**

*350 ml Geflügel- oder Gemüsefond (s. S. 30 )*

*300 ml Einweichwasser von getrockneten Pilzen (s. S. 30 )*

*3 Frühlingszwiebeln, in feinen Ringen*

*Salz, gemahlener schwarzer Pfeffer*

*1 Prise Cayennepfeffer*

*1–2 Spritzer Tabasco*

*250 g kleine Conchiglie*

*je 3 EL frisch gehackte glatte Petersilie und frisch geschnittener Schnittlauch*

1 Fond und Frühlingszwiebeln in eine Pfanne geben, mit den angegebenen Zutaten würzen, zum Kochen bringen.

2 Die Nudeln zugeben, umrühren, Pfanne fest schließen und etwa 7 Minuten kochen lassen, bis die Nudeln al dente gegart sind. Deckel abnehmen, umrühren. Pfanne von der Herdplatte nehmen, ein sauberes Geschirrtuch darüber legen, Deckel auflegen und 5 Minuten ruhen lassen. Kräuter darüber geben und servieren.

**Pro Portion**

| | |
|---|---|
| Fett gesamt (g) | 1 |
| Gesätt. Fettsäuren (g) | <1 |
| Ungesätt. Fettsäuren (g) | <1 |
| Cholesterin (mg) | 0 |
| Natrium (mg) | 92 |
| Kalorien | 238 |

**Ergibt**
4 Portionen als Beilage

# BANDNUDELN MIT CREMIGER PILZSAUCE

*Die getrockneten Steinpilze und der Sherry sind das Geheimnis, das diese Sauce zu einem unvergesslichen Erlebnis macht. Gleichwohl bestehen die Grundzutaten dieser wunderbar cremigen Sauce nur aus Magermilch, Magermilchpulver und Stärkemehl.*

## ZUTATEN

*4 Knoblauchzehen, zerdrückt*

*je 1 EL geschnittene frische Rosmarinnadeln und Thymianblättchen*

*4 schwarze Oliven, entsteint*

*4 getrocknete Tomaten, geschnitten*

*600 ml Fond (s. S. 30)*

*750 g kleine Champignons*

*15 g getrocknete Steinpilze, abgespült, fein geschnitten (s. S. 30)*

*60 ml trockener Sherry*

*1 EL Teriyakisauce*

*ein paar Spritzer Tabasco*

*3 EL Magermilchpulver*

*2 EL Stärkemehl*

*400 ml Magermilch (evtl. etwas mehr)*

*500 g Bandnudeln*

*3 EL frisch geriebener Parmesan*

*1½ EL Senf mit rotem Paprika*

*1 EL frisch geschnittene Oreganoblättchen*

*Salz, gemahlener schwarzer Pfeffer*

1 Knoblauch, Rosmarin, Thymian, Oliven, getrocknete Tomaten und 300 ml Fond in eine Pfanne oder einen Wok geben. Kochen lassen, bis die Flüssigkeit weitgehend verdampft ist.

2 Champignons, Steinpilze, Sherry und Saucen zugeben, 150 ml Fond angießen und über großer Hitze unter Rühren etwa 3 Minuten kochen, bis die Flüssigkeit reduziert ist. Den restlichen Fond angießen, weitere 5–7 Minuten köcheln lassen, bis die Pilze weich sind.

3 Inzwischen Milchpulver und Stärkemehl mischen, die kalte Milch einrühren und darauf achten, dass es keine Klümpchen gibt. Die Mischung langsam zu den Pilzen geben und dabei rühren. 1 Minute aufkochen lassen, bis die Sauce cremig aufwallt. Einen großen Topf Wasser aufstellen, salzen und die Bandnudeln al dente kochen.

4 Parmesan, Senf und Oregano zur Pilzsauce geben. Unter Rühren 3 Minuten kochen. Falls nötig, mehr Milch angießen. Abschmecken, nach Geschmack nachwürzen. Die Nudeln abgießen, abschrecken und mit der Sauce vermischt servieren.

**Pro Portion**

| | |
|---|---|
| Fett gesamt (g) | 9 |
| Gesättigte Fettsäuren (g) | 4 |
| Ungesätt. Fettsäuren (g) | 5 |
| Cholesterin (mg) | 14 |
| Natrium (mg) | 835 |
| Kalorien | 655 |

**Ergibt**
4 Portionen

# CONCHIGLIE MIT PAPRIKA UND KRÄUTERN

*Eine bunte Mischung aus Paprika, in Fond zu samtiger Weichheit sautiert und mit reichlich frischem Basilikum und Petersilie gewürzt, ergibt eine leckere Sauce zu kleinen Conchiglie, Hörnchen oder beliebigen anderen Nudeln.*

## ZUTATEN

*10 gemischte Paprikaschoten unterschiedlicher Farbe, geschält, entkernt, in 2,5 cm große Würfel geschnitten (s. S. 34)*

*2 frische Pfefferschoten, entkernt, fein geschnitten*

*4 Knoblauchzehen, grob geschnitten*

*350 ml Fond (s. S. 30)*

*500 g Conchiglie oder andere Nudeln*

*1 EL gehackte frische Basilikumblätter*

*1 EL gehackte frische Petersilie*

1 Die Paprikaschoten mit Pfefferschoten, Knoblauch und Fond in einer Pfanne unter Rühren kochen, bis der Paprika weich und von der sirupartigen Sauce überzogen ist.

2 Die Nudeln nach Packungsvorschrift kochen, abgießen, abschrecken und mit der Sauce mischen.

3 Basilikum und Petersilie darüber geben und alles sofort servieren.

**Pro Portion**

| | |
|---|---|
| Fett gesamt (g) | 4 |
| Gesättigte Fettsäuren (g) | 1 |
| Ungesätt. Fettsäuren (g) | 3 |
| Cholesterin (mg) | 0 |
| Natrium (mg) | 108 |
| Kalorien | 573 |

**Ergibt**
4 Portionen

# GEMÜSELASAGNE

*Dies ist eine einfache, aber sehr farbenfrohe Lasagnezubereitung, zu der man viele Gemüse, eine leckere Sauce und Kräuter verwendet. Lasagneblätter, die angeblich nicht vorgekocht werden müssen, sollten dennoch wenigstens 3 Minuten blanchiert werden, ehe man die Lasagne aufschichtet. Das Gericht braucht dann weniger Garzeit, was den Gemüsen zugute kommt. Ich gebe, wie unten abgebildet, statt der sonst üblichen Bechamel eine Ricotta-Parmesan-Sauce (s. S. 80) und Mozzarella darüber, ehe ich die Lasagne in den Ofen schiebe.*

## ZUTATEN

*250 g Lasagneblätter (9 Stück), vorgekocht oder blanchiert*

*Salz*

*900 ml Tomaten-Knoblauch-Paprika-Sauce (s. S. 64)*

*2 Auberginen, in Scheiben, gegrillt (s. S. 81)*

*4 Zucchini, in Scheiben, gegrillt (s. S. 81)*

*je 3 EL frisch gehackte glatte Petersilie und zerzupfte frische Basilikumblätter*

1 Die Lasagneblätter in gesalzenem, kochendem Wasser 3 Minuten blanchieren. Aufpassen, dass sie nicht aneinander kleben. Einzeln unter fließendem Wasser abspülen und nebeneinander auf Geschirrtüchern ausbreiten.

2 Den Boden einer Lasagneform mit Sauce bedecken, 3 Lasagneblätter darüber legen, wieder Sauce darüber geben. Die gegrillten Gemüsescheiben in Stücke schneiden, eine Lage Auberginen und Kräuter einschichten, mit Sauce benetzen. Mit 3 Lasagneblättern belegen. Wieder Sauce, Gemüse und Kräuter einschichten; zuletzt die restlichen 3 Lasagneblätter und die restliche Sauce zugeben.

3 Die Form mit Alufolie (matte Seite nach außen) gut abdecken, aber so, dass die Folie die Lasagne nicht berührt. Im vorgeheizten Backofen 15 Minuten garen, dann unbedeckt weitere 15–20 Minuten garen lassen, bis die Lasagne durch und durch heiß ist und die Blätter weich sind.

4 Die Lasagne aus dem Ofen nehmen und vor dem Aufschneiden 5 Minuten ruhen lassen. Jede Portion mit Kräutern garnieren.

**Pro Portion**

| | |
|---|---|
| Fett gesamt (g) | 2 |
| Gesättigte Fettsäuren (g) | <1 |
| Ungesätt. Fettsäuren (g) | 1 |
| Cholesterin (mg) | 0 |
| Natrium (mg) | 97 |
| Kalorien | 215 |

**Ofentemperatur**
180 °C

**Garzeit**
30–35 Minuten

**Ergibt**
6 Portionen

# CONCHIGLIE MIT BROKKOLIPESTO

*Was für eine wunderbare Methode, seinen Brokkoli zu essen – umhüllt von Quark und Ricotta, aromatisiert mit Basilikum, Parmesan und Oliven, in große Conchiglie gefüllt und auf einer Decke köstlicher Tomatensauce serviert.*

## ZUTATEN

*18 große Conchiglie*

*100 g Magerquark*

*140 g Ricotta*

*180 g gedämpfter Brokkoli, in Stiele und Röschen zerlegt*

*60 g glatte Petersilie, grob gehackt*

*1 Handvoll Basilikumblätter, zerzupft*

*3 schwarze Oliven, entsteint*

*4 EL geriebener Parmesan*

*60 g magerer Mozzarella, abgetropft, klein geschnitten*

*Salz, gemahlener schwarzer Pfeffer*

*1–2 Spritzer Tabasco*

*1 Rezeptmenge Tomatensauce (s. S. 66)*

1 Die Conchiglie nach Packungsvorschrift kochen, aber nicht zu weich werden lassen. Abspülen und gut abtropfen lassen.

2 Quark, Ricotta, Brokkoli, Kräuter, Oliven, 3 EL Parmesan und die Hälfte des Mozzarellas in der Küchenmaschine zu einer grün gefleckten Creme verarbeiten, mit Salz, Pfeffer und Tabasco abschmecken.

3 Den Boden einer Auflaufform, die groß genug ist, um alle Muscheln aufzunehmen, mit Tomatensauce bedecken.

4 Die Muscheln mit dem Brokkolipesto füllen und nebeneinander mit der Öffnung nach oben in die Auflaufform setzen. Zuletzt die eingeschichteten Muscheln mit Tomatensauce übergießen. Den Parmesan und den Mozzarella darüber geben.

5 Die Form dermaßen mit Alufolie abdecken (matte Seite nach außen), dass die Folie gut schließt, aber die Lebensmittel nicht berührt.

6 Die Nudeln im vorgeheizten Backofen 15 Minuten bedeckt backen. Weitere 15–20 Minuten unbedeckt backen, bis alles gut heiß ist, die Tomatensauce Blasen wirft und der Käse geschmolzen ist.

**Pro Portion**

| | |
|---|---|
| Fett gesamt (g) | 9 |
| Gesättigte Fettsäuren (g) | 5 |
| Ungesätt. Fettsäuren (g) | 4 |
| Cholesterin (mg) | 25 |
| Natrium (mg) | 394 |
| Kalorien | 356 |

**Ofentemperatur**
180 °C

**Garzeit**
30–35 Minuten

**Ergibt**
6 Portionen

# LASAGNE

*Aus Lagen von Pastablättern, Bologneser Sauce und einer Ricotta-Parmesan-Sauce wird eines der beliebtesten Familienessen – Lasagne.*

## ZUTATEN

*¼ TL frisch geriebene Muskatnuss*

*1 Rezeptmenge Ricotta-Parmesan-Sauce (s. S. 80), ungekocht*

*200–250 g Lasagneblätter (9 Stück)*

*1 Rezeptmenge Bologneser Sauce (s. S. 62)*

*3–4 EL frisch geriebener Parmesan*

1 Die Muskatnuss in die Ricotta-Parmesan-Sauce einrühren. Die Lasagneblätter vorbereiten, wie beim Rezept für Gemüselasagne (Seite 110) beschrieben.

2 Den Boden einer Lasagneform mit Bologneser Sauce auskleiden, 3 Lasagneblätter darauf legen, erst Bologneser Sauce, dann Ricottasauce darauf geben. Wieder 3 Lasagneblätter und Saucen hinzufügen, bis alles aufgebraucht ist; die oberste Schicht sollte Ricottasauce sein. Mit Parmesan überstreuen.

3 Die Lasagne unbedeckt im Ofen 30–40 Minuten backen, bis die Käsesauce fest und leicht gebräunt ist. Zur Garpobe mit einem spitzen scharfen Messer in die Mitte der Lasagne stechen.

**Pro Portion**

| | |
|---|---|
| Fett gesamt (g) | 12 |
| Gesättigte Fettsäuren (g) | 7 |
| Ungesätt. Fettsäuren (g) | 5 |
| Cholesterin (mg) | 69 |
| Natrium (mg) | 385 |
| Kalorien | 346 |

**Ofentemperatur**
180 °C

**Garzeit**
Etwa 30–40 Minuten

**Ergibt**
8 Portionen

# GETREIDE & HÜLSENFRÜCHTE

NUR WENIGE NAHRUNGSMITTEL sind so sättigend, gesund und problemlos in der Zubereitung wie Getreide und Hülsenfrüchte. Allerdings können sie bei allzu fantasieloser Zubereitung auch ziemlich langweilig werden und Überdruss erzeugen. Doch soll hier nicht primär der Vollwertkost das Wort geredet, sondern es sollen vielmehr Rezepte vorgestellt werden, die vor Farbe und Frische sprühen und dennoch nie überladen sind. Hier gibt es die mit Gemüsen belegten gegrillten Polentaecken sowie Rezepte für herrliche Bohneneintöpfe, Linsen- und Reisgerichte.

## BUNT BELEGTE GEGRILLTE POLENTAECKEN

*Diese gegrillten Polentaecken sind eine extravagante Präsentation aus Farben und unvergesslichen Aromen. Als Belag der mit Gewürzen durchsetzten Polentaecken dienen Gemüsezubereitungen. Die Polenta selbst ist mit roten Zwiebeln, Knoblauch, Wein, getrockneten Tomaten, Oliven, Frühlingszwiebeln und Kräutern durchsetzt.*

### ZUTATEN

*1,8 l Fond (s. S. 30)*

*125 ml trockener Rotwein*

*2 rote Zwiebeln, gehackt*

*2 Knoblauchzehen, zerdrückt*

*4 getrocknete Tomaten, klein geschnitten*

*4 schwarze Oliven, entsteint*

*1 Pfefferschote, entkernt, fein geschnitten*

*6 Frühlingszwiebeln, längs halbiert und in feine Ringe geschnitten*

*Salz, gemahlener schwarzer Pfeffer*

*375 g Instantpolenta*

*2–3 EL frisch gehackte Petersilie*

*Öl-Wasser-Spray (s. S. 29)*

1 300 ml Fond und den Wein in eine tiefe Pfanne geben. Zwiebeln, Knoblauch, getrocknete Tomaten, Oliven und Pfefferschote zugeben. Zugedeckt zum Kochen bringen, 5–7 Minuten kräftig kochen lassen, bis die Gemüse weich sind und die Flüssigkeit weitgehend verdampft ist.

2 Die Frühlingszwiebeln zugeben und unter Rühren köcheln lassen, bis die Flüssigkeit fast ganz reduziert ist. Den verbliebenen Fond angießen, salzen und pfeffern und fast bis zum Siedepunkt erhitzen.

3 Ziehen Sie einen Küchenhandschuh über die rührende Hand, denn die Polenta spritzt tückisch. Rühren Sie die Instantpolenta in dünnem Strahl ein.

4 5 Minuten köcheln lassen, dabei weiter rühren, bis die Polenta dick und glatt ist. Die Petersilie einrühren und die Polenta abschmecken. Sie sollte möglichst herzhaft schmecken. Fade Polenta ist langweilig.

5 Die Polenta auf ein Backblech streichen. (Was übrig bleibt, als Beilage zu einem anderen Essen nehmen.) Gut zugedeckt im Kühlschrank aufbewahren.

### ANRICHTEN DER POLENTA

1 Die Polenta in Quadrate von 7 × 7 cm schneiden, leicht mit Öl-Wasser-Spray übersprühen und kurz grillen, bis sie leicht gebräunt sind.

2 Auf jede Polentaecke eine kleine Portion Gemüsezubereitung nach Wahl häufen.

3 Besonders gut sind die Pilzvariation auf Seite 74, Geschmorter Fenchel (s. S. 70), Rote Zwiebeln süß-sauer (s. S. 71), Geschmorte Paprikastreifen (s. S. 71) und Bolognese Sauce (s. S. 62).

**Pro Portion**

| | |
|---|---|
| Fett gesamt (g) | 3 |
| Gesättigte Fettsäuren (g) | 1 |
| Ungesätt. Fettsäuren (g) | 2 |
| Cholesterin (mg) | 0 |
| Natrium (mg) | 241 |
| Kalorien | 227 |

**Ergibt**
8 Portionen

GESCHMORTER FENCHEL (UNTEN)

Pilzvariation »Wild« (rechts)

Rote Zwiebeln süss-sauer (rechts)

# Würziger Bulgur

*Bulgur (Weizengrütze) ist mit seinem leicht nussigen Geschmack eine großartige Alternative zu Reis, zumal zum leicht spelzigen ungeschälten Naturreis.*

**Zutaten**

*600 ml Fond (s. S. 30)*
*1 rote Zwiebel, gewürfelt*
*2 Knoblauchzehen, zerdrückt*
*4 getrocknete Tomaten, geschnitten*
*½–1 Pfefferschote, entkernt, fein geschnitten*
*4 schwarze Oliven, entsteint*
*Salz, gemahlener schwarzer Pfeffer*
*180 g Bulgur*
*1 EL Zitronensaft (nach Geschmack)*

**Für die Garnierung**

*Strauch- oder Kirschtomaten, geviertelt oder halbiert*
*gehackte glatte Petersilie*

1 250 ml Fond, Zwiebeln, Knoblauch, getrocknete Tomaten, Pfefferschote und Oliven zugeben. Zum Kochen bringen, zugedeckt 5 Minuten kräftig kochen lassen. Deckel abnehmen, weiter kochen lassen, bis die Zwiebeln weich sind und im eigenen Saft schmoren. Den restlichen Fond angießen und zum Kochen bringen. Mit Salz und Pfeffer würzen.

2 Den Bulgur in eine hitzebeständige Schüssel geben und den kochenden Pfanneninhalt darüber geben. Zudecken und 30 Minuten quellen lassen, bis der Bulgur aufgegangen ist.

3 Nach Geschmack Zitronensaft zugeben. Abschmecken und eventuell nachsalzen und -pfeffern. Ein Küchenhandtuch über die Schüssel geben und weitere 5 Minuten ziehen lassen. Zum Anrichten den Bulgur auf eine Platte geben, mit Tomaten umlegen und mit der Petersilie bestreuen. Das Gericht ist als Beilage zu Cajun-Garnelen (s. S. 100) ebenso geeignet wie zu geschmortem Geflügel, zu Hirsch oder Schweinefleisch.

**Pro Portion**

| | |
|---|---|
| Fett gesamt (g) | 2 |
| Gesättigte Fettsäuren (g) | 1 |
| Ungesätt. Fettsäuren (g) | 1 |
| Cholesterin (mg) | 0 |
| Natrium (mg) | 211 |
| Kalorien | 210 |

**Ergibt**
4 Portionen

# Scharfe weisse Bohnen

*Eine gehörige Portion dieser köstlichen Bohnenzubereitung ergibt zusammen mit krustigem frischem Brot oder zusammen mit einem Schlag Erbsenpüree (s. S. 50) – eingehüllt in eine Tortilla und umgeben von verschiedenen Salsas – ein fettarmes und doch sättigendes Mahl.*

**Zutaten**

*2 rote Zwiebeln, gewürfelt*
*4 Knoblauchzehen, zerdrückt*
*3 getrocknete Tomaten, geschnitten*
*1 Pfefferschote, entkernt, fein geschnitten*
*1 EL gemahlener Kreuzkümmel*
*½ EL gemahlener Koriander*
*375 ml Fond (s. S. 30)*
*950 g kleine weiße Bohnen aus der Dose (Borlottibohnen), gewaschen und abgetropft*
*300 ml dünnes Tomatenpüree (Passata)*
*Saft von 1 Limone (evtl. etwas mehr)*
*je 2 EL frisch gehackte glatte Petersilie, Minze und Koriandergrün*
*Salz, gemahlener schwarzer Pfeffer*

1 Zwiebeln, Knoblauch, getrocknete Tomaten, Pfefferschote und Gewürze mit 300 ml Fond in eine Pfanne geben und zum Kochen bringen. Zugedeckt 5–7 Minuten kräftig kochen lassen. Deckel abnehmen, weiter kochen lassen, bis die Zwiebeln weich sind.

2 Den restlichen Fond, Bohnen und Passata zugeben. 10 Minuten simmern lassen, bis die Bohnen von einer dicklichen Sauce umhüllt sind. Den Limonensaft und die Kräuter zufügen, abschmecken.

VARIATION

**Bohnendip:** Die Mischung zu einem Püree verarbeiten, dabei etwas mehr Limonensaft zugeben.

**Pro Portion**

| | |
|---|---|
| Fett gesamt (g) | 2 |
| Gesättigte Fettsäuren (g) | 1 |
| Ungesätt. Fettsäuren (g) | 1 |
| Cholesterin (mg) | 0 |
| Natrium (mg) | 1099 |
| Kalorien | 133 |

**Ergibt**
4 Portionen

# WILDREIS MIT ORANGE UND THYMIAN

*Der teure schwarze Wildreis ist streng genommen kein Reis, sondern der Samen einer nordamerikanischen Wasserpflanze, der eine längere Kochzeit als normaler Reis benötigt. Er passt hervorragend zu Gerichten mit Ente oder Wild. Die hier außerdem zugesetzten trockenen Beeren ergänzen den ohnehin delikaten Geschmack dieser Beilage.*

## ZUTATEN

*1 große rote Zwiebel, gewürfelt*

*1 Prise getrocknete Pfefferschote*

*825 ml Fond (s. S. 30)*

*Saft von ½ Orange*

*2 EL getrocknete Sauerkirschen*

*2 EL getrocknete Preiselbeeren*

*250 g Wildreis*

*2 EL frische Thymianblättchen*

*Salz, gemahlener schwarzer Pfeffer*

1 Zwiebel, Pfefferschote, 300 ml Fond und den Orangensaft in eine feuerfeste Auflaufform geben. Simmern lassen, bis die Zwiebeln weich sind und die Feuchtigkeit fast verdunstet ist. Die getrockneten Kirschen, die Preiselbeeren, den Wildreis und den Thymian zugeben, gut umrühren. Den restlichen Fond angießen, salzen und pfeffern. Einmal aufwallen lassen, dann die Form mit einem Deckel schließen.

2 Im vorgeheizten Backofen 45–55 Minuten garen lassen. Die Reiskörner springen auf und zeigen ihr weißes Innere, wenn sie gar sind.

3 Die Form aus dem Ofen nehmen, ein Geschirrtuch über die geöffnete Form geben, Deckel auflegen und ein paar Minuten ruhen lassen. Vor dem Servieren den Reis mit einer Gabel auflockern.

**Pro Portion**

| | |
|---|---|
| Fett gesamt (g) | 1 |
| Gesätt. Fettsäuren (g) | unb. |
| Ungesätt. Fettsäuren (g) | 1 |
| Cholesterin (mg) | 0 |
| Natrium (mg) | 189 |
| Kalorien | 314 |

**Ofentemperatur**
180 °C

**Garzeit**
45–55 Minuten

**Ergibt**
4 Portionen

# GRÜNE LINSEN MIT PILZEN UND KRÄUTERN

*Die kleinen grünen Puylinsen stammen aus Frankreich und sind schmackhafter als die sonst üblichen größeren braunen Linsen, denn sie wachsen auf vulkanischem Boden. Da es sich um sehr kleine Linsen handelt, muss man sie nicht einweichen.*

## ZUTATEN

*750 ml Einweichwasser von getrockneten Pilzen (s. S. 30)*

*750 ml Fond (s. S. 30), evtl. etwas mehr*

*125 ml Rotwein*

*2 rote Zwiebeln, gewürfelt*

*3 Knoblauchzehen, zerdrückt*

*275 g Puylinsen, verlesen und gewaschen*

*15 g getrocknete Steinpilze, eingeweicht, klein geschnitten*

*Salz, frisch gemahlener schwarzer Pfeffer*

*1 Spritzer Tabasco (nach Geschmack)*

*je 2 EL frisch gehackte glatte Petersilie und Oregano*

*2 TL frische Thymianblättchen*

*Saft von ½ Zitrone*

1 Je 150 ml Einweichwasser von den Pilzen und vom Fond (mit dem ganzen Rotwein, Zwiebeln und Knoblauch) in eine Pfanne geben und zum Kochen bringen. Bedeckt 5 Minuten stark kochen lassen.

2 Deckel abnehmen, weiter köcheln lassen, bis die Zwiebeln im eigenen Saft schmoren.

3 Linsen und Steinpilze mit den restlichen Flüssigkeiten zugeben, großzügig mit Pfeffer würzen, zum Kochen bringen. Unbedeckt 10 Minuten kochen lassen.

4 Hitze verringern und teilweise bedeckt weitere 30–35 Minuten simmern lassen, dabei gelegentlich umrühren. Eventuell mehr Fond angießen, damit nichts anbrennt.

5 Gut mit Salz abschmecken, eventuell mit Tabasco abrunden. Die frischen Kräuter und den Zitronensaft unterrühren.

**Pro Portion**

| | |
|---|---|
| Fett gesamt (g) | 2 |
| Gesät. Fettsäuren (g) | unb. |
| Ungesätt. Fettsäuren (g) | 2 |
| Cholesterin (mg) | 0 |
| Natrium (mg) | 188 |
| Kalorien | 281 |

**Ergibt**
4 Portionen

# KLEINE WEISSE BOHNEN MIT PARMASCHINKEN

*Man könnte dieses Gericht auch als »himmlische gebackene Bohnen« bezeichnen (sie sind nämlich wirklich köstlich). Auf eine Scheibe selbst gebackenes Brot mit wilden Pilzen (s. S. 146) gelöffelt ergibt es, wie die Abbildung zeigt, eine herrliche Vorspeise oder ein Zwischengericht.*

## ZUTATEN

*Öl-Wasser-Spray (s. S. 29)*

*100 g Parmaschinken, von allem Fett befreit, gewürfelt*

*1 rote Zwiebel, gewürfelt*

*3 Knoblauchzehen, zerdrückt*

*1 Prise getrocknete Pfefferschote*

*4 getrocknete Tomaten*

*½ TL Paprikapulver*

*150 ml trockener Rotwein*

*250 ml Fond (s. S. 30)*

*1 rote Paprikaschote, gegrillt, gehäutet, gewürfelt (s. S. 35)*

*250 ml dünnes Tomatenpüree (Passata)*

*1 EL Dijonsenf*

*1 TL Tomatenmark*

*1 EL Zitronensaft*

*950 g kleine weiße Bohnen aus der Dose (Borlottibohnen), gewaschen und abgetropft*

*Salz, gemahlener schwarzer Pfeffer*

1 Eine Pfanne mit Öl-Wasser-Spray besprühen, die Schinkenwürfel hineingeben und 1 Minute unter Rühren anbraten, in eine Schüssel geben.

2 Zwiebel, Knoblauch, Pfefferschote, getrocknete Tomaten und Paprikapulver in die Pfanne geben. Rotwein und Fond angießen, kochen lassen und die Röststoffe vom Pfannenboden lösen. Zugedeckt 5 Minuten köcheln lassen. Unbedeckt weiter kochen, bis die Flüssigkeit verdampft ist und die Zutaten im eigenen Saft schmoren.

3 In der Zwischenzeit Paprika, Passata, Senf, Tomatenmark und Zitronensaft im Mixer zu einem glatten Püree verarbeiten.

4 Die Bohnen zu der Zwiebelmischung in die Pfanne geben, das Püree hinzufügen, alles gut durchrühren, salzen und pfeffern, teilweise bedeckt 5–7 Minuten simmern lassen, bis die Bohnen heiß und von der Sauce überzogen sind.

## SERVIERVORSCHLAG

Den Schinken zu den Bohnen geben und sie dann auf einer Scheibe Brot mit wilden Pilzen (s. S. 146) anrichten. Geben Sie sie alternativ auf Polentaecken (s. S. 112) oder Süßkartoffelpfannkuchen (s. S. 73).

**Pro Portion**

| | |
|---|---|
| Fett gesamt (g) | 8 |
| Gesättigte Fettsäuren (g) | 4 |
| Ungesätt. Fettsäuren (g) | 4 |
| Cholesterin (mg) | 0 |
| Natrium (mg) | 1775 |
| Kalorien | 202 |

**Ergibt**
4 Portionen

# RAGOUT VON WURZELGEMÜSEN, FENCHEL UND BOHNEN

*Wurzelgemüse sind derzeit en vogue, und ich bin sehr froh, dass die Küchenchefs der Haute Cuisine es zu akzeptieren scheinen, dass auch die nicht mediterranen Küchen der gastronomischen Welt etwas zu bieten haben. Der delikate Geschmack der verschiedenen Wurzelgemüse verbindet sich in diesem Gericht mit den anderen Zutaten und der Knoblauch wird schmelzend weich.*

## ZUTATEN

**Für das Ragout**

*1 Knoblauchknolle*

*1 Gemüsezwiebel, halbiert, in 1 cm breite Keile geschnitten*

*1 Fenchelknolle, geputzt und in 1 cm breite Keile geschnitten*

*1 kleine Kohlrübe, geschält, in 1 cm dicke Stücke geschnitten*

*1 große Pastinake, geschält, in 1 cm dicke Stücke geschnitten*

*2 Möhren, geschabt, in 1 cm dicke Scheiben geschnitten*

*2 Stängel Bleichsellerie, geputzt, in 1 cm dicke Stücke geschnitten*

*1,25 l Fond (s. S. 30)*

*½ TL getrockneter Estragon*

*1 EL Dijonsenf*

*2 EL Tomatenmark*

*3–4 Spritzer Sojasauce*

*125 ml trockener Rotwein*

*3 EL Zitronensaft*

*Salz, frisch gemahlener schwarzer Pfeffer*

*425 g weiße Bohnen aus der Dose, gewaschen und abgetropft*

**Für die Garnierung**

*1 Rezeptmenge Püree von weißen Bohnen, Orange und Estragon (s. S. 67)*

*frischer Estragon, geschnitten*

1 Die Knoblauchzehen aus der Knolle lösen (s. S. 35), abpellen, aber ganz lassen.

2 Den Knoblauch zusammen mit allen anderen vorbereiteten Gemüsen und 125 ml des Fonds in eine große Pfanne geben. Die Pfanne zudecken, zum Kochen bringen und etwa 5 Minuten simmern lassen. Den Deckel von der Pfanne nehmen, nochmal 5 Minuten köcheln lassen, dabei umrühren, damit nichts ansetzt.

3 Den restlichen Fond angießen und alle verbliebenen Zutaten außer den Bohnen zum Ragout geben. Mit Salz und Pfeffer abschmecken. Teilweise bedeckt auf kleiner Flamme etwa 40 Minuten simmern lassen.

4 Die Bohnen zugeben, erneut abschmecken, nachwürzen, falls nötig. Nochmals 10–15 Minuten köcheln lassen, bis alle Gemüse sehr weich sind.

5 Servieren Sie das Ragout auf tiefen Tellern, jede Portion mit einer kleinen Portion Püree von weißen Bohnen, Orange und Estragon garniert.

## VARIATION

Für ein völlig anderes, aber ebenso köstliches Gericht nehmen Sie statt Kohlrübe und Pastinake verschiedene Sorten Speisekürbis und ersetzen den Estragon durch klein geschnittenen frischen Salbei.

**Pro Portion**

| | |
|---|---|
| Fett gesamt (g) | 2 |
| Gesättigte Fettsäuren (g) | 1 |
| Ungesätt. Fettsäuren (g) | 1 |
| Cholesterin (mg) | 0 |
| Natrium (mg) | 981 |
| Kalorien | 212 |

**Ergibt**
6 Portionen

# SCHOKOLADENDESSERTS

EIN LEBEN GANZ OHNE SCHOKOLADE wäre einfach zu trist. Zum Glück gibt es sowohl stark entölten, dunklen Kakao als auch edelbittere Schokolade mit hohem Kakaoanteil. Aus beiden lassen sich mit ein paar anderen Zutaten sensationelle Desserts zaubern. Versuchen Sie die hier abgebildete Schokoladenroulade oder das einfache Schokoladensorbet! Bei vielen Rezepten verwende ich eine kleine Menge edelbittere Schokolade zur Abrundung des Geschmacks. Wählen Sie immer nur hochwertige Schokoladen mit mindestens 70 % Kakaoanteil; je höher dieser Anteil, desto geringer der Gehalt an fetter Kakaobutter.

## SCHOKOLADENROULADE

*Diese besonders verlockend aussehende Schokoladenroulade lässt einem das Wasser im Mund zusammenlaufen. Als Basis dient ein eigelbloser Biskuit. Wenn Sie die Roulade als Dessert für eine besondere Gelegenheit zubereiten, dekorieren Sie sie großzügig wie auf der Abbildung. Dient sie als Nachtisch eines normalen Essens, muss man sich nicht ganz so viel Mühe machen.*

### ZUTATEN

**Für die Roulade**

*180 g feiner Zucker*

*60 g entöltes Kakaopulver (s. S. 43)*

*9 Eiweiße, Zimmertemperatur*

*½ TL Weinstein**

*1½ TL Vanilleextrakt*

*1½ TL brauner Rum*

*gesiebter Puderzucker zum Bestäuben*

**Für die Füllung**

*1 Rezeptmenge Kastanien-Schokoladen-Creme (s. S. 120)*

*gehobelte Schokolade (s. S. 43), zur Dekoration*

1 Legen Sie ein Backblech mit hohem Rand (etwa 32,5 × 28 cm) mit Backpapier aus.

2 Für die Roulade 7 EL Zucker mit dem Kakao zusammensieben. Beiseite stellen. Den Weinstein in das Eiweiß geben und es halb fest schlagen. Während Sie kräftig weiterschlagen, geben Sie portionsweise den verbliebenen reinen Zucker zu, bis die Mischung fest ist und steife Spitzen hält. Man kann dazu den Mixquirl nehmen.

3 Die Kakaomischung vorsichtig unter das Eiweiß heben (nicht rühren), Vanilleextrakt und Rum zugeben.

4 Den Teig gleichmäßig auf dem Backblech verteilen. Im vorgeheizten Ofen 20–30 Minuten backen. (Ein zur Probe eingestochenes Holzstäbchen muss sauber herauskommen.) In der Form auf einem Drahtrost auskühlen lassen. Ein Küchenhandtuch auf der Arbeitsfläche ausbreiten, ein Stück Pergamentpapier darüber legen und gleichmäßig mit Puderzucker bestreuen. Wenn der Kuchenteig ausgekühlt ist, ihn auf die vorbereitete Arbeitsfläche stürzen und das Backpapier abziehen.

5 Die Kastaniencreme auf der Kuchenplatte verteilen (3–4 EL für die Dekoration zurückbehalten). Die bestrichene Platte von der Breitseite her mit Hilfe des angehobenen Küchenhandtuchs vorsichtig aufrollen. Die Roulade in Klarsichtfolie wickeln. Im Kühlschrank gut durchkühlen. Zur Dekoration die verbliebene Kastaniencreme in einen Spritzbeutel geben und einzelne Rosetten auf die Roulade spritzen. Mit Schokoladenraspeln dekorieren und mit Puderzucker bestäuben.

### VARIATION

Die Roulade mit dunklem Schokoladenüberzug (s. S. 121) überziehen und dazu eine Himbeercoulis (s. S. 124) reichen.

**Pro Portion**

| | |
|---|---|
| Fett gesamt (g) | 2 |
| Gesättigte Fettsäuren (g) | 1 |
| Ungesätt. Fettsäuren (g) | 1 |
| Cholesterin (mg) | unb. |
| Natrium (mg) | 189 |
| Kalorien | 176 |

**Ofentemperatur**
180 °C

**Garzeit**
20–30 Minuten

**Ergibt**
8 Portionen

***Hinweis**
Weinstein ist ein kristallines Pulver, das aussieht wie Zucker und sauer schmeckt. Man bekommt es in der Apotheke. Ein wenig davon dem Eiweiß zugesetzt, verleiht dem Eischaum mehr Festigkeit.

**SCHOKOLADENROULADE:**
*Der krönende Abschluss eines besonderen Festessens.*

# KASTANIEN-SCHOKOLADEN-CREME

*Diese auf der Basis von Frischkäse und Kastanien- oder Maronenpüree hergestellte Creme ist ein würdiger Ersatz für fette Buttercreme. Man füllt damit die Schokoladenroulade (s. S. 118) oder man kann je zwei Vanille-Baiser-Plätzchen (s. S. 149) damit zusammenkleben.*

## ZUTATEN

*15 g Edelbitter-Schokolade (s. S. 43)*

*3 EL Puderzucker*

*1 EL entöltes Kakaopulver (s. S. 43)*

*125 g Kastanienpüree aus der Dose*

*100 g sehr magerer Frischkäse*

*1 TL Vanilleextrakt*

1 Die Schokolade in einem Topf im Wasserbad auflösen (einen Topf über einen zweiten mit kochendem Wasser setzen), etwas abkühlen lassen. Puderzucker und Kakao zusammensieben.

2 Alle verbliebenen Zutaten in einen Mixer oder in die Küchenmaschine geben, die Kakaomischung darüber streuen, die geschmolzene Schokolade zugeben und anschließend alles gründlich durchrühren.

3 Die Creme in eine Schüssel geben, mit Klarsichtfolie bedeckt im Kühlschrank bis zum Gebrauch aufheben.

**Pro Gesamtmenge**

| | |
|---|---|
| Fett gesamt (g) | 9 |
| Gesättigte Fettsäuren (g) | 4 |
| Ungesätt. Fettsäuren (g) | 5 |
| Cholesterin (mg) | 2 |
| Natrium (mg) | 143 |
| Kalorien | 547 |

**Ergibt**
Etwa 300 ml

# SCHOKOLADENTORTE MIT HIMBEEREN

*Himbeeren und Schokolade gehen eine grandiose Verbindung miteinander ein, wie diese Torte beweist. Sie sieht verlockend aus und die feuchte Konsistenz des Schokoladenbodens ist unwiderstehlich. Am besten schmeckt die Torte einen Tag nach der Zubereitung.*

## ZUTATEN

*165 g Fertigmehl*

*180 g feiner Zucker*

*30 g entöltes Kakaopulver (s. S. 43)*

*1 Prise Salz*

*180 g sehr magerer Frischkäse*

*50 ml Magermilch*

*1 TL Vanilleextrakt*

*125 ml Wasser*

*625 g frische Himbeeren*

*2 EL Zucker*

*fein gerissene Zesten von ½ Orange und ½ Zitrone*

**Für die Dekoration**

*ein paar Himbeeren und Blätter*

*grob gehobelte Schokolade (s. S. 43)*

1 Mehl, Zucker, Kakao und Salz zusammen in eine Schüssel sieben.

2 In einem Glas Frischkäse, Milch, Vanille und Wasser mischen und über die trockenen Zutaten in der Schüssel geben. Alles gut verrühren.

3 Den Teig gleichmäßig in eine beschichtete Springform (23 cm) füllen. Die verlesenen Himbeeren mit Zucker und Zitrusschalen mischen. Über dem Teig verteilen, aber rundum einen Rand von 1 cm frei lassen.

4 Im vorgeheizten Ofen 30–35 Minuten backen, dann in der Form auskühlen lassen. Die Mitte des Kuchens wird sehr feucht sein, verfestigt sich aber, wenn die Torte auskühlt. Mit Klarsichtfolie bedeckt in den Kühlschrank stellen. Vor dem Servieren mit frischen Himbeeren, Himbeerblättern und gehobelter Schokolade garnieren.

**Pro Portion**

| | |
|---|---|
| Fett gesamt (g) | 1 |
| Gesätt. Fettsäuren (g) | <1 |
| Ungesätt. Fettsäuren (g) | <1 |
| Cholesterin (mg) | unb. |
| Natrium (mg) | 171 |
| Kalorien | 214 |

**Ofentemperatur**
180 °C

**Garzeit**
30–35 Minuten

**Ergibt**
8 Portionen

# SCHOKOLADENCRÊPES

*Diese sehr delikaten Crêpes werden quasi ohne Fett hergestellt. Mit Orangenschnitzen, Erdbeeren oder Himbeeren und Lagen von Ricottacreme (s. S. 137) aufeinander geschichtet, ergeben sie ein großartiges Dessert. Man kann die Crêpes auch mit erwärmter Aprikosenmarmelade füllen und zerstoßene Amaretti darüber bröseln.*

### ZUTATEN

*90 g Mehl*
*2 EL entöltes Kakaopulver (s. S. 43)*
*4 EL feiner Zucker*
*60 g Magermilchpulver*
*175 ml Magermilch*
*4 Eiweiße*
*2 TL Vanilleextrakt*
*Öl-Wasser-Spray (s. S. 29)*

1 Mehl, Zucker, Kakao und Milchpulver zusammen in eine Schüssel sieben. Milch, Eiweiß und Vanille mit dem Mixquirl mischen. Diese Mischung über den Schüsselinhalt geben, kräftig unterschlagen und mindestens 30 Minuten ruhen lassen, damit das Mehl ausquellen kann.

2 Eine kleine beschichtete Pfanne mit Öl-Wasser-Spray einsprühen und heiß werden lassen. Wenn es zischt, die Pfanne nochmals vorsichtig aussprühen.

3 Mit einer Kelle, die etwa 60 ml fasst, Teig in die heiße Pfanne geben. Die Pfanne leicht bewegen, damit sich der Teig in hauchdünner Lage auf dem ganzen Pfannenboden verteilt. Über starker Hitze ein paar Sekunden lang backen, bis die Oberfläche fest wird und stumpf aussieht. Ein Stück Pergamentpapier griffbereit halten.

4 Die Crêpe mit einem Pfannenheber wenden, auch die zweite Seite ein paar Sekunden lang backen, bis der Teig gerade fest ist und sich locker in der Pfanne bewegt. Die Crêpe auf das Pergamentpapier gleiten lassen. Die Pfanne wieder mit Öl-Wasser-Spray besprühen und auf die beschriebene Weise die restlichen Crêpes ausbacken.

**Pro Crêpe**

| | |
|---|---|
| Fett gesamt (g) | unb. |
| Gesätt. Fettsäuren (g) | unb. |
| Unges. Fettsäuren (g) | unb. |
| Cholesterin (mg) | 1 |
| Natrium (mg) | 62 |
| Kalorien | 63 |

**Ergibt**
Etwa 15 Crêpes

# DUNKLER SCHOKOLADENÜBERZUG

*Dieser wundervolle Überzug ist mit einer Reihe von anderen Dessertrezepten kombinierbar. So kann man damit die Cassata (s. S. 143) fertig stellen, für die man aber auch den hier als Variante vorgestellten Mokkaüberzug nehmen kann. Die Menge ergibt mehr als man braucht, um beispielsweise die Roulade von Seite 118 zu überziehen. Für sich allein bildet das Rezept eine Süßspeise, die an den guten alten Schokoladenpudding erinnert.*

### ZUTATEN

*9 EL entöltes Kakaopulver (s. S. 43)*
*3 EL Stärkemehl*
*5 EL Magermilchpulver*
*8 EL feiner Zucker*
*15 g Edelbitter-Schokolade (s. S. 43), gerieben*
*½ TL Vanilleextrakt*
*gut ½ l Magermilch*

1 Alle Zutaten mit dem Schneebesen zusammenrühren, dann in der Küchenmaschine kräftig durchmixen, bis ein dünner glatter Teig entsteht.

2 Eine beschichtete Pfanne mit kaltem Wasser ausspülen. Das Wasser ausgießen, aber die Pfanne nicht trocknen.

3 Die Mischung hineingießen und auf mittlerer Hitze unter ständigem Rühren erhitzen, bis sie heftig zu blubbern beginnt. Über den Film, der sich am Pfannenboden bilden wird, vorsichtig hinwegrühren, ihn nicht ablösen und in die Mischung einrühren. Unter ununterbrochenem Rühren die Mischung eine weitere Minute kochen lassen, dann sofort in eine Schüssel umfüllen. Mit Klarsichtfolie bedeckt bis zum Gebrauch im Kühlschrank aufbewahren.

VARIATION

**Mokkaüberzug:** Nehmen Sie zusätzlich 2 EL Zucker und ersetzen Sie 175 ml von der Milch durch die gleiche Menge abgekühlten starken schwarzen Kaffee.

**Pro Gesamtmenge**

| | |
|---|---|
| Fett gesamt (g) | 15 |
| Gesätt. Fettsäuren (g) | 9 |
| Ungesätt. Fettsäuren (g) | 6 |
| Cholesterin (mg) | 22 |
| Natrium (mg) | 1595 |
| Kalorien | 1295 |

**Ergibt**
1,25 Liter

# Schokoladen-Ricotta-Mousse

*Füllen Sie diese verführerische Mixtur mit kühnem Schwung in ein Kelchglas und setzen Sie einen Mandelkeks als knusprige Verzierung obendrauf. Eine Mousse für das kommende Jahrtausend!*

**Zutaten**

*45 g entöltes Kakaopulver (s. S. 43)*

*100 g feiner Zucker*

*8 EL Magermilchpulver*

*125 ml kaltes Wasser*

*1 TL Vanilleextrakt*

*15 g Edelbitter-Schokolade (s. S. 43), gerieben*

*550 g Ricotta*

*200 g Magerquark*

1 Kakao, Milchpulver und Zucker zusammensieben. In die Küchenmaschine geben und mit dem Wasser und dem Vanilleextrakt zu einer sehr glatten Paste rühren.

2 Eine beschichtete Pfanne mit kaltem Wasser ausspülen, Wasser abgießen, aber Pfanne nicht trocknen (es verhindert, dass die Mischung ansetzt). Die Mischung durch ein Sieb in die Pfanne geben und die geriebene Schokolade einrühren.

3 Auf mittlerer Hitze unter ständigem Rühren zum Kochen bringen. Die Mischung bildet heftig Blasen. Beim Rühren die Haut, die sich am Pfannenboden bildet, nicht ablösen, sondern vorsichtig darüber hinwegrühren. Unter Rühren etwa 1 Minute kochen lassen.

4 Vom Feuer nehmen und sofort in eine Schüssel umfüllen. Mit Klarsichtfolie bedeckt kalt stellen, bis die Grundcreme benötigt wird. Sie wird beim Abkühlen sehr dick.

5 Die abgekühlte Creme, den Ricotta und den Quark zusammen in die Küchenmaschine geben und kräftig durchquirlen, bis eine glatte, lockere Masse entsteht. Die Mousse in Kelchgläsern servieren, eventuell mit Mandelkeksen oder mit Vanille-Baiser-Plätzchen (s. S. 149) verziert servieren.

VARIATION

Die fertige Mousse über Nacht auf einem mit Mull ausgelegten Sieb abtropfen lassen. Geben Sie sie dann zwischen Baiserböden (s. S. 135). Krönen Sie das Ganze mit Himbeeren und ein wenig geriebener Schokolade.

**Pro Portion**

| | |
|---|---|
| Fett gesamt (g) | 12 |
| Gesätt. Fettsäuren (g) | 7 |
| Ungesätt. Fettsäuren (g) | 4 |
| Cholesterin (mg) | 47 |
| Natrium (mg) | 219 |
| Kalorien | 277 |

**Ergibt**
6 Portionen

# In Schokolade getauchte Früchte

*Eine elegante kleine Leckerei zum Kaffee. Die Schokolade trocknet zu einem hauchfeinen, knusprig-harten Überzug, der einen Kontrast zum weichen Fleisch der Früchte bildet. Ein delikater Gaumenschmaus!*

**Zutaten**

*180 g Edelbitter-Schokolade (s. S. 43)*

*90 g frische Erdbeeren*

*90 g essfertige getrocknete Aprikosen*

*90 g Süßkirschen mit Stiel*

*90 g essfertige getrocknete Birnen*

1 Die Schokolade im Wasserbad vorsichtig schmelzen lassen. Entweder einen speziellen Wasserbadtopf (Bainmarie) nehmen oder einen Topf – besser einen Schlagkessel mit rundem Boden – über einen zweiten Topf mit kochendem Wasser setzen.

2 Die Früchte (nach Angebot und Geschmack auch andere, als die hier genannten) so in die Schokolade tauchen, dass sie halb davon überzogen sind. Auf Pergamentpapier abkühlen und trocknen lassen.

3 Die Früchte in kleine Pralinenkapseln aus Papier setzen. In einem luftdichten Behälter bis zum Verzehr im Kühlschrank aufbewahren.

**Pro Portion**

| | |
|---|---|
| Fett gesamt (g) | 9 |
| Gesätt. Fettsäuren (g) | 5 |
| Ungesätt. Fettsäuren (g) | 4 |
| Cholesterin (mg) | 3 |
| Natrium (mg) | 9 |
| Kalorien | 222 |

**Ergibt**
6 Portionen

# DEKADENTE SCHOKOLADENTRÜFFEL

*Normalerweise ein überaus fetthaltiger Klassiker – hier ein Trüffel, der pro Stück nur 2 Gramm Fett enthält. Das Geheimnis ist sehr magerer Frischkäse. Er wird mit bester geschmolzener Schokolade vermischt.*

## ZUTATEN

*180 g Edelbitter-Schokolade (s. S. 43)*

*180 g sehr magerer Frischkäse*

*etwa 2 EL Puderzucker*

*½ TL Vanilleextrakt*

*15 g Edelbitter-Schokolade (s. S. 43), gerieben*

1 Die Schokolade in Stücke brechen und im Wasserbad vorsichtig schmelzen lassen.

2 In einer Schüssel Frischkäse, Zucker und Vanille zusammenrühren. Die geschmolzene Schokolade ein wenig abkühlen lassen, dann in die Frischkäsemischung schlagen. Mit einem Gummischaber alle Schokolade aus dem Wasserbadtopf holen. Die Mischung mit Klarsichtfolie bedeckt 1 Stunde in den Kühlschrank stellen.

3 Ein Backblech mit Pergamentpapier auskleiden. Die geriebene Schokolade auf einen Teller streuen. Jeweils einen Teelöffel voll von der Frischkäse-Schokoladenmischung abstechen, zu einem Bällchen rollen, in der geriebenen Schokolade wälzen und auf das Blech setzen. Mit Klarsichtfolie überzogen wieder in den Kühlschrank stellen, bis die Kugeln fest sind.

4 In Pralinenkapseln setzen und bis zum Verzehr in einem luftdicht schließenden Behälter im Kühlschrank aufbewahren.

**Pro Trüffel**

| | |
|---|---|
| Fett gesamt (g) | 2 |
| Gesättigte Fettsäuren (g) | 1 |
| Ungesätt. Fettsäuren (g) | 1 |
| Cholesterin (mg) | 1 |
| Natrium (mg) | 3 |
| Kalorien | 52 |

**Ergibt**
24 Stück

# FRUCHTDESSERTS

EIN OBSTSALAT IST EIN FÜRSTLICHER ABSCHLUSS eines guten Essens. Er bietet nicht nur viele Vitamine, er ist auch von erfreulich niedrigem Fettgehalt. Allerdings muss man beste, unbeschädigte Früchte wählen. Obstsalate auf der Basis einer einzigen Fruchtsorte, wie etwa Kirschen in Orangenlikör oder Erdbeeren mit Balsamessig, sind gerade ihrer Schlichtheit wegen von umwerfendem Geschmack. Doch Früchte lassen sich auch auf vielerlei andere Weise zubereiten und verbinden sich vor allem mit fettarmen Milchprodukten ganz hervorragend. Die Art und Weise, wie sich die Früchte hier verstecken, ist höchst aufregend.

## CŒUR À LA CRÈME MIT MANGOCOULIS

*Romantisch, farbenfroh und unglaublich cremig ist dieses herzförmige Dessert, zu dem man nebenbei ein paar Mandelkekse (s. S. 148) knabbern kann. Man kann der Creme, indem man sie über einem mit Mull ausgekleideten Sieb abtropfen lässt, auch eine schlichte Kuppelform geben – weniger verspielt, aber genauso überzeugend im Geschmack.*

### ZUTATEN

*1 große Mango, gewürfelt (s. S. 136)*

*400 g Ricotta*

*125 g Magerquark*

*½–1 EL Orangenmarmelade*

*ein paar Tropfen Orangen- und Zitronensaft*

**Für die Mangocoulis**

*2 Mangos von je 300 g, gewürfelt (s. S. 136)*

*Puderzucker nach Geschmack*

*ein paar Tropfen Zitronensaft (nach Belieben)*

1 Eine große Cœur-À-La-Crème-Form mit feuchtem Mull auslegen und über einen tiefen Teller stellen.

2 Mango, Ricotta und Quark zusammen in einen Mixer geben und so lange durchpürieren, bis eine glatte Masse entsteht. Die Marmelade und die Zitrussäfte einrühren, abschmecken. Die Mango sollte vorherrschen. Nochmals durchmixen.

3 Die Mischung in die ausgekleidete Form füllen und die Enden des Mulltuchs darüber schlagen. Über Nacht in den Kühlschrank stellen und gründlich abtropfen lassen.

4 Für die Coulis die Mangowürfel im Mixer pürieren, nach Geschmack zuckern und mit Zitronensaft abrunden.

5 Zum Anrichten einen Spiegel aus Mangocoulis auf einen Teller gießen und das Cremeherz vorsichtig darauf gleiten lassen. Sie können es alternativ nur mit Coulis umgießen oder mit anderen Tropenfrüchten und Zitronenmelisse dekorativ belegen.

### VARIATION

Reichen Sie zum Cremeherz eine Himbeercoulis. Dazu zwei Päckchen tiefgefrorene Himbeeren (je 375 g) auftauen lassen, pürieren und durch ein feines Sieb streichen, um die Kerne zu entfernen. Mit Puderzucker und Zitronensaft nach Geschmack fertig stellen.

| Pro Portion | |
|---|---|
| Fett gesamt (g) | 6 |
| Gesättigte Fettsäuren (g) | 4 |
| Ungesätt. Fettsäuren (g) | 2 |
| Cholesterin (mg) | 25 |
| Natrium (mg) | 59 |
| Kalorien | 132 |

**Ergibt**
1 großes Cremeherz oder 8 kleine

**MANGOCOULIS:** *Romantik kommt nun einmal in Herzform daher.*

# SOMMERPUDDING MIT ROTEM VERMOUTH

*Sowohl der Sommerpudding als auch der auf Seite 127 beschriebene Winterpudding sind sehr gesunde Desserts. Ich finde die Idee, Früchte in einen Mantel aus Weißbrot zu hüllen, großartig, denn die aus den Früchten austretenden Säfte durchziehen das Brot, färben es und machen es weich und saftig. Der zugesetzte Wein wird so lange geköchelt, bis der Alkohol verflogen ist.*

## ZUTATEN

*1 kg tiefgefr. Sommerbeeren, aufgetaut*

*450 ml roter Vermouth*

*Saft und abgeriebene Schale von 1 großen Orange und Zitrone*

*4 EL Zitronensaft*

*2,5 cm Zimtstange*

*1 Vanilleschote, längs aufgeschlitzt*

*2 EL Zucker*

*7–8 dünne Scheiben Kastenweißbrot, 1–2 Tage alt, ohne Rinde*

1 Die aufgetauten Früchte auf einem Sieb über eine Schüssel geben, ein wenig zusammenpressen und den Saft auffangen. Beiseite stellen. Vermouth, Zitrussäfte und -schalen, Zimt und Vanilleschote in einem Topf zum Kochen bringen und um ein Drittel reduzieren. Zucker und aufgefangenen Beerensaft hinzufügen. Unter Rühren 2–3 Minuten köcheln lassen. Vom Feuer nehmen, die Beeren zugeben, abkühlen lassen, Zimt und Vanille aussondern.

2 Das Brot in passende Ecken schneiden und eine glatte Puddingform (900 ml) damit auslegen. Die Beerenmischung hineinfüllen und mit dem restlichen Brot belegen. Einen Teller, der genau in die Form passt, auflegen und beschweren, damit der Pudding leicht gedrückt wird. Die Puddingform in einen tiefen Teller stellen, der überlaufenden Saft aufnimmt. Teller samt Beschwerung für mindestens 8 Stunden in den Kühlschrank stellen. Zum Anrichten den Pudding stürzen und mit frischen Beeren garnieren.

**Pro Portion**

| | |
|---|---|
| Fett gesamt (g) | 1 |
| Gesätt. Fettsäuren (g) | unb. |
| Unges. Fettsäuren (g) | 1 |
| Cholesterin (mg) | 0 |
| Natrium (mg) | 140 |
| Kalorien | 135 |

**Ergibt**
6 Portionen

# WINTERPUDDING MIT SHERRY

*Die Winterversion des Sommerpuddings wird mit Früchten einer typischen Backobstmischung hergestellt, der man, falls man sie bekommt, getrocknete Feigen, Sauerkirschen, Preiselbeeren, Pfirsiche und andere Trockenfrüchte beifügt.*

## ZUTATEN

*4 EL Sultaninen*

*500 g gemischte getrocknete Früchte, sehr klein gewürfelt*

*Saft und abger. Schale von 1 Zitrone*

*350 ml frisch gepresster Orangensaft*

*150 ml Cream Sherry*

*2,5 cm Zimtstange*

*1 TL Vanilleextrakt*

*4 EL Orangenlikör*

*1 EL Aprikosenmarmelade*

*7–8 dünne Scheiben Kastenweißbrot, 1–2 Tage alt, ohne Rinde*

1 Alle Zutaten außer dem Brot und der Hälfte des Orangensafts in einen Topf geben und köcheln lassen, dabei gelegentlich rühren, bis die Früchte prall und vollgesogen sind. Aufpassen, dass nichts anbrennt.

2 Abkühlen lassen und die Zimtstange entfernen.

3 Den Winterpudding wie den Sommerpudding fertig stellen. Mit dem verbliebenen Orangensaft die Stellen am Brot beträufeln, die nicht durchtränkt sind.

**Pro Portion**

| | |
|---|---|
| Fett gesamt (g) | 1 |
| Gesätt. Fettsäuren (g) | unb. |
| Ungesätt. Fettsäuren (g) | 1 |
| Cholesterin (mg) | 0 |
| Natrium (mg) | 200 |
| Kalorien | 361 |

**Ergibt**
6 Portionen

# RICOTTA MIT FRÜCHTEN

*Durch seinen Schichtaufbau und die getränkten Löffelbiskuits erinnert dieses Dessert an das italienische Tiramisu, das voller fetter Zutaten steckt, enthält es doch Mascarpone und obendrein rohes Eigelb. Diese Version hingegen ist locker, leicht und fruchtig – niemand wird die schweren fetten Zutaten vermissen. Statt der fertigen Löffelbiskuits, die natürlich auch Fett und Eigelb enthalten, kann man Ecken von selbst gebackenem Biskuitkuchen (s. S. 143) verwenden.*

## ZUTATEN

*15–16 italienische Löffelbiskuits (Fertigprodukt)*

*je 250 g Erdbeeren, Heidelbeeren und Himbeeren*

*2 reife Pfirsiche, gewürfelt, Saft aufgefangen*

*1 TL Vanilleextrakt*

*2 EL frischer Orangensaft*

*1 EL Orangenlikör*

*550 g Ricotta*

*400 g Magerquark*

*2 EL Heidelbeermarmelade*

*einige Amaretti*

1 Den Boden einer etwa 30 × 18 cm großen Form mit Löffelbiskuits auslegen, gezuckerte Seite nach unten.

2 Die Erdbeeren vierteln und mit den anderen Beeren mischen. Die Pfirsichwürfel samt Saft zugeben. Die Hälfte vom Vanilleextrakt, Orangensaft und -likör darüber geben. Mit zwei Löffeln gründlich durchmischen. Die Früchte über die Löffelbiskuits verteilen.

3 Ricotta und Quark mit der restlichen Vanille und der Heidelbeermarmelade in die Küchenmaschine geben und zu einer glatten, luftigen Creme verrühren. Die Ricottamischung über die Früchte geben und glatt streichen.

4 Die Amaretti zerbröseln und über die Ricottacreme streuen. Mit Klarsichtfolie abgedeckt vor dem Servieren mindestens zwei Stunden im Kühlschrank durchziehen lassen.

## VARIATIONEN

Nehmen Sie Kirschen in Orangenlikör (s. S. 128) als Fruchtlage und aromatisieren Sie den Ricotta mit Kirschmarmelade. Sieben Sie zur Garnierung Puderzucker und Kakao darüber.

Lassen Sie Heidelbeeren und Pfirsiche aus der Fruchtmischung weg, geben Sie als Cremelage Schokoladen-Ricotta-Mousse (s. S. 122) darüber und garnieren Sie alles mit geraspelter Schokolade.

**Pro Portion**

| | |
|---|---|
| Fett gesamt (g) | 12 |
| Gesättigte Fettsäuren (g) | 7 |
| Ungesätt. Fettsäuren (g) | 4 |
| Cholesterin (mg) | 47 |
| Natrium (mg) | 373 |
| Kalorien | 344 |

**Ergibt**
6 Portionen

## KIRSCHEN IN ORANGENLIKÖR

*Von frischen Kirschen kann ich, wenn sie – leider viel zu kurz – Saison haben, gar nicht genug bekommen. Um das Maximum an Kirschgeschmack zu erzielen, sollten Sie alle Sorten mischen, die Sie bekommen können.*

**ZUTATEN**

*875 g Kirschen, halbiert, entsteint*

*Saft von 1½ Orangen*

*4 EL Zitonensaft*

*fein gerissene Zeste einer ½ Orange*

*fein gerissene Zeste einer ½ Zitrone*

*4 EL Orangenlikör*

*2 TL Vanilleextrakt*

*2–3 EL feiner Zucker*

Alle Zutaten zusammen in eine Schüssel geben und mit zwei Löffeln vorsichtig vermischen. Mit Klarsichtfolie bedeckt im Kühlschrank durchziehen lassen.

### VARIATION

Statt der Kirschen mundgerechte Stücke von Blutorangen nehmen. Die Orangen sorfältig schälen, am besten filetieren und alle Kerne entfernen.

**Pro Portion**

| | |
|---|---|
| Fett gesamt (g) | unb. |
| Gesätt. Fettsäuren (g) | unb. |
| Unges. Fettsäuren (g) | unb. |
| Cholesterin (mg) | 0 |
| Natrium (mg) | 6 |
| Kalorien | 193 |

**Ergibt**
4 Portionen

## PFIRSICHSALAT

*Die zarte Duftmischung von Vanille und reifen Pfirsichen ist unwiderstehlich. Wenn Sie keinen Crème de Pêche bekommen können, nehmen Sie einen Bittermandellikör (Amaretto).*

**ZUTATEN**

*6 große, reife Pfirsiche*

*2–3 EL Orangenlikör*

*1 EL Crème de Pêche*

*2 TL Vanilleextrakt*

*Zitronensaft zum Abschmecken*

*eine Prise Zucker zum Abschmecken*

1 Die Pfirsiche 30 Sekunden lang in heißem Wasser brühen, mit einem Schaumlöffel herausnehmen, kalt abschrecken und häuten; halbieren und in Scheiben schneiden.

2 Pfirsichscheiben und alle anderen Zutaten in eine Schüssel geben und gut durchmischen. Wenn die Pfirsiche sehr süß sind, Zucker weglassen.

### VARIATION

Statt der Pfirsiche Nektarinen nehmen; häuten ist unnötig.

**Pro Portion**

| | |
|---|---|
| Fett gesamt (g) | unb. |
| Gesätt. Fettsäuren (g) | unb. |
| Unges. Fettsäuren (g) | unb. |
| Cholesterin (mg) | 0 |
| Natrium (mg) | 3 |
| Kalorien | 112 |

**Ergibt**
4 Portionen

## ERDBEEREN MIT ZITRONEN-BALSAM-SIRUP

*Damit dieses Dessert ein Genuss wird, ist ein guter, alter Balsamessig – mindestens 6 Jahre im Fass gereift – nötig. Je älter der Balsamico, desto besser ist er; dann aber erleben Sie einen Dessertgenuss der Sonderklasse.*

**ZUTATEN**

*1–2 EL Zucker*

*60 ml Zitronensaft*

*1 EL Balsamessig*

*475 g Erdbeeren, gezupft und geviertelt*

Zucker in den Zitronensaft geben und warten, bis er sich aufgelöst hat, dann den Balsamico zugeben und die Mischung über die Erdbeeren gießen. Mischen und gut durchziehen lassen. Balsamico von mehr als 12 Jahren sollten Sie pur verwenden.

**Pro Portion**

| | |
|---|---|
| Fett gesamt (g) | unb. |
| Gesätt. Fettsäuren (g) | unb. |
| Unges. Fettsäuren (g) | unb. |
| Cholesterin (mg) | 0 |
| Natrium (mg) | 8 |
| Kalorien | 55 |

**Ergibt**
4 Portionen

# KARAMELLISIERTE BIRNEN

*Birnen in rotem Vermouth sind himmlisch. Ich serviere sie gern in leckere Crêpes verpackt, aber sie sind auch für sich allein köstlich, besonders, wenn man sie mit etwas Ricotta- oder Jogurtcreme (s. S. 137) krönt und dazu Mandelkekse (s. S. 148) reicht.*

## ZUTATEN

*1 Orange*

*1 Zitrone*

*4 feste, reife Birnen*

*300 ml roter Vermouth*

*1 Zimtstange*

*1 Vanilleschote, längs aufgeschlitzt*

*½–1 EL feiner Zucker*

*1 EL Orangenlikör*

1 Je ½ Orange und Zitrone auspressen. Die Birnen schälen und in den Zitrussäften wenden, damit sie sich nicht verfärben. Die Birnen halbieren, das Kerngehäuse ausschneiden, die Hälften würfeln, wieder in die Zitrussäfte geben.

2 Die Birnenwürfel samt Zitrussäften in eine Pfanne geben, von je ¼ Orange und Zitrone die Schale abreiben und zugeben. Vermouth, Zimt, Vanille, Zucker und Likör hinzufügen.

3 Die Birnen in der Flüssigkeit zum Kochen bringen und simmern lassen, bis die Birnen gerade weich sein. Mit einer Schaumkelle die Birnen herausnehmen und in eine Schüssel geben.

4 Zimt und Vanille aus der Flüssigkeit aussondern, dann heftig kochen lassen, bis ein dicklicher Sirup entstanden ist. Den Sirup in eine kleine Schüssel füllen.

5 Die Birnen in die Pfanne zurückgeben, den frischen Saft von der anderen ½ Orange und der anderen ½ Zitrone angießen, unter Rühren kochen lassen, bis die Birnen gut überzogen sind (sie dürfen aber nicht zerfallen). Den Vermouthsirup über die Birnen geben und gut einrühren.

| **Pro Portion** | |
|---|---|
| Fett gesamt (g) | 1 |
| Gesätt. Fettsäuren (g) | unb. |
| Ungesätt. Fettsäuren (g) | 1 |
| Cholesterin (mg) | 0 |
| Natrium (mg) | 19 |
| Kalorien | 256 |

**Ergibt**
2 Portionen

# SIRUP VON ROTEM VERMOUTH

*Dieser rubinrote, mit Gewürzen und Vanille aromatisierte Sirup passt wunderbar zu Früchten wie Birnen, Aprikosen, Pfirsichen und Orangen.*

## ZUTATEN

*75 cl roter Vermouth (eine Flasche)*

*Saft und fein gerissene Zeste von 2 Orangen*

*Saft und fein gerissene Zeste von 2 Zitronen*

*1 Zimtstange*

*1 Vanilleschote, längs aufgeschlitzt*

*250 ml Wasser*

*4–5 EL Zucker*

1 Alle Zutaten außer dem Zucker in einen Topf geben und zum Kochen bringen. Unbedeckt heftig kochen lassen, bis die Flüssigkeit um die Hälfte reduziert ist.

2 Den Topf vom Feuer nehmen und den Zucker einrühren. Er muss völlig aufgelöst sein, ehe man den Topf aufs Feuer zurückgibt. Den Sirup 4–5 Minuten kochen lassen. Dann den Topf vom Feuer nehmen und den Sirup völlig auskühlen lassen.

3 Den Sirup in eine Schüssel geben, mit Klarsichtfolie bedeckt im Kühlschrank durchkühlen.

4 Zimtstange und Vanilleschote aus dem kalten Sirup nehmen. Das Mark aus der Vanillestange schaben und in den Sirup rühren. (Mit den ausgekratzten Schotenhälften Zucker oder Rum für anderweitigen Gebrauch aromatisieren.)

| **Pro EL Sirup** | |
|---|---|
| Fett gesamt (g) | unb. |
| Gesätt. Fettsäuren (g) | unb. |
| Unges. Fettsäuren (g) | unb. |
| Cholesterin (mg) | 0 |
| Natrium (mg) | 3 |
| Kalorien | 62 |

**Ergibt**
Etwa 300 ml oder 20 EL

# HEIDELBEERKOMPOTT

*Jedes der auf dieser Seite vorgestellten Fruchtkompotte kann für sich allein genossen werden oder mit einer Haube aus Ricotta-, Jogurt- oder Frischkäsecreme. Auch Stücke von Biskuitkuchen (s. S. 143) passen gut dazu.*

**ZUTATEN**

*500 g Heidelbeeren*

*2–3 EL Heidelbeermarmelade*

*1 EL Speisestärke*

*Saft von ½ Zitrone*

*1 TL Vanilleextrakt*

1 Die Heidelbeeren in eine feuerfeste Auflaufform geben. Alle anderen Zutaten zusammenrühren, über die Heidelbeeren geben und durchrühren.

2 Die Auflaufform unbedeckt in den vorgeheizten Ofen geben und 15 Minuten backen lassen. Dabei gelegentlich umrühren, wenn die Mischung blubbernd zu kochen beginnt.

3 Vor dem Servieren das Kompott auskühlen lassen.

**Pro Portion**

| | |
|---|---|
| Fett gesamt (g) | unb. |
| Gesätt. Fettsäuren (g) | unb. |
| Unges. Fettsäuren (g) | unb. |
| Cholesterin (mg) | 0 |
| Natrium (mg) | 5 |
| Kalorien | 47 |

**Ofentemperatur**
190 °C

**Ergibt**
5 Portionen

# PFIRSICHKOMPOTT

*Ein weiteres köstliches Fruchtkompott, bei dem die Süße der Früchte mit dem Saft und der abgeriebenen Schale von Zitrusfrüchten kontrastiert. Statt der Pfirsiche kann man auch Nektarinen verwenden.*

**ZUTATEN**

*875 g Pfirsiche, ungeschält*

*2 EL feiner Zucker*

*1 EL Stärkemehl*

*2 EL frisch gepresster Orangensaft*

*fein gerissene Zesten von ½ Zitrone*

*fein gerissene Zesten von ½ Orange*

*½ TL Vanilleextrakt*

*eine Prise Salz*

1 Die Pfirsiche halbieren, entsteinen und in Stücke schneiden; Saft auffangen. Pfirsiche mit dem Saft und allen anderen Zutaten in eine beschichtete Pfanne geben.

2 Über mäßiger Hitze kochen, bis die Flüssigkeit dicklich und sirupartig ist. Die Fruchtstücke sollten weich, aber nicht zerfallen sein. Das Kompott vor dem Servieren auskühlen lassen.

**Pro Portion**

| | |
|---|---|
| Fett gesamt (g) | unb. |
| Gesätt. Fettsäuren (g) | unb. |
| Unges. Fettsäuren (g) | unb. |
| Cholesterin (mg) | 0 |
| Natrium (mg) | 42 |
| Kalorien | 88 |

**Ergibt**
5 Portionen

# PFLAUMEN-PFIRSICH-KOMPOTT

**ZUTATEN**

*625 g Pfirsiche, ungeschält*

*875 g Pflaumen, ungeschält*

*1 knapper EL Stärkemehl*

*4–5 EL brauner Zucker*

*fein gerissene Zesten von ½ Zitrone und ½ Orange*

*1 TL Vanilleextrakt*

*3 EL frisch gepresster Orangensaft*

*eine Prise Salz*

1 Pfirsiche und Pflaumen über einer beschichteten Pfanne halbieren, damit kein Saft verloren geht; entsteinen und in grobe Stücke schneiden.

2 Die anderen Zutaten zugeben, durchrühren und unter Rühren auf mittlerer Hitze zum Kochen bringen. Köcheln, bis die Früchte weich sind, aber noch nicht zerfallen. Auskühlen lassen.

## VARIATION

Für ein Aprikosen-Pfirsich-Kompott 875 g ungeschälte Aprikosen und 300 g ungeschälte Pfirsiche nehmen und den frischen Orangensaft durch 1 EL Bittermandellikör (Amaretto) ersetzen.

**Pro Portion**

| | |
|---|---|
| Fett gesamt (g) | unb. |
| Gesätt. Fettsäuren (g) | unb. |
| Unges. Fettsäuren (g) | unb. |
| Cholesterin (mg) | 0 |
| Natrium (mg) | 46 |
| Kalorien | 162 |

**Ergibt**
5 Portionen

## Clafoutis

*Dieses üppige Dessert erfüllt alle Ansprüche, die man an diesen französischen Fruchtauflauf stellt. Der Clafoutis kommt aufgegangen aus dem Ofen, fällt aber leicht zusammen, wenn er abkühlt. Servieren Sie ihn heiß, lauwarm oder kalt.*

### Zutaten

*Öl-Wasser-Spray (für die Auflaufform)*

**Für den Teig**

*100 g Mehl*

*100 g brauner (oder weißer) Zucker*

*3 EL Magermilchpulver*

*1 Prise frisch geriebene Muskatnuss*

*300 ml Magermilch*

*6 EL Magerjogurt*

*4 Eiweiße*

*2 EL Vanilleextrakt*

**Für die Fruchtmischung**

*625 g Pfirsiche, entsteint, gewürfelt, aller Saft aufgefangen*

*2–3 EL Zucker*

*2 EL Orangensaft*

*ein paar Tropfen Zitronensaft*

*1 EL Aprikosenmarmelade, erwärmt*

1 Für den Teig Mehl, Zucker, Milchpulver und Muskat in eine Schüssel sieben. Milch, Jogurt, Eiweiß und Vanille gut verrühren, in die Mitte der Mehlmischung geben und zu einem glatten Teig verrühren. Den Teig in die besprühte Auflaufform füllen.

2 Für die Fruchtmischung die angegeben Zutaten in eine Schüssel geben, gut durchmischen. Dann die Mischung in die Mitte des Teigs löffeln; rundum einen Rand von etwa 2,5 cm frei lassen.

3 Im vorgeheizten Ofen 30–40 Minuten unbedeckt backen, bis der Teig am Rand gebräunt und aufgegangen ist und die Fruchtmitte Blasen wirft. Die Aprikosenmarmelade im Wasserbad erhitzen. Den fertigen Clafoutis aus dem Ofen nehmen und rasch mit einem Backpinsel den Rand mit Aprikosenmarmelade bepinseln. Die Form auf einem Drahtrost etwas auskühlen lassen. Nehmen Sie statt der Pfirsiche Nektarinen oder eine Mischung aus entsteinten Süßkirschen und Aprikosen. Auch geschälte mürbe Backäpfel in groben Stücken und (in Rum eingelegte) Rosinen eignen sich gut.

**Pro Portion**

| | |
|---|---|
| Fett gesamt (g) | 1 |
| Gesättigte Fettsäuren (g) | 0 |
| Ungesätt. Fettsäuren (g) | 1 |
| Cholesterin (mg) | 2 |
| Natrium (mg) | 121 |
| Kalorien | 240 |

**Ofentemperatur**
190 °C

**Garzeit**
30–40 Minuten

**Auflaufform**
Eine ovale Form von etwa 30 cm Länge, mit Öl-Wasser-Spray besprüht.

**Ergibt**
6 Portionen

## Reispudding mit Sultaninen in Orangenlikör

*Dieser köstliche Reispudding enthält quasi kein Fett und schmeckt doch, als wäre er ein Dickmacher erster Güte! Da er langsam im Ofen gart, karamellisieren der Zucker und der Milchzucker – was natürlich zum herrlichen Geschmack des Puddings beiträgt.*

### Zutaten

*6 EL Sultaninen (oder Rosinen)*

*90 ml Orangenlikör*

*30 g feiner Zucker*

*1,2 l Magermilch (Zimmertemperatur)*

*1 TL Vanilleextrakt*

*6 gehäufte EL Magermilchpulver*

*125 g Rundkornreis*

1 Sultaninen in einer Schüssel im Orangenlikör mindestens 1 Stunde marinieren lassen. Zucker, Milch, Vanille und Milchpulver gründlich verrühren, den Reis und die Sultaninen samt Likör zugeben.

2 Die Mischung in eine viereckige oder ovale Auflaufform geben und diese auf die Saftpfanne des Backofens stellen. Heißes Wasser rund um die Form angießen, so dass diese zu zwei Dritteln ihrer Höhe im Wasser steht.

3 Den Reispudding im vorgeheizten Ofen unbedeckt etwa 2¼ Stunden garen lassen, nach je etwa 30 Minuten umrühren, bis der Reis weich und von cremiger Sauce überzogen ist. Den Reispudding anschließend warm oder kalt servieren. Nach Geschmack mit etwas Zimt oder Muskat überstäuben.

**Pro Portion**

| | |
|---|---|
| Fett gesamt (g) | 2 |
| Gesättigte Fettsäuren (g) | 1 |
| Ungesätt. Fettsäuren (g) | 1 |
| Cholesterin (mg) | 8 |
| Natrium (mg) | 264 |
| Kalorien | 432 |

**Ofentemperatur**
150 °C

**Garzeit**
Etwa 2¼ Stunden

**Ergibt**
4 Portionen

## Mit Amaretti überbackene Heidelbeeren

*In England ist das Dessert als »Crumble« ein englischer Klassiker, zu dem man Streusel (Crumbles) verwendet, die denen des deutschen Streuselkuchens ähneln und recht viel Butter enthalten. Ich habe für meinen Crumble fettarme Streusel kreiert und serviere ihn gern warm mit einer winzigen Cremehaube (s. S. 137), die mit passender Marmelade aromatisiert ist.*

**Zutaten**

*500 g Heidelbeeren*
*3–4 EL feiner Zucker*
*1 EL Stärkemehl*
*½ TL Vanilleextrakt*
*½ EL Zitronensaft*
*Saft von ½ Orange*
*je 1 Prise Muskat und Zimt*
*1 Handvoll Amaretti*
*90 g Nut Flakes (Zerealien)*
*1 ganzes Ei*
*2 Eiweiße*

1 In einer Schüssel Heidelbeeren, Zucker, Stärkemehl, Vanille, Zitrussäfte, Zimt und Muskat mischen. Abschmecken, mehr Zucker zugeben, falls nötig . Die Mischung in eine flache Auflaufform füllen und unbedeckt im vorgeheizten Ofen 15 Minuten lang garen, bis der Saft dicklich geworden ist und blubbernd kocht. Die Form aus dem Ofen nehmen und die Hitze erhöhen.

2 Während die Heidelbeeren garen, die Amaretti und die Zerealien in einen Plastikbeutel geben und mit dem Nudelholz darüber rollen, bis sie zerkrümelt sind. In eine Schüssel füllen, Ei und Eiweiß zugeben und gut mischen. Die Masse gleichmäßig über die Heidelbeeren verteilen, rundum 1 cm Rand lassen.

3 Die Form wieder in den Ofen stellen und weitere 7–10 Minuten lang backen, bis sich eine feste Kruste gebildet hat. Den Crumble warm oder kalt servieren.

| Pro Portion | |
|---|---|
| Fett gesamt (g) | 2 |
| Gesätt. Fettsäuren (g) | <1 |
| Unges. Fettsäuren (g) | 1 |
| Cholesterin (mg) | 32 |
| Natrium (mg) | 143 |
| Kalorien | 177 |

**Ofentemperatur**
190 °C,
dann 200 °C

**Garzeit**
22–25 Minuten

**Ergibt**
6 Portionen

## Mit Amaretti überbackene Pfirsiche

*Meine Lieblingsfrüchte für diese mit Streuseln überbackenen Desserts sind Heidelbeeren und Pfirsiche, aber man kann natürlich auch Äpfel, Birnen, Kirschen, Aprikosen oder Nektarinen verwenden. Die kleinen Amaretti enthalten so gut wie kein Fett, denn ihr Mandelgeschmack stammt vom weichen Innenkern der Aprikosensteine und nicht von fettreichen Mandeln. Achten Sie also darauf, dass Sie entsprechende Amaretti kaufen. Die mit Amaretti überbackenen Pfirsiche sind auf Seite 133 abgebildet.*

**Zutaten**

*Saft von ½ Orange*
*1 EL Pfirsichkonfitüre*
*1 EL Crème de Pêche oder Orangenlikör*
*1 EL Mandellikör (Amaretto)*
*1 TL Vanilleextrakt*
*1 EL Stärkemehl*
*5–6 Pfirsiche (750 g), gehäutet (s. S. 128), in Scheiben*
*1 Handvoll Amaretti*
*90 g Nut Flakes (Zerealien)*
*1 ganzes Ei*
*2 Eiweiße*

1 Orangensaft, Pfirsichkonfitüre, die Liköre, Vanilleextrakt und Stärkemehl in einer flachen Auflaufform mischen. Darauf achten, dass das Stärkemehl nicht klumpt. Die Pfirsiche zugeben, mit zwei Löffeln vorsichtig mischen. Im vorgeheizten Ofen unbedeckt 15 Minuten backen, bis die Sauce blubbernd kocht.

2 Amaretti und Zerealien in einen Plastikbeutel geben und mit dem Nudelholz darüber rollen, bis sie zerkrümelt sind. In eine Schüssel füllen, Ei und Eiweiß zugeben und gut mischen. Die Masse über die Pfirsiche verteilen, rundum 1 cm Rand lassen.

3 Die Ofentemperatur erhöhen und den Crumble weitere 7–10 Minuten backen, bis die Oberfläche fest und gebräunt ist. Den Crumble warm servieren. Eine mit Fruchtaroma – am besten Aprikosenmarmelade – parfümierte Cremehaube (s. S. 137) passt hervorragend dazu.

| Pro Portion | |
|---|---|
| Fett gesamt (g) | 2 |
| Gesätt. Fettsäuren (g) | <1 |
| Unges. Fettsäuren (g) | 1 |
| Cholesterin (mg) | 32 |
| Natrium (mg) | 142 |
| Kalorien | 174 |

**Ofentemperatur**
190 °C,
dann 200 °C

**Garzeit**
22–25 Minuten

**Ergibt**
6 Portionen

# HIMBEEREN MIT MANDELCREME UND BISKUIT

*Auch bei diesem Nachtisch handelt es sich um einen englischen Klassiker, der in verhüllender Absicht »Trifle« (Kleinigkeit) genannt wird, aber ähnlich wie das Tiramisu eine aufwändige Schichtspeise darstellt. Das Original ist eine fett- und kalorienreiche Bombe aus alkoholgetränkten Kuchenstücken, Früchten und Eiercreme, mit Marmelade und Schlagsahne garniert. Meine Version ist leicht, locker und fettarm.*

## ZUTATEN

**Für den Biskuit**

*100 g Löffelbiskuits oder Biskuitkuchen (s. S. 143)*

**Für das Himbeergelee**

*500 g gefrorene Himbeeren, aufgetaut, Saft aufgefangen*

*2 Päckchen gemahlene Gelatine (weiß oder rot)*

*250 ml Orangensaft*

*100 g Zucker*

*250 ml Sherry (medium)*

**Für die Mandelcreme**

*500 ml Magermilch*

*45 g Magermilchpulver*

*¼ TL Bittermandelaroma*

*1 Päckchen Gelatinepulver (1 EL, weiß)*

*125 ml Wasser*

*1 Prise Salz*

*125 g Zucker*

*500 g sehr magerer Frischkäse*

**Für die Cremehaube**

*1 Vanillestange, längs aufgeschlitzt*

*500 g sehr magerer Frischkäse*

*2 EL dünnflüssiger Honig*

1 Den Boden einer großen Auflaufform mit Löffelbiskuits oder dünnen Scheiben Biskuitkuchen auslegen.

2 Für das Gelee den Saft der aufgetauten Früchte in einen Messbecher geben, mit Wasser auf 350 ml ergänzen, falls nötig. In einen Topf füllen, erhitzen, über die Gelatine geben und zum Quellen beiseite stellen.

3 Den Orangensaft zum Kochen bringen, den Zucker darin auflösen, heiß zur Gelatinemischung geben und rühren, bis die Gelatine gelöst ist, nicht kochen. Den Sherry einrühren, die Himbeeren zugeben, lauwarm abkühlen lassen.

4 Die Mischung über die Biskuits verteilen, im Kühlschrank fest werden lassen.

5 Für die Mandelcreme die Gelatine mit kaltem Wasser übergießen und quellen lassen. Milch und Milchpulver verrühren, eine beschichtete Pfanne kalt ausspülen, aber nicht abtrocknen. Die Milch und das Mandelaroma hineingeben und knapp bis zum Kochen erhitzen.

6 Wenn die Milch gerade anfängt aufzuwallen, Salz und Zucker zugeben, rühren, bis sie aufgelöst sind, vom Herd nehmen, die Gelatine einrühren und sich auflösen lassen. Zum Abkühlen beiseite stellen.

7 Den Frischkäse aufschlagen, die abgekühlte Milch einarbeiten, die Mischung durch ein Sieb in eine Schüssel geben. Wenn das Gelee fest ist, die Creme darauf geben, im Kühlschrank mit Klarsichtfolie abgedeckt fest werden lassen.

## ANRICHTEN MIT DER CREMEHAUBE

1 Aus der längs aufgeschlitzten Vanilleschote das schwarze Mark herausschaben und zum Frischkäse geben.

2 Den Honig (eventuell im Wasserbad erwärmen, damit er flüssiger wird) unter den Frischkäse schlagen und dabei auch das Vanillemark gleichmäßig einarbeiten.

3 Die Cremehaube effektvoll auf dem Trifle verteilen und das Ganze direkt vor dem Servieren mit Himbeeren oder Mandarinen aus der Dose garnieren.

**Pro Portion**

| | |
|---|---|
| Fett gesamt (g) | 1 |
| Gesätt. Fettsäuren (g) | <1 |
| Ungesätt. Fettsäuren (g) | <1 |
| Cholesterin (mg) | 3 |
| Natrium (mg) | 163 |
| Kalorien | 353 |

**Ergibt**
8 Portionen

# BAISERTURM MIT FRÜCHTEN

*Die Cremefüllungen und die Fruchthaube kann man je nach Geschmack anhand der Rezepte in diesem Buch oder nach eigenen Ideen variieren. Die Baiserböden kann man als drei große Platten (zwei passen auf ein normales Blech) backen und dann eine Torte herstellen.*

## ZUTATEN

**Für die Baiserböden**

*5 Eiweiße*

*¼ TL Weinstein (s. S. 118)*

*1 Prise Salz*

*200 g sehr feiner Zucker*

*1 TL Vanilleextrakt*

**Für die Füllung**

*1 Rezeptmenge Schokoladen-Ricotta-Mousse (s. S. 122)*

*½ Rezeptmenge Kirsch-Ricotta-Cremehaube (s. S. 137)*

*125 g Kirschen in Orangenlikör, abgetropft (s. S. 128)*

1 Für die Baiserböden das Eiweiß mit Weinstein und Salz halb fest schlagen, dann jeweils esslöffelweise den Zucker zugeben und weiterschlagen, bis das Eiweiß sehr fest ist und steife Spitzen hält. Den Vanilleextrakt unterheben.

2 Drei Backbleche mit Backpapier auslegen, auf jedem einen Kreis von 20 cm Durchmesser markieren. Die Baisermasse in einen Spritzsack füllen und alle drei Kreise spiralförmig ausspritzen. Im vorgewärmten Ofen 3 Stunden eher trocknen als backen. Im abgeschalteten Ofen auskühlen lassen (mindestens 3 Stunden).

3 Die ausgekühlten Böden mit Creme und Früchten belegen, in Schichten übereinander setzen und mit den Früchten dekorieren. Nicht sofort verwendete Böden luftdicht aufbewahren, sie werden sonst weich und klebrig.

**Pro Portion**

| | |
|---|---|
| Fett gesamt (g) | 14 |
| Gesättigte Fettsäuren (g) | 9 |
| Ungesätt. Fettsäuren (g) | 5 |
| Cholesterin (mg) | 60 |
| Natrium (mg) | 366 |
| Kalorien | 508 |

**Ofentemperatur**
110 °C

**Garzeit**
3 Stunden

**Ergibt**
6 Portionen

# MANGO-BLÄTTERTEIG MIT TROPENFRUCHTSALAT

*Dies ist ein Schichtdessert, bei dem dünne Platten Strudelteig die Blätter des »Millefeuille«, des Blätterteigs, bilden. Kommerzielles Öl-Spray (noch immer sehr niedrig im Fettgehalt) ist hier nötig, denn mein Öl-Wasser-Spray würde die Teigplatten pampig werden lassen. Die Mango-Creme-Füllung gehört zu meinen Favoriten.*

## ZUTATEN

**Für den Blätterteig**

*300 g tiefgefr. Strudelteig, aufgetaut*

*kommerzielles Öl-Spray*

**Für die Mangocreme**

*2 große Mangos (je 500 g), gewürfelt (siehe unten)*

*275 g Ricotta*

*125 g Magerquark*

*½–1 EL Orangenmarmelade*

*1 TL Vanilleextrakt*

**Für den Tropenfruchtsalat**

*2–3 Tropenfrüchte wie Papaya, Melone und Ananas, gewürfelt*

*2 Blutorangen, gewürfelt, Saft aufgefangen*

*1 Kiwi, geschält, in Scheiben*

*1 Spritzer Vanilleextrakt*

*1 Spritzer Crème de Pêche*

*1 Spritzer Orangenlikör*

1 Mit einem Glas von etwa 7 cm Durchmesser als Schablone schneiden Sie mit einem Messer 8 Kreise aus dem Stapel der aufgetauten Teigblätter. Jeder runde Stapel wird aus etwa 8 Teigblättern bestehen. Mit Klarsichtfolie abdecken.

2 Ein beschichtetes Backblech mit Öl-Spray einsprühen. Von den Teigstapeln nacheinander die Lagen abnehmen, beidseitig mit Öl-Spray besprühen und auf dem Blech wieder aufeinander setzen.

3 Im vorgeheizten Ofen 5–8 Minuten backen, bis der Teig gebräunt und leicht knusprig ist. Die Stapel während der Backzeit einmal wenden. Auf einem Drahtrost auskühlen lassen.

4 Für die Mangocreme die Hälfte der Mangowürfel mit Ricotta, Quark, Orangenmarmelade und Vanilleextrakt in die Küchenmaschine geben und zu einem glatten, cremigen Püree verarbeiten.

5 Für den Tropenfruchtsalat die restlichen Mangowürfel mit den anderen Früchten und Zutaten mischen und 1 Stunde durchziehen lassen. Zum Anrichten je einen Stapel Teigplatten auf einen Teller geben, Creme darauf füllen, wieder Teigplatten bearbeiten. Den Abschluss bildet ein Löffel Tropenfruchtsalat, den man mit einem Zweig Zitronenmelisse ansprechend verzieren kann.

**Pro Portion**

| | |
|---|---|
| Fett gesamt (g) | 10 |
| Gesättigte Fettsäuren (g) | 5 |
| Ungesätt. Fettsäuren (g) | 5 |
| Cholesterin (mg) | 35 |
| Natrium (mg) | 244 |
| Kalorien | 508 |

**Ofentemperatur**
200 °C

**Garzeit**
5–8 Minuten

**Ergibt**
4 Portionen

## EINE MANGO SCHÄLEN UND WÜRFELN

1 Die Mango der Länge nach am Stein entlang durchschneiden, ebenso auf der anderen Seite des Steins.

2 Das Stück, das den Stein enthält, abschälen. Das Fruchtfleisch – es haftet fest am Stein – sauber abschneiden und würfeln.

3 Die großen Mangostücke von den Seiten zunächst längs, dann quer bis zur Schale einschneiden.

4 Von unten gegen die Schale drücken und die vorgeschnittenen Würfel anheben; mit einem Messer abschneiden.

## JOGURTCREMEHAUBE

*Die drei hier vorgestellten Cremehauben sind cremig und locker und doch fettarm. Die Ingredienzien sind Quark, Frischkäse, Magerjogurt und Ricotta.*

**ZUTATEN**

*500 g Magerjogurt*

*1 EL flüssiger Honig (nach Geschmack)*

*2 TL Vanilleextrakt oder das Mark einer Vanilleschote*

1 Den Jogurt über Nacht auf einem mit Mull ausgekleideten Sieb abtropfen lassen. Es wird ca. die Hälfte der Menge übrig bleiben.

2 Honig und Vanille mit den Mixquirlen unter den Jogurt mischen.

**Pro Portion**

| | |
|---|---|
| Fett gesamt (g) | 1 |
| Gesätt. Fettsäuren (g) | 0,5 |
| Unges. Fettsäuren (g) | 0,5 |
| Cholesterin (mg) | 3 |
| Natrium (mg) | 183 |
| Kalorien | 124 |

**Ergibt**
2 Portionen

## JOGURT »SCHLAGSAHNE«

*Dies ist mein einziges Rezept, das rohes Eiweiß enthält. Um zu prüfen, ob Eier frisch sind, legen Sie sie in kaltes Wasser. Ein Ei, das sich praktisch nicht aufrichtet, ist frisch und kann hier verwendet werden.*

**ZUTATEN**

*250 g abgetropfter Jogurt (siehe vorstehendes Rezept)*

*¼ TL Vanilleextrakt*

*2 Eiweiße (Zimmertemperatur)*

*1 Prise Weinstein (s. S. 118)*

*2 EL feiner Zucker*

1 Jogurt und Vanilleextrakt zusammenrühren.

2 In einer vollkommen sauberen Schüssel das Eiweiß mit dem Weinstein halb fest schlagen, teelöffelweise den Zucker zugeben und weiterschlagen, bis das Eiweiß feste Spitzen hält.

3 Das steif geschlagene Eiweiß portionsweise unter den Jogurt mischen. Sofort auftragen und verbrauchen.

**Pro Portion**

| | |
|---|---|
| Fett gesamt (g) | unb. |
| Gesätt. Fettsäuren (g) | unb. |
| Unges. Fettsäuren (g) | unb. |
| Cholesterin (mg) | 1 |
| Natrium (mg) | 59 |
| Kalorien | 49 |

**Ergibt**
5 Portionen

## RICOTTACREMEHAUBE

*Für diese Cremehaube kann man Ricotta pur verwenden oder eine Mischung aus Ricotta und Magerquark oder Ricotta und Frischkäse nehmen. Zum Süßen und zugleich zum geschmacklichen Aromatisieren der Creme nimmt man beste Marmelade oder Konfitüre, die der Creme zugleich eine feine Pastellfärbung verleiht.*

**ZUTATEN**

*560 g Ricotta, oder halb Ricotta, halb Magerquark oder Frischkäse*

*etwa 2 EL Marmelade, Konfitüre oder Gelee*

*1 TL Vanilleextrakt*

Alle Zutaten in die Küchenmaschine geben und mit den Mixquirlen auf niedriger Geschwindigkeitsstufe gut durchmischen. Marmelade oder Gelee verleiht der Creme ein feineres Aroma als schlichter Zucker.

### VARIATIONEN

Für eine exquisite Schokoladencreme dem Ricotta je 1 Esslöffel gesiebten Kakao und Zucker zugeben.

Je nach Art der Marmelade kann die Farbe ganz unterschiedlich ausfallen. Kirsch- oder Weichselmarmelade verleiht der Creme einen rosigen Hauch; Heidel- oder Holunderbeermarmelade färbt sie zartlila; Aprikosen- oder Orangenmarmelade verleiht ihr einen gelblichen Touch.

**Pro Portion**

| | |
|---|---|
| Fett gesamt (g) | 7 |
| Gesättigte Fettsäuren (g) | 4 |
| Ungesätt. Fettsäuren (g) | 3 |
| Cholesterin (mg) | 32 |
| Natrium (mg) | 91 |
| Kalorien | 144 |

(auf der Basis ½ Ricotta, ½ Magerquark)

**Ergibt**
4 Portionen

# EISCREME UND SORBETS

AUS STÜCKEN FRISCHER, GEFRORENER FRÜCHTE stellt man Sorbets her. Fügt man Buttermilch, Jogurt oder Frischkäse hinzu, kann man Eiscreme daraus machen. Ich stelle hier eine große Auswahl an Fruchtsorbets vor. Den ultimativen Genuss allerdings stellt meine Schokoladeneiscreme dar, die ich auf der Basis einer zunächst gekochten Kakaosauce herstelle. Auch aus Früchten und Fruchtkombinationen kann man fettarmes Eis zubereiten. Hinzu kommen Möglichkeiten, Frozen Yogurt geschmacklich so aufzupeppen, dass er eine delikate Alternative zur schweren Sahneeiscreme darstellt.

## FRÜCHTE FÜR SORBETS

**Sorbets** aus süßen Früchten brauchen nur etwas Zitrone oder Limone zur Abrundung des Geschmacks. Säuerliche Früchte müssen gesüßt werden, doch sind dazu Marmeladen, Konfitüren und Gelees besser geeignet als reiner Zucker. Beeren und in Würfel geschnittene andere Früchte werden auf einem Blech liegend eingefroren (oder in Gefrierbeutel abgefüllt).

PAPAYA BANANE PFIRSICH ERDBEERE

## HIMBEER-HEIDELBEER-SORBET

*Dieses Sorbet kann man in zahllosen Varianten herstellen, je nachdem, wie man die Früchte kombiniert. Ein voller, runder Geschmack ergibt sich, wenn man Honig, Marmelade, Konfitüre oder Gelee zum Süßen verwendet – sie verleihen dem Sorbet erheblich mehr als nur Süße.*

### ZUTATEN

*je 125 g gefrorene Heidelbeeren und gefrorene Himbeeren*

*2–3 EL Orangensaft*

*etwa 1 EL Heidelbeermarmelade*

*ein paar Tropfen Zitronensaft*

1 Die gefrorenen Früchte zusammen mit 1 Esslöffel Orangensaft und der Marmelade in die Küchenmaschine mit Schneidmessern geben. Durcharbeiten, bis eine glatte, cremige Masse entstanden ist. Sollten noch Eiskristalle vorhanden sein, die Maschine länger laufen lassen.

2 Nach Bedarf mehr Orangen- oder Zitronensaft und Marmelade zugeben. Den Schneidevorgang eventuell unterbrechen, um das, was sich am Rand der Rührschüssel angesetzt hat, abzuschaben und mit einzuarbeiten. Das Sorbet sofort servieren.

### VARIATIONEN

Man kann statt Heidel- und Himbeeren gewürfelt eingefrorene Nektarinen und Pfirsiche, Birnen oder Erdbeeren und Bananen nehmen. Verwenden Sie statt des Orangensafts fettarmen Frischkäse oder Buttermilch.

**Pro Portion**

| | |
|---|---|
| Fett gesamt (g) | unb. |
| Gesätt. Fettsäuren (g) | 0 |
| Unges. Fettsäuren (g) | unb. |
| Cholesterin (mg) | 0 |
| Natrium (mg) | 5 |
| Kalorien | 34 |

**Ergibt**
2 Portionen

**Sorbets aus Früchten oder Schokolade** *setzen einen erfrischenden Schlusspunkt.*

## MANGOSORBET

### ZUTATEN

*250 g gefrorene Mangowürfel (s. S. 138)*

*ein paar Tropfen Zitronensaft, falls nötig*

1 Gefrorene Mango wird durch die Messer der Küchenmaschine zu einem luftigen, cremigen Sorbet aufgeschlagen, ohne dass man Flüssigkeit zugeben müsste. Die gefrorenen Mangowürfel in die Maschine geben und durchmixen. Eventuell die Maschine anhalten, um das, was sich am Rand der Rührschüssel angesetzt hat, wieder in die Nähe der Messer zu schaben.

2 Abschmecken, ggf. mit Zitronensaft abrunden. In Kelchgläser füllen und sofort servieren.

VARIATION

**Ananas-Papaya-Sorbet:** Je 125 g gefrorene Ananas- und Papayawürfel zu Sorbet verarbeiten.

**Pro Portion**

| | |
|---|---|
| Fett gesamt (g) | unb. |
| Gesätt. Fettsäuren (g) | unb. |
| Unges. Fettsäuren (g) | unb. |
| Cholesterin (mg) | 0 |
| Natrium (mg) | 2 |
| Kalorien | 48 |

**Ergibt**
3 Portionen

## SCHOKOLADENSORBET

*Für Schokofans kann es nie schokoladig genug sein! Für dieses Sorbet wird, ebenso wie für das Schokoladeneis (unten), entöltes Kakaopulver verwendet. Dies unterstreicht den Schokoladengeschmack. Angst vor Fettkalorien muss man trotzdem nicht haben.*

### ZUTATEN

*250 g feiner Zucker*

*575 ml Wasser*

*60 g entöltes Kakaopulver (s. S. 43)*

*½ TL Vanilleextrakt*

1 Zucker und Wasser in einem Topf erwärmen, bis sich der Zucker aufgelöst hat. Zum Kochen bringen und 1 Minute kochen lassen. Vom Feuer nehmen, etwas auskühlen lassen.

2 Den Kakao in einer Schüssel mit etwas von dem Zuckersirup zu einer glatten Paste verrühren. Langsam den restlichen Sirup einrühren, bis der ganze Kakao glatt verteilt ist. Die Vanille einrühren und das Ganze durch ein feines Sieb geben. Zum Abkühlen beiseite stellen. Die erkaltete Mischung in eine Eismaschine geben oder in eine Schale füllen und in der Tiefkühltruhe halb fest gefrieren lassen. Dann in der Küchenmaschine cremig aufschlagen und erneut einfrieren.

**Pro Portion**

| | |
|---|---|
| Fett gesamt (g) | 1 |
| Gesätt. Fettsäuren (g) | 1 |
| Unges. Fettsäuren (g) | unb. |
| Cholesterin (mg) | 0 |
| Natrium (mg) | 95 |
| Kalorien | 185 |

**Ergibt**
6 Portionen

## SCHOKOLADENEISCREME

*Hierbei handelt es sich um ein Schokoladenerlebnis der besonderen Art. Von intensivem Schokoladengeschmack zu sprechen reicht zur Beschreibung nicht aus. Wie das oben vorgestellte Sorbet gelingt auch dieses Eis in einer Eismaschine am besten, doch kann man es auch im Tiefkühlschrank fertig stellen.*

### ZUTATEN

*275 g Ricotta*

*250 ml Magermilch*

**Für die heiße Schokoladensauce**

*45 g entöltes Kakaopulver (s. S. 43)*

*100 g Zucker*

*8 EL Magermilchpulver*

*125 ml kaltes Wasser*

*1 TL Vanilleextrakt*

*15 g Edelbitter-Schokolade, gerieben*

1 Für die Grundsauce Kakao, Zucker und Milchpulver mischen. Wasser, Vanille und geriebene Schokolade zufügen, zu einer glatten Paste verrühren und über kleiner Flamme unter ständigem Rühren einmal aufwallen lassen.

2 Ricotta und Milch in der Küchenmaschine glatt rühren, die Kakaocreme unterrühren, die Masse in eine Eismaschine geben und das Eis fertig stellen.

**Pro Portion**

| | |
|---|---|
| Fett gesamt (g) | 5 |
| Gesättigte Fettsäuren (g) | 3 |
| Ungesätt. Fettsäuren (g) | 2 |
| Cholesterin (mg) | 20 |
| Natrium (mg) | 187 |
| Kalorien | 183 |

**Ergibt**
8 Portionen

# GEFRORENER ERDBEERJOGURT

*Stellen Sie diese Frozen-Yogurt-Spezialität mit meiner Jogurtcreme von Seite 137 her, süßen Sie diese Creme mit Honig. Als Ergebnis entsteht dieser herrlich fruchtige Sommernachtisch.*

**ZUTATEN**

*250–275 g gefrorene Erdbeeren, ganz oder in Stücken*

*etwa 3 EL Jogurtcremehaube (s. S. 137)*

*1 TL Vanilleextrakt*

*ein paar Tropfen Zitronen- und Orangensaft*

*ein wenig Honig (nach Geschmack)*

1 Die gefrorenen Erdbeeren in der Küchenmaschine stückig hacken.

2 1 Esslöffel der Jogurtcreme und die Vanille zugeben. Wieder durchmixen, bis eine klumpige Konsistenz erreicht ist.

3 Während die Maschine läuft, noch 1–2 Esslöffel Jogurtcreme zugeben, außerdem Orangen- und Zitronensaft, je nach Reife und Süße der Erdbeeren. Eventuell auch etwas flüssigen Honig zugeben.

4 Wenn die Mixtur die Konsistenz von gerade antauendem Cremeeis hat, ist sie fertig. Sofort in Gläser füllen und servieren.

VARIATION

Verwenden Sie andere gefrorene Früchte nach Wahl, etwa Heidelbeeren, Bananen, Ananas, Pfirsich oder Papaya.

**Pro Portion**

| | |
|---|---|
| Fett gesamt (g) | unb. |
| Gesätt. Fettsäuren (g) | unb. |
| Unges. Fettsäuren (g) | unb. |
| Cholesterin (mg) | unb. |
| Natrium (mg) | 16 |
| Kalorien | 32 |

**Ergibt**
3 Portionen

# BANANEN-ERDBEER-EISGETRÄNK

*Milchgetränke sind nährstoffreich, erfrischend und zugleich sättigend und enthalten doch praktisch kein Fett. Genau genommen sind es keine »Getränke«, denn man kann sie nicht durch den Halm saugen und auch nicht recht trinken; eigentlich muss man sie löffeln, denn sie sind eine Art Mittelding zwischen dem guten alten Milchshake und geschlagener Sahne.*

**ZUTATEN**

*300 ml gefrorene Magermilch*

*½ TL Vanilleextrakt*

*1 EL Magermilchpulver*

*1–2 EL flüssiger Honig*

*gefrorene Scheiben einer Banane (s. S. 138)*

*4 große gefrorene Erdbeeren, geviertelt*

1 Die Milch antauen lassen, bis sie nur noch halb gefroren ist (geht sehr schnell in der Mikrowelle).

2 Die angetaute Milch mit Vanille und Milchpulver in die Küchenmaschine geben. Durchmixen, bis die Masse andickt und ihr Volumen fast verdoppelt hat. Den Honig einlaufen lassen.

3 Mit einer Schere die gefrorenen Bananenscheiben halbieren; die Erdbeeren klein würfeln.

4 Während die Maschine läuft, die Fruchtstücke langsam zugeben, bis alles gut püriert ist. Die cremige Mischung in Kelchgläser füllen und mit dem Löffel konsumieren.

VARIATIONEN

**Mango-Eisgetränk:** Statt Banane und Erdbeere gefrorene Mangowürfel (s. S. 138) verwenden.

**Schokoladen-Eisgetränk:** Wem der Sinn nicht nach Obst steht, der gibt 1–1½ Esslöffel entöltes Kakaopulver zur aufgeschlagenen Eismilch. Eventuell ist etwas mehr Honig nötig.

**Mokka-Eisgetränk:** Die Früchte weglassen, stattdessen eine große Prise entöltes Kakaopulver sowie ½ Teelöffel (oder nach Geschmack mehr) Espresso oder Instantkaffeepulver zugeben. Mit Zucker oder Honig süßen.

**Pro Portion**

| | |
|---|---|
| Fett gesamt (g) | <1 |
| Gesätt. Fettsäuren (g) | <1 |
| Unges. Fettsäuren (g) | unb. |
| Cholesterin (mg) | 4 |
| Natrium (mg) | 127 |
| Kalorien | 138 |

**Ergibt**
2 Portionen

# BACKEN

DAS BACKEN IST EINE IM BESTEN SINNE altmodische Küchenaktivität. Wärme und zarte Düfte durchziehen das Haus, wenn Kuchen oder Plätzchen backen. Heute kann man sogar an Torten erinnernde Kuchen backen, ohne auch nur ein einziges Eigelb dafür zu verwenden – von Fett ganz zu schweigen. Mein Biskuitkuchen wird nur mit Eiweiß hergestellt, aber auch mein Karotten-Preiselbeer-Kuchen und mein Bananen-Schokoladen-Kuchen schmecken sehr gut. Beide Kastenkuchen bieten süßen Genuss ohne Fett.

**CASSATA:** *Die leichte und dennoch üppig aussehende Variante einer sizilianischen Spezialität.*

## BISKUITKUCHEN

*Selbst die so genannten fettlosen Biskuitkuchen sind nicht wirklich fettfrei, denn sie enthalten Eigelb. Mein Biskuitkranz ist ganz und gar fettfrei, denn er wird nur mit Eiweiß gemacht. Allerdings braucht man dafür eine Spezialform, eine mit Deckel verschließbare, glatte Kranzform von 25 cm Durchmesser. Beerencoulis oder Fruchtkompott sind eine hervorragende Ergänzung des Kuchens. Für eine Schokoladenversion sollten Sie 30 g des Mehls durch 6 Esslöffel entöltes Kakaopulver ersetzen.*

### ZUTATEN

*125 g Mehl*

*275 g feiner Zucker*

*10 Eiweiße (Zimmertemperatur)*

*½ TL Weinstein (s. S. 118)*

*1½ TL Vanilleextrakt*

1 Das Mehl und 100 g Zucker zusammensieben und beiseite stellen. Das Eiweiß leicht schaumig schlagen, den Weinstein zugeben und weiterschlagen, bis das Eiweiß in weichen Spitzen steht. Nun esslöffelweise den restlichen Zucker zugeben, dabei ununterbrochen schlagen, bis das Eiweiß sehr steif und glänzend ist. Die Vanille zugeben.

2 Die Mehlmischung über das Eiweiß sieben und vorsichtig, aber gründlich unterheben. Die Mischung in die nicht gefettete Spezialform löffeln, im vorgeheizten Ofen 30–35 Minuten lang backen. Zur Garprobe eine Kuchennadel in die Mitte des Teigs stecken. Wenn beim Herausziehen kein Teig mehr daran haftet, ist der Kuchen gar.

3 Den Kuchen in der Form auf den Kopf stellen und auf einer Flasche oder einem umgedrehten Trichter mindestens 1 Stunde lang auskühlen lassen. Den Kuchen vorsichtig aus der Form lösen und auf eine Platte stürzen. Reichen Sie ihn zu einer Coulis oder zu Kompott.

**Pro Scheibe**

| | |
|---|---|
| Fett gesamt (g) | unb. |
| Gesätt. Fettsäuren (g) | 0 |
| Unges. Fettsäuren (g) | unb. |
| Cholesterin (mg) | 0 |
| Natrium (mg) | 48 |
| Kalorien | 135 |

**Ofentemperatur**
190 °C

**Garzeit**
30–35 Minuten

**Ergibt**
12 Scheiben

## CASSATA

*Die drei Kuchenlagen der Cassata sind aus dem Teig für den oben vorgestellten Biskuitkuchen gemacht, doch backt man ihn auf einem flachen Blech, ohne eine Spezialform zu benötigen. Wie die Abbildung auf Seite 142 zeigt, ist die Cassata eine sehr verlockende Angelegenheit, die traditionell mit kandierten Früchten hergestellt wird. Ich verwende stattdessen Zitronat und Orangeat.*

### ZUTATEN

**Für den Kuchen**

*½ Rezeptmenge Biskuitkuchenteig (siehe oben)*

**Für Füllung und Überzug**

*150 ml Orangen- oder Mandellikör*

*1 Rezeptmenge Ricottacreme (s. S. 137), mit Orange*

*90 g Zitronat und Orangeat*

*½ Rezeptmenge Mokkaüberzug (s. Dunkl. Schokoladenüberzug, S. 121)*

1 Ein 33 × 23 cm großes flaches Backblech mit Backpapier auskleiden. Den Teig wie oben beschrieben zubereiten und auf dem Blech gleichmäßig verteilen. Im vorgeheizten Ofen 15–18 Minuten lang backen. Im Blech auskühlen lassen.

### FERTIGSTELLUNG

1 Eine 1-kg-Kastenform mit Backpapier oder Pergament so auskleiden, dass das Papier über den Rand der Form hinaus übersteht. Den ausgekühlten Biskuit quer dritteln, die Oberfläche mit Likör bepinseln.

2 Eine Scheibe Biskuit (Likörseite nach oben) in die Kastenform legen. Die Hälfte der Ricottacreme darüber geben und mit der Hälfte von Zitronat und Orangeat bestreuen. Wieder eine Biskuitplatte, Creme und kandierte Zitrusschalen einschichten.

3 Die letzte Biskuitplatte (Likörseite nach unten) auflegen. Das überstehende Papier über den Kuchen falten, im Kühlschrank mindestens 1 Stunde lang oder über Nacht durchkühlen lassen.

4 Den Kuchen aus der Form nehmen und anschließend mit Mokkaüberzug bestreichen. Mit aufgespritzten Rosetten und kandierten Zitrusschalen dekorieren.

**Pro Stück**

| | |
|---|---|
| Fett gesamt (g) | 4 |
| Gesättigte Fettsäuren (g) | 2 |
| Ungesätt. Fettsäuren (g) | 2 |
| Cholesterin (mg) | 15 |
| Natrium (mg) | 171 |
| Kalorien | 278 |

**Ofentemperatur**
180 °C

**Garzeit**
15–18 Minuten

**Ergibt**
10 Stück

# GRUNDTEIG FÜR HEFEBROT

*Das Hefebrot lässt sich sehr leicht herstellen. Das fertige Brot hat einen herrlich knusprigen Boden. Der Teig eignet sich auch hervorragend zur Zubereitung von Pizza (s. S. 145).*

PIZZA MIT PILZEN UND PESTO

PIZZA MIT WÜRSTCHEN UND SPINAT

## ZUTATEN

*500–625 g Weißmehl für Brot*

*1 Tütchen Trockenhefe (7 g)*

*1½ TL Salz*

*etwa 400 ml warmes Wasser*

*Magermilch oder 1 leicht verschlagenes Eiweiß zum Bestreichen*

1 500 g Mehl, Hefe und Salz in einer großen Schüssel mischen. Unter Rühren mit einem Holzlöffel das warme Wasser zugeben. Wenn der Teig zu fest wird, anfangen zu kneten. Dabei nach und nach das restliche Mehl einarbeiten. Es hängt von der Art des Mehls ab, wie viel der Teig noch aufnimmt. Er sollte so eben nicht mehr kleben.

2 Etwas Mehl auf die Arbeitsfläche stäuben und den Teig darauf gründlich und rhythmisch durchkneten. Eventuell mehr Mehl auf die Arbeitsfläche streuen, falls der Teig hängen bleiben sollte. Kneten, bis ein weicher, nicht klebender Teigkloß entstanden ist.

3 Den Teig zur Kugel formen und an einem warmen Platz gehen lassen. Die Schüssel heiß auswaschen; wenn Sie einen Elektroherd verwenden, einen Kessel Wasser aufsetzen.

4 Den Teig kurz durchkneten. Die Schüssel mit Mehl bestäuben, den Teig hineinlegen. Mehl darüber stäuben. Die Schüssel mit Klarsichtfolie abdecken und in den ausgeschalteten Backofen stellen. Die Ofentür einen Spalt breit offen lassen. Wenn Sie einen Elektroherd benutzen, stellen Sie die Saftpfanne auf den Boden des Herds, gießen kochendes Wasser hinein und lassen den Teig bei geschlossener Ofentür auf dem darüber eingehängten Rost in der Schüssel etwa 1 Stunde gehen.

5 Sanft mit den Fingern Dellen in den Teig drücken, 5–10 Minuten warten. Wenn die Dellen bleiben, kann der nächste Schritt erfolgen.

6 Den Teig mit den Knöcheln zusammendrücken, kurz durchkneten und ruhen lassen. Den Ofen vorheizen.

7 Ein beschichtetes Backblech mit Maismehl oder Polenta bestreuen: Das Brot bekommt dann einen knusprigen Boden. Den Teig halbieren, jedes Stück gut durchkneten und in eine längliche Baguetteform rollen. Die beiden Laibe nicht zu dicht nebeneinander auf das Blech legen; je dreimal schräg einschneiden. Mit einem Geschirrtuch abdecken und an einem warmen Ort 20–30 Minuten lang gehen lassen, bis sich das Volumen verdoppelt hat.

8 Das Tuch wegnehmen. Falls gewünscht, die Oberfläche mit Milch oder Eiweiß bepinseln (kein Eiweiß auf das Blech tropfen lassen!). Wünscht man eine krosse Kruste, dann nicht bepinseln, sondern das Brot während der ersten 10 Minuten Backzeit zwei- oder dreimal mit Wasser besprühen.

9 In die Saftpfanne am Herdboden kochendes Wasser nachfüllen, die Laibe 40–50 Minuten lang backen. Wenn sie fast fertig sind, vom Blech nehmen und auf den Rost legen. Wenn sie oben zu braun zu werden drohen, umdrehen. Das Brot ist fertig, wenn es braun ist und hohl klingt, wenn man auf seinen Boden klopft. Das Brot auskühlen lassen.

**Pro Laib**

| | |
|---|---|
| Fett gesamt (g) | 4 |
| Gesättigte Fettsäuren (g) | 1 |
| Ungesätt. Fettsäuren (g) | 3 |
| Cholesterin (mg) | 0 |
| Natrium (mg) | 981 |
| Kalorien | 960 |

**Ofentemperatur**
200 °C

**Garzeit**
40–50 Minuten

**Ergibt**
2 Laibe zu je 350 g

# PIZZA MIT TOMATEN UND MOZZARELLA

*Tomatensauce und Mozzarella sind eine klassische Pizzaauflage. Kommt noch Basilikum hinzu, ist die »Pizza margherita« in den italienischen Farben fertig. Natürlich gibt es auch Pizzas ohne Käse, dafür aber mit Parmaschinken oder mit Gemüsen und Knoblauch. Eine ebenfalls beliebte Variante sind abgedeckte Pizzataschen, die in Italien »Calzone« (Hose) genannt werden.*

PIZZA MIT TOMATEN UND ROTEN ZWIEBELN

## ZUTATEN

**Für den Boden**

*1 Rezeptmenge Grundteig für Hefebrot (s. S. 144 und unten)*

**Für die Auflage**

*½ Rezeptmenge Tomatensauce (s. S. 66)*

*250 g halbfetter Mozzarella, gerieben*

*etwa 125 g in der Pfanne geschmorter Knoblauch (s. S. 78)*

*8 Strauchtomaten, in Scheiben*

*1 Handvoll frisch gehackter Basilikumblätter*

1 Den Teig zubereiten, wie bis Schritt 7 beschrieben. Den aufgegangenen Teig in 2 oder 4 Teile teilen. Die Arbeitsfläche bemehlen, jeden Teigkloß von der Mitte zum Rand arbeitend zu einer Platte ausrollen, dazwischen immer wieder abheben, damit er nicht an der Arbeitsfläche kleben bleibt. Die Platten auf leicht bemehlte Bleche setzen.

2 Tomatensauce auf die Teigplatten geben, dabei 2,5 cm Rand lassen. Mozzarella, Knoblauch und Tomatenscheiben gleichmäßig darüber verteilen. Im vorgeheizten Ofen 15–20 Minuten backen, bis der Rand aufgegangen ist. Die Pizza mit frischem Basilikum garnieren.

## ANDERE AUFLAGEN

**Pizza mit Paprika und Feta:** Statt Mozzarella zerkrümelten halbfetten Feta nehmen und geschmorte Paprikastreifen (s. S. 71) darüber geben. Mit 2–3 klein geschnittenen schwarzen Oliven und ein paar Thymianzweigen garnieren.

**Pizza mit Würstchen und Spinat:** Statt Mozzarella Ricotta nehmen und über kleine Fleischbällchen streuen, die nach dem Rezept auf S. 94 zubereitet wurden. Zum Schluss gekochten Spinat und gegrillte Auberginenscheiben darüber geben.

**Pizza mit Tomaten und roten Zwiebeln:** Mit Tomatensauce, Salsa von Kirschtomaten und roten Zwiebeln (s. S. 61), gegrillten Zucchini- und Auberginenscheiben belegen, Parmesan darüber reiben.

**Pizza mit Pilzen und Pesto:** Mit Tomatensauce und einer Portion Pilzvariation »wild« (s. S. 74), weißem Pesto (s. S. 63), Schinkenstreifen und 2–3 klein geschnittenen schwarzen Oliven belegen.

## VARIATIONEN

**Gefüllte Pizza:** Den Teig halbieren, zwei Platten ausrollen. Auf die eine Platte eine Füllung nach Wahl häufen, die andere Platte darüber legen. Die Ränder gut festdrücken, 15–20 Minuten backen.

**Calzone:** Den Teig in 4 oder 8 Teile teilen, Kreise ausrollen. Je 500 g Ricotta und vorgekochten Spinat zusammen pürieren, würzen und auf die Teigkreise verteilen. 125 g Mozzarella und etwas fettfreien Parmaschinken darüber geben. Jeden Kreis zu einem Halbkreis zusammenklappen, gut festdrücken. Kleine Calzone 15, große Calzone 25 Minuten lang backen.

**Gerollte Pizza:** Den Teig wie für Calzone vorbereiten und nach Belieben belegen. Die Kreise aufrollen, rundum gut zudrücken. Vor dem Backen an einem warmen Ort 20 Minuten gehen lassen, dann je nach Größe 15–25 Minuten lang backen.

**Pro Portion**

| | |
|---|---|
| Fett gesamt (g) | 10 |
| Gesättigte Fettsäuren (g) | 5 |
| Ungesätt. Fettsäuren (g) | 5 |
| Cholesterin (mg) | 19 |
| Natrium (mg) | 713 |
| Kalorien | 700 |

**Ofentemperatur**
200 °C

**Garzeit**
15–25 Minuten

**Ergibt**
4 Pizzas von 20 cm oder 2 von 30 cm Durchmesser

PIZZA MIT PAPRIKA UND FETA

PIZZA MIT TOMATEN UND MOZZARELLA

# BROT MIT WILDEN PILZEN

*Man verzehrt dieses Brot am besten einen Tag nach dem Backen. Wenn Sie keine Küchenmaschine haben, kann man den Vorteig auch leicht per Hand in einer Schüssel anrühren. Das dauert etwas länger und ist anstrengender, doch das Ergebnis ist genauso gut.*

## ZUTATEN

*60 g getrocknete Steinpilze*

*400 ml sehr warmes Wasser*

*15 g frische Hefe*

*1 Beutel ungewürzte Kartoffelflocken für Brei (125 g)*

*500 g Mehl (Typ 405) plus Mehl zum Bestäuben*

*1 TL Meersalz*

1 Die Steinpilze 20–30 Minuten in dem Wasser einweichen. Abgießen, das Wasser auffangen. Die Pilze abwaschen und klein schneiden. Das Einweichwasser durch einen Kaffeefilter laufen lassen. Pilze und Wasser beiseite stellen. Die Hefe mit 150 ml Einweichwasser anrühren. Anschließend beiseite stellen.

2 Kartoffelflocken, Mehl und Salz in die Küchenmaschine geben. Das restliche Einweichwasser in die Hefe einrühren, die Maschine anstellen und die Hefemischung langsam einlaufen lassen. Den Vorgang eventuell unterbrechen, um das, was am Rand der Rührschüssel anklebt, mit dem Teigschaber zu lösen und in den Teig einzuarbeiten. Wenn ein zäher Teig entstanden ist, die Steinpilze zugeben und noch einmal kurz durcharbeiten.

3 Den Teig auf eine leicht bemehlte Arbeitsfläche geben. 5–10 Minuten rhythmisch kneten, bis der Teig glatt und elastisch ist. Klebt er, mehr Mehl überstreuen. Bedenken Sie aber, dass zu viel Mehl das Brot schwer macht. Drücken Sie mit den Fingern in den Teig: Wenn die Delle sich sofort wieder hebt, ist er fertig.

4 Den Teig zu einer glatten Kugel formen, in eine leicht bemehlte Schüssel legen, ganz leicht mit Mehl überstäuben und mit Klarsichtfolie abdecken. Die Saftpfanne des Backofens mit kochendem Wasser füllen und auf den Boden des Herds stellen. Die Schüssel mit dem Teig auf einen Rost über das Wasser stellen und 1–1½ Stunden gehen lassen, bis sich das Volumen des Teigs verdoppelt hat.

5 Mit bemehlten Händen den Teig zusammendrücken und erneut durchkneten. Ruhen lassen, während Sie ein beschichtetes Backblech mit Mehl bestäuben. Die Saftpfanne aus dem Herd nehmen; Ofen vorheizen.

6 Den Teig zu einem runden Laib formen und auf das Backblech setzen. Mit Klarsichtfolie oder einem Geschirrtuch abdecken und an einem warmen, zugfreien Ort nochmals 30–45 Minuten gehen lassen.

7 Die Saftpfanne wieder mit kochendem Wasser füllen und auf den Ofenboden setzen. Den aufgegangenen Laib in den Ofen geben, 40–55 Minuten backen. Zwischendurch gelegentlich mit kaltem Wasser besprühen. Für die letzten paar Minuten der Backzeit das Brot vom Blech nehmen und direkt umgedreht auf den Rost legen. Vor dem Verzehr vollkommen auskühlen lassen.

**Pro Gesamtmenge**

| | |
|---|---|
| Fett gesamt (g) | 8 |
| Gesättigte Fettsäuren (g) | 1 |
| Ungesätt. Fettsäuren (g) | 5 |
| Cholesterin (mg) | 0 |
| Natrium (mg) | 2942 |
| Kalorien | 2290 |

**Ofentemperatur**
200 °C

**Garzeit**
40–55 Minuten

**Ergibt**
1 Laib von 23–25 cm

# BANANEN-SCHOKOLADEN-KUCHEN

*Dieser Kuchen gehört zu meinen Lieblingsrezepten. Das einzige Fett stammt von der geriebenen Schokolade, dennoch ist der Kuchen sehr saftig. Servieren Sie ihn pur oder mit einer Portion Kastanien-Schokoladen-Creme (s. S. 120) auf jeder Scheibe.*

### ZUTATEN

*2 überreife Bananen (die Schale sollte schwarz sein!)*

*250 ml Orangensaft*

*300 g Fertigmehl*

*1 TL Backpulver*

*1 Prise Salz*

*30 g Edelbitter-Schokolade, gerieben*

*2 Eiweiße*

*150 g brauner Zucker*

1 Eine 1-kg-Kastenform mit Backpapier auskleiden und mit Öl-Wasser-Spray aussprühen. Die Bananen mit dem Orangensaft gut pürieren.

2 Mehl, Backpulver und Salz zusammensieben. Die Schokolade untermischen und den Bananenbrei einrühren. 1–2 Minuten kräftig schlagen.

3 Das Eiweiß zu steifem Schnee schlagen. Kurz bevor es fest ist, langsam den Zucker mit einarbeiten. Das Eiweiß unter den Bananenteig heben. Gründlich verteilen, aber nicht rühren. Die Mischung in die Form geben, glatt streichen und im vorgeheizten Ofen etwa 1 Stunde backen.

4 Wenn der Kuchen aufgegangen und goldbraun ist, mit einer Kuchennadel prüfen, ob er gar ist. Kommt sie, in die Mitte des Kuchens gestochen, sauber wieder heraus, ist der Kuchen gar.

5 Den Bananenkuchen in der Form auskühlen lassen. Vom Rand lösen, auf einen Rost stürzen und das Papier abziehen. Den Kuchen völlig auskühlen lassen, in Alufolie gewickelt stehen lassen und am besten am Tag nach der Zubereitung verzehren.

**Pro Scheibe**

| | |
|---|---|
| Fett gesamt (g) | 1 |
| Gesättigte Fettsäuren (g) | <1 |
| Ungesätt. Fettsäuren (g) | <1 |
| Cholesterin (mg) | unb. |
| Natrium (mg) | 165 |
| Kalorien | 174 |

**Ofentemperatur**
160 °C

**Garzeit**
60–80 Minuten

**Ergibt**
12 Scheiben

# KAROTTEN-PREISELBEER-KUCHEN

*Meine Version dieses Schweizer Klassikers steckt voller Früchte, enthält aber kein Fett, nicht einmal ein Eigelb. Das Original, die »Rüeblitorte« aus dem Kanton Aargau, ist rund, hat einen dicken Zuckerguss und wird mit Marzipanmöhren verziert. Ich bereite meinen Möhrenkuchen in einer Kastenform zu und reiche zu jeder Scheibe eine kleine Portion Ricottacreme (s. S. 137).*

### ZUTATEN

*150 g Granny Smith, geschält, Kernhaus entfernt, klein gewürfelt*

*180 g Karotten, fein geraffelt*

*250 g Sultaninen oder Rosinen, über Nacht in 250 ml Preiselbeersaft eingeweicht*

*300 g Fertigmehl*

*1 TL Backpulver*

*1 Prise Salz*

*1 Prise gemahlener Zimt*

*3 TL gemahlene Gewürzmischung (Zimt, Muskat, Koriander u.a.)*

*2 Eiweiße, leicht geschlagen*

*165 g brauner Zucker*

1 Eine 1-kg-Kastenform mit Backpapier auskleiden und mit Öl-Wasser-Spray aussprühen. Äpfel, Karotten und Sultaninen mit Saft in eine Pfanne geben, einmal aufwallen lassen und beiseite stellen. Mehl, Backpulver, Salz und Gewürze zusammen in eine Schüssel sieben. Die Eiweiße zu Schnee schlagen, den Zucker esslöffelweise zugeben, dabei weiterschlagen, bis eine steife Meringue entstanden ist.

2 Die Fruchtmischung zum Mehl geben und 1–2 Minuten kräftig durchrühren. Das steife Eiweiß unterheben. Den Teig in die Form füllen und glatt streichen. Im vorgeheizten Ofen 1½ bis 1¾ Stunden backen, bis der Kuchen goldbraun ist. Den Kuchen auskühlen lassen, aus der Form stürzen und das Papier abziehen. In Alufolie gewickelt aufbewahren.

**Pro Scheibe**

| | |
|---|---|
| Fett gesamt (g) | <1 |
| Ges. Fettsäuren (g) | unb. |
| Unges. Fettsäuren (g) | <1 |
| Cholesterin (mg) | 0 |
| Natrium (mg) | 154 |
| Kalorien | 223 |

**Ofentemperatur**
160 °C

**Garzeit**
1½ bis 1¾ Stunden

**Ergibt**
12 Scheiben

## POLENTAKUCHEN MIT ANIS UND FEIGEN

*Ich liebe die Kombination von Anis (dessen Aroma in diesem Rezept durch Fenchelsamen hervorgerufen wird) und Feigen – zwei Aromen, von denen dieser herrlich feuchte Kuchen durchdrungen ist. Servieren Sie ihn in Stücken und reichen Sie Sirup von rotem Vermouth (s. S. 129) dazu.*

**ZUTATEN**

*550 ml Wasser*
*2 Prisen Salz*
*1 TL Vanilleextrakt*
*180 g Polenta*
*6 Eiweiße*
*¼ TL Weinstein (s. S. 118)*
*150 g feiner Zucker*
*75 g Sultaninen*
*150 g essfertige getrocknete Feigen, gewürfelt*
*1–1½ EL Fenchelsamen*
*150 g Mehl, gesiebt, mit 1 TL Backpulver*

1 Das Wasser zum Sieden bringen, Salz und Vanille zugeben. Unter Rühren mit einem Holzlöffel die Polenta einrieseln lassen. Rühren, bis die Polenta einen dicklichen Kloß bildet, der sich vom Topfboden löst.

2 Das Eiweiß mit dem Weinstein zu lockerem Schnee schlagen. Esslöffelweise den Zucker zugeben, rhythmisch weiterschlagen, bis das Eiweiß steif ist und feste Spitzen hält.

3 Sultaninen, Fenchel und Feigenwürfel gut in die Polenta einarbeiten. Die Hälfte des Eischnees und das Mehl unterziehen, zuletzt den restlichen Eischnee unterheben.

4 Eine beschichtete Springform mit Öl-Wasser-Spray aussprühen. Den Teig hineingeben und glatt streichen.

5 Im vorgeheizten Ofen etwa 50–55 Minuten backen, bis die Oberfläche trocken und leicht rissig ist und eine eingestochene Kuchennadel sauber wieder herauskommt.

6 Die Seiten mit einem Messer lösen, die Form öffnen und den Kuchen vom Blech nehmen. Auf einem Drahtrost vollständig auskühlen lassen.

| **Pro Stück** | |
|---|---|
| Fett gesamt (g) | 1 |
| Gesätt. Fettsäuren (g) | unb. |
| Ungesätt. Fettsäuren (g) | 1 |
| Cholesterin (mg) | 0 |
| Natrium (mg) | 140 |
| Kalorien | 194 |

**Ofentemperatur**
180 °C

**Garzeit**
50–55 Minuten

**Ergibt**
12 Stück

## MANDELKEKS

*Diese Kekse sollten als kleine Knabberei zu Sorbets, Eiscreme oder anderen cremigen Desserts gereicht werden. Teilen Sie sie dazu in der Mitte durch und stecken Sie sie schräg in das entsprechende Dessert.*

**ZUTATEN**

*75 g Amaretti*
*75 g Cornflakes*
*2 Eiweiße*

1 Amaretti und Zerealien zusammen in einen Plastikbeutel geben und mit dem Nudelholz darüber rollen, bis sie grob zerkrümelt sind.

2 Die Eiweiße zu leichtem Schaum schlagen, dann die Krümelmischung gut einarbeiten.

3 Ein beschichtetes Backblech mit Öl-Wasser-Spray besprühen. Portionen von je 1 Esslöffel von der Teigmischung nicht zu dicht nebeneinander auf das Blech setzen. Mit dem Löffelrücken etwas flach drücken.

4 Das Blech in den vorgeheizten Ofen geben, die Plätzchen 7–10 Minuten lang backen, dann das Blech auf einem Drahtrost auskühlen lassen.

5 Die erkalteten Mandelkekse vorsichtig vom Blech lösen. Bis zum Gebrauch in einem luftdicht schließenden Behälter aufbewahren.

| **Pro Keks** | |
|---|---|
| Fett gesamt (g) | unb. |
| Gesättigte Fettsäuren (g) | 0 |
| Unges. Fettsäuren (g) | unb. |
| Cholesterin (mg) | 0 |
| Natrium (mg) | 39 |
| Kalorien | 30 |

**Ofentemperatur**
180 °C

**Garzeit**
7–10 Minuten

**Ergibt**
20 Stück

# VANILLE-BAISER-PLÄTZCHEN

*Aus Meringue lassen sich herrlich knusprige Plätzchen backen, die keinerlei Fett enthalten. Man serviert diese kleinen Baisers pur zu Sorbets, Eiscreme und cremigen Desserts. Als Leckerei zum Kaffee kann man je zwei Baisers mit etwas Füllung zusammensetzen. Abgebildet sind teelöffelgroße Baisers mit einer Füllung aus Kastanien-Schokoladen-Creme (s. S. 120).*

## ZUTATEN

*3 Eiweiße (Zimmertemperatur)*

*1 Prise Weinstein (s. S. 118)*

*1 Prise Salz*

*150 g feiner Zucker*

*1 TL Vanilleextrakt*

1 Das Eiweiß mit Weinstein und Salz schaumig schlagen. Während man weiterschlägt, langsam den Zucker zugeben. Schlagen, bis das Eiweiß fest ist und stehende Spitzen hält. Vanille unterheben.

2 Zwei Backbleche mit Backpapier auslegen. Von der Meringuemasse teelöffel- oder esslöffelgroße Portionen abstechen und mit jeweils 2,5 cm Abstand auf die Bleche setzen. Im vorgeheizten Ofen 45–60 Minuten lang backen.

3 Den Ofen ausschalten. Plätzchen mindestens noch 3 Stunden, besser über Nacht, im ungeöffneten Ofen lassen. Die fertigen Plätzchen bis zum Gebrauch in einem luftdicht schließenden Behälter aufbewahren.

**Pro Gesamtmenge**

| | |
|---|---|
| Fett gesamt (g) | 0 |
| Gesättigte Fettsäuren (g) | 0 |
| Ungesätt. Fettsäuren (g) | 0 |
| Cholesterin (mg) | 0 |
| Natrium (mg) | 365 |
| Kalorien | 625 |

**Ofentemperatur**
110 °C

**Garzeit**
45–60 Minuten

**Ergibt**
40 teelöffelgroße Baisers

# FRÜHSTÜCK

EIN GUTES FRÜHSTÜCK IST ETWAS HERRLICHES. Aber an manchen Tagen – außer am Wochenende – ist aus Zeitmangel oft nicht mehr möglich als ein Toast mit Quarkaufstrich oder eine Schale Müsli mit frischen Früchten. An den Wochenenden jedoch, wenn aus dem Frühstück oft ein Brunch wird, kann man alle Register ziehen. Wie wäre es mit Variationen von im Ofen in einer Eiermilch überbackenem Weißbrot – ich stelle hier zwei mit Fruchtfüllung vor – oder mit einem würzigen Clafoutis mit Gemüsen oder mit geräuchertem Schellfisch und kross gebratenen Kartoffeln? Luxus pur!

**DAS FAST KLASSISCHE OMELETT** *enthält weniger Eigelb, verzichtet aber nicht ganz darauf.*

# OMELETTFÜLLUNGEN

**Eine Füllung** macht aus einem simplen Omelett ein Festmahl. Links abgebildet ist ein Omelett mit in Streifen geschnitte-nem Schinken, frischen Tomaten und Kräutern. Auch viele der in diesem Buch vorgestellten Saucen, Salsas und Gemüsezubereitungen können als Füllung dienen. Besonders gut eignen sich die rechts vorgestellten drei Füllungen.

PILZVARIATION »WILD«

GESCHMORTER FENCHEL

ROTE ZWIEBELN SÜSS-SAUER

# FAST KLASSISCHES OMELETT

*Ein nur mit Eiweiß zubereitetes Omelett macht keine Freude. Mit wenig Eigelb ist es zwar blass, aber trotzdem köstlich.*

## ZUTATEN

*4 Eiweiße*

*2 ganze Eier*

*Salz, gemahlener schwarzer Pfeffer*

*1–2 TL gehackte Kräuter*

*Öl-Wasser-Spray (s. S. 29)*

*etwa 125 g Füllung nach Wahl (siehe oben)*

*1 EL frisch geriebener Parmesan (nach Belieben)*

1 Eiweiß und ganze Eier zusammen in eine Schüssel geben, eine Prise Salz (nicht zu viel, das Eiweiß wird sonst zäh), Pfeffer und die Kräuter zufügen. Die Eier mit einer Gabel verschlagen, bis alles gut vermischt ist, ca. 35–40 Schläge. Nicht zu viel schlagen, die Masse wird sonst zu dünn. Heben Sie die Gabel aus der Masse: Wenn sie frei durch die Zinken läuft, ist sie gut durchgeschlagen.

2 Eine beschichtete Omelettpfanne mit Öl-Wasser-Spray aussprühen und auf mittlerer Hitze erwärmen. Wenn es leise zu zischen beginnt und kleine Öltröpfchen in der Pfanne springen, die Eiermischung hineingeben.

3 Die Eier 2–3 Sekunden lang stocken lassen, dann mit einem Holz- oder Plastikspatel die Eier rasch, aber sanft rundum vom Rand zur Mitte hin schieben, so dass das bereits gestockte Ei in der Mitte große Falten bildet. Die Pfanne anheben und drehen, damit das noch flüssige Ei zum Pfannenboden läuft. Wieder locker zusammenschieben.

4 Nach 10–15 Sekunden, wenn das Ei eben gerade gestockt ist, also in der Mitte noch cremig und weich und an der Unterseite nicht gebräunt ist, die gewählte Füllung auf die eine Hälfte löffeln und den Parmesan darüber geben.

5 Das Omelett auf einen gegen die Pfanne gehaltenen Teller gleiten lassen und dabei die nicht gefüllte Seite über die Füllung klappen. Sofort zu Tisch bringen.

## VARIATION

**Frittata:** Zuerst den Grill vorheizen. Das Omelett bis Schritt 5 zubereiten, dann die Pfanne unter den heißen Grill stellen, um das Omelett samt Füllung und Käse fertig zu stellen. Die Frittata (gegrillte Seite nach oben) auf einen Teller gleiten lassen. Zum Servieren wie eine Torte in Keile schneiden.

**Pro Portion (ohne Füllung)**

| | |
|---|---|
| Fett gesamt (g) | 6 |
| Gesättigte Fettsäuren (g) | 2 |
| Ungesätt. Fettsäuren (g) | 4 |
| Cholesterin (mg) | 193 |
| Natrium (mg) | 184 |
| Kalorien | 97 |

**Ergibt**
2 Portionen

## PILZ-CLAFOUTIS

*Süßer Clafoutis ist ein französischer Klassiker (s. S. 131). Salzig-würzig zubereitete Varianten ergeben ein festliches Frühstücks- oder Brunchgericht. Ein nicht zu feuchter Clafoutis geht auf wie ein Soufflee, kann aber sowohl heiß als auch lauwarm serviert werden.*

### ZUTATEN

**Für die Füllung**

*150 g kleine Champignons, geviertelt*
*15 g getrocknete Steinpilze*
*2 getrocknete Tomaten, geschnitten*
*2 Oliven, entsteint*
*300 ml Fond (s. S. 30)*
*125 ml trockener Weißwein*
*ein paar Spritzer Teriyaki- und Worcestersauce*

**Für den Teig**

*100 g Mehl*
*Salz, gemahlener schwarzer Pfeffer*
*300 ml Magermilch*
*3 EL Magermilchpulver*
*6 EL Magerjogurt*
*1 ganzes Ei*
*3 Eiweiße*
*2 TL Senf mit rotem Paprika*
*je 2 EL frisch gehackter Thymian und Estragon*
*ein paar Spritzer Tabasco*
*1 EL geriebener Gruyère*
*2 EL geriebener Parmesan*

1 Für die Füllung alle Zutaten in eine Pfanne geben, auf mittlerer Hitze zum Kochen bringen und heftig simmern lassen, bis fast alle Flüssigkeit verdunstet ist. Für den Teig das Mehl in eine Schüssel geben und würzen. Die restlichen Zutaten, außer dem Käse, zusammenrühren. Unter das Mehl mischen und rühren, bis alles gut verbunden ist.

2 Eine beschichtete Auflaufform mit Öl-Wasser-Spray aussprühen. Den Teig hineingießen. Die Füllung in der Mitte verteilen, dabei rundum 2,5 cm Rand lassen. Den Käse darüber streuen. Im vorgeheizten Ofen 30–40 Minuten backen, bis der Rand gebräunt und der Clafoutis aufgegangen ist. Auf einem Drahtrost abkühlen lassen.

**Pro Portion**

| | |
|---|---|
| Fett gesamt (g) | 4 |
| Gesättigte Fettsäuren (g) | 2 |
| Ungesätt. Fettsäuren (g) | 2 |
| Cholesterin (mg) | 42 |
| Natrium (mg) | 304 |
| Kalorien | 179 |

**Ofentemperatur**
190 °C

**Garzeit**
30–40 Minuten

**Ergibt**
6 Portionen

## CLAFOUTIS MIT ROTEN ZWIEBELN

*Clafoutis ist auch kalt eine Köstlichkeit. Diese mit roten Zwiebeln hergestellte Version ist besonders für ein Picknick zu empfehlen.*

### ZUTATEN

**Für die Füllung**

*2 große rote Zwiebeln, halbiert und in Scheiben geschnitten*
*etwa 300 ml Fond (s. S. 30)*
*etwa 125 ml trockener Rotwein*

**Für den Teig**

*300 ml Magermilch*
*3 EL Magermilchpulver*
*6 EL Magerjogurt*
*3 Eiweiße und 1 ganzes Ei*
*100 g Mehl*
*2–3 EL geriebener Parmesan*

1 Die Zwiebeln in Fond und Wein zugedeckt 3–5 Minuten köcheln lassen. Deckel abnehmen und weitersimmern lassen, bis die Zwiebeln weich sind. Weiteren Wein oder Fond angießen. Eine flache, beschichtete Auflaufform mit Öl-Wasser-Spray aussprühen.

2 Für den Teig alle Zutaten außer Mehl und Käse miteinander verschlagen. Das Mehl in eine Schüssel geben, die Mischung darüber gießen und alles gut durchrühren.

3 Den Teig in die Form gießen. Die Füllung in der Mitte verteilen, dabei rundum 2,5 cm Rand lassen. Den Käse darüber streuen und den Clafoutis im vorgeheizten Ofen 30–40 Minuten backen, bis der Rand goldbraun ist.

**Pro Portion**

| | |
|---|---|
| Fett gesamt (g) | 3 |
| Gesättigte Fettsäuren (g) | 2 |
| Ungesätt. Fettsäuren (g) | 1 |
| Cholesterin (mg) | 39 |
| Natrium (mg) | 209 |
| Kalorien | 167 |

**Ofentemperatur**
190 °C

**Garzeit**
30–40 Minuten

**Ergibt**
6 Portionen

# HADDOCK AUF EINEM KARTOFFELBETT

*Haddock (kaltgeräucherter Schellfisch) passt hervorragend zu knusprig gerösteten Kartoffeln. Ein ideales Gericht für ein langes Sonntagsfrühstück oder einen Brunch.*

## ZUTATEN

*250 g Kartoffeln, gut geschrubbt, aber ungeschält*

*2 Prisen Paprikapulver*

*Öl-Wasser-Spray (s. S. 29)*

*Salz, gemahlener schwarzer Pfeffer*

*2 Stück ungefärbter Haddock, je etwa 150 g, enthäutet, alle Gräten mit Pinzette entfernt*

*1 Bund Brunnenkresse*

1 Die Kartoffeln mit dem Gurkenhobel in hauchdünne Scheiben schneiden. In ein Sieb geben und abspülen. Gut abtropfen lassen und mit einem Küchenhandtuch trocken tupfen. Mit Paprika überstäuben und mit Öl-Wasser-Spray besprühen.

2 Ein Backblech mit Öl-Wasser-Spray einsprühen und die Kartoffelscheiben darauf verteilen. Im vorgeheizten Ofen 10 Minuten lang backen. Die Scheiben vom Blech lösen, wenden, wieder ausbreiten und weitere 5 Minuten lang backen, bis sie gar und gebräunt sind. Sie sollten recht kross sein.

3 Etwas Paprika und grob gemahlenen Pfeffer über den Fisch geben. Die Kartoffeln leicht salzen und auf dem Blech zu zwei Stapeln aufhäufen. Auf jeden Stapel ein Stück Fisch setzen. Weitere 7 Minuten backen. Auf Teller geben und mit Brunnenkresse garniert sofort servieren. Sautierte Pilze (s. S. 154) bilden eine wunderbare Abrundung des Ganzen.

**Pro Portion**

| | |
|---|---|
| Fett gesamt (g) | 2 |
| Gesätt. Fettsäuren (g) | unb. |
| Ungesätt. Fettsäuren (g) | 1 |
| Cholesterin (mg) | 54 |
| Natrium (mg) | 1149 |
| Kalorien | 221 |

**Ofentemperatur**
240 °C

**Garzeit**
22 Minuten

**Ergibt**
2 Portionen

# BUNTER BRUNCHTELLER

*Ein großer Teller, auf dem verschiedene Zubereitungen hübsch arrangiert sind, hat etwas Unwiderstehliches. Hier sind eine Menge Dinge zu einem Frühstück zusammengestellt worden, das einen halben Tag lang vorhalten dürfte und mit dem man die Aufgaben des Tages bestens gestärkt in Angriff nehmen kann, ohne dass man sich mit Fetten überladen hätte.*

**ZUTATEN**

*4 pochierte Eier*

*125 g sautierte Champignons (siehe Schritt 1)*

*4 Tomaten, halbiert, mit Öl-Wassser-Spray besprüht und gegrillt*

*4 Scheiben Brot mit wilden Pilzen (s. S. 146) getoastet, dazu evtl. Fruchtmarmelade*

*Scharfe weiße Bohnen (s. S. 114)*

*Frühstücksbuletten (siehe Schritt 2)*

1 Die Champignons in 90 ml Fond, 1 Teelöffel trockenem Sherry und einem Spritzer Teriyakisauce unter Rühren garen.

2 Für die Frühstücksbuletten nach dem Rezept für Pikant gewürzte Fleischbällchen (s. S. 95) einen Fleischteig zubereiten, doch statt der Minze Salbei nehmen und statt der Gewürze Muskatnuss. Den Tabasco weglassen, es sei denn, Sie lieben es auch zum Frühstück scharf.

VARIATION

**Postmodernes Tex-Mex-Frühstück:** Statt getoastetem Brot und Marmelade reichen Sie einen Stoß warmer Tortillas. Dazu eine große Portion scharfe weiße Bohnen und die pikant gewürzten Fleischbällchen, wie im Rezept auf S. 95 beschrieben.

**Pro Portion**

| | |
|---|---|
| Fett gesamt (g) | 13 |
| Gesättigte Fettsäuren (g) | 4 |
| Ungesätt. Fettsäuren (g) | 8 |
| Cholesterin (mg) | 268 |
| Natrium (mg) | 1576 |
| Kalorien | 474 |

**Ergibt**
4 Portionen

# MAISMEHLBRÖTCHEN

*Die Maismehlbrötchen enthalten quasi kein Fett. Sie sind mürbe, leicht wie eine Feder und gehen sehr luftig auf. Genau das Richtige für ein gemütliches Frühstück!*

**ZUTATEN**

*160 g Maismehl, in zwei Portionen geteilt*

*140 g Weizenmehl*

*½ TL Salz*

*½ TL Natron*

*2 EL milder Honig*

*275 ml fettarme Buttermilch*

*3 Eiweiße, schaumig geschlagen*

*250 ml Wasser*

*1 TL Vanilleextrakt*

*2 Eiweiße, zu steifem Schnee geschlagen*

1 Die Hälfte des Maismehls mit dem Mehl zusammensieben, Salz und Natron zugeben. Honig und Buttermilch mit den 3 schaumigen Eiweißen verrühren.

2 Das Wasser in einem Topf zum Kochen bringen, das restliche Maismehl hineinrühren. Mit einem Holzlöffel so lange rühren, bis das Mehl zum Kloß abbindet und sich vom Topfboden löst (geschieht sehr rasch). Die Mischung in eine große Schüssel geben.

3 Die Eiweiß-Buttermilch-Mischung und die Vanille unterrühren, dann die Mehlmischung einarbeiten. 2 Esslöffel des steifen Eischnees unterrühren, um die Mischung zu lockern, dann den restlichen Eischnee unterheben.

4 Den Teig auf 12 Papierförmchen verteilen und diese in ein Muffinblech setzen. Im vorgeheizten Ofen 25–35 Minuten lang backen, bis die Brötchen hoch aufgegangen und goldbraun sind. Eine in die Mitte gestochene Kuchennadel muss sauber herauskommen.

6 Die Brötchen in den Papierförmchen, aber außerhalb des Muffinblechs auf einem Drahtrost auskühlen lassen.

**Pro Brötchen**

| | |
|---|---|
| Fett gesamt (g) | <1 |
| Gesätt. Fettsäuren (g) | unb. |
| Ungesätt. Fettsäuren (g) | <1 |
| Cholesterin (mg) | 1 |
| Natrium (mg) | 125 |
| Kalorien | 111 |

**Ofentemperatur**
190 °C

**Garzeit**
25–35 Minuten

**Ergibt**
12 Stück

## FRANZÖSISCHER TOAST MIT ZIMT UND HEIDELBEEREN

*Man sollte dieses an »Arme Ritter« oder »Karthäuserklöße« erinnernde Gericht am Abend zuvor vorbereiten und im Kühlschrank aufbewahren. Während man am nächsten Morgen den Ofen vorheizt, lässt man die vorbereitete Form Zimmertemperatur annehmen.*

### ZUTATEN

*180–250 g Baguette, einen Tag alt, in ½ cm dicken Scheiben*

*2 EL getrocknete Heidelbeeren*

*2 EL Rosinen*

*2 ganze Eier*

*2 Eiweiße*

*2 EL Orangenmarmelade*

*500 ml Magermilch*

*2 EL Magermilchpulver*

*½ TL Zimtpulver*

*2 EL Demerarazucker*

1 Das Brot überlappend wie Dachziegel auf dem Boden einer flachen Auflaufform arrangieren. Heidelbeeren und Rosinen darüber verteilen.

2 Ganze Eier und Eiweiß mit der Marmelade verschlagen. Milch und Milchpulver verrühren, zu der Eiermasse geben und den Zimt einrühren. Die Mischung über das Brot gießen und zusehen, dass es sich gut vollsaugt. (Nun eventuell über Nacht in den Kühlschrank stellen.)

3 Die Auflaufform auf die Saftpfanne des Backofens stellen und anschließend kochendes Wasser angießen.

4 Im vorgeheizten Backofen 35–45 Minuten lang backen, bis die Eiermilch fest und die Oberfläche gebräunt ist. Den Demerarazucker (grobkörniger brauner Zucker) darüber streuen und warm zu Tisch bringen.

| **Pro Portion** | |
|---|---|
| Fett gesamt (g) | 3 |
| Gesättigte Fettsäuren (g) | 1 |
| Ungesätt. Fettsäuren (g) | 2 |
| Cholesterin (mg) | 66 |
| Natrium (mg) | 315 |
| Kalorien | 212 |

**Ofentemperatur**
180 °C

**Garzeit**
35–45 Minuten

**Ergibt**
6 Portionen

## FRANZÖSISCHER TOAST MIT PFIRSICHEN

*Bereiten Sie diesen »Toast« mit Früchten Ihres Geschmacks zu. Wenn Pfirsiche oder Nektarinen gerade keine Saison haben, eignen sich auch Äpfel oder Birnen sehr gut.*

### ZUTATEN

*750 g frische Pfirsichschnitze, geschält, oder Nektarinenschnitze, ungeschält*

*1 EL Orangenlikör*

*1 TL Vanilleextrakt*

*60 ml Orangensaft*

*180 g bestes Weißbrot, einen Tag alt, in Scheiben*

*1 ganzes Ei*

*2 Eiweiße*

*2–3 EL Pfirsich- oder Apikosenkonfitüre (zuckerarm)*

*250 ml Magermilch*

*2 EL Magermilchpulver*

1 Die Fruchtschnitze mit Likör, Vanille und Orangensaft mischen, beiseite stellen.

2 Die Brotscheiben auf dem Boden einer flachen Auflaufform überlappend arrangieren, die Fruchtmischung gleichmäßig darüber verteilen. Beiseite stellen, damit die Säfte das Brot durchtränken können.

3 Das ganze Ei und das Eiweiß mit der Konfitüre verschlagen. Milch und Milchpulver mischen, dann zu den Eiern geben und gut durchmixen. Die Eiermilch über das Brot gießen. Mit einem Spatel auf das Brot drücken, damit es möglichst viel von der Flüssigkeit aufnimmt.

4 Die Auflaufform auf die Saftpfanne des Backofens stellen und bis zur halben Höhe der Form kochendes Wasser angießen.

5 Im vorgeheizten Ofen etwa 35–45 Minuten lang backen, bis die Oberfläche goldbraun ist. Warm zu Tisch bringen.

| **Pro Portion** | |
|---|---|
| Fett gesamt (g) | 2 |
| Gesätt. Fettsäuren (g) | unb. |
| Ungesätt. Fettsäuren (g) | 1 |
| Cholesterin (mg) | 33 |
| Natrium (mg) | 218 |
| Kalorien | 173 |

**Ofentemperatur**
180 °C

**Garzeit**
35–45 Minuten

**Ergibt**
6 Portionen

# MENÜVOR-SCHLÄGE

NICHTS KANN DIE VORFREUDE AUF EIN FESTESSEN SO GRÜNDLICH VERDERBEN WIE EINE KLEINLICHE MENÜPLANUNG MIT TASCHENRECHNER, KALORIEN- UND FETTWERTTABELLEN. WENN SIE DAGEGEN MEINE TECHNIKEN DES FETTARMEN KOCHENS ANWENDEN UND AUSSERDEM GEMÜSE UND FRÜCHTE IN DEN MITTELPUNKT RÜCKEN, IST ALLES RECHNEN ÜBERFLÜSSIG. SIE KÖNNEN DANN NACH LUST UND LAUNE KOMBINIEREN UND ALLE SPEISEN NACH HERZENSLUST GENIESSEN.

## FEST-

### ITALIENISCHES VEGETARIERFEST

Der Duft von Fenchel und Gewürzen, Pfirsichen und Basilikum, wilden Pilzen und Balsamessig.

DUFTENDE GEMÜSESUPPE
*Seite 46*

GRATIN VON AUBERGINEN UND TOMATEN
*Seite 79*

SALAT VON TOMATEN, PFIRSICH UND PAPRIKA
*Seite 58*

BROT MIT WILDEN PILZEN
*Seite 146*

ERDBEEREN MIT ZITRONEN-BALSAM-SIRUP
*Seite 128*

*Unten: Duftende Gemüsesuppe*

### ZUR FEIER DES HERBSTES

Geräucherte Stubenküken; die karamellisierte Süße von gebratenem Kürbis; Äpfel und Preiselbeeren.

HEFEBROT *Seite 144* MIT SÜSSKARTOFFEL-AUFSTRICH *Seite 51* UND KÜRBIS-INGWER-LIMONEN-PÜREE *Seite 50*

GERÄUCHERTE STUBENKÜKEN MIT ROSMARIN
*Seite 85*

WILDREIS MIT ORANGE UND THYMIAN
*Seite 115*

CLAFOUTIS MIT ÄPFELN UND ROSINEN
*Seite 131*

# TAGE UND FEIERTAGE

## ZUR FEIER DES SOMMERS

Hähnchen, gewürzt mit Pfefferschoten und Limone, dazu die schönsten Gemüse, Kräuter und Früchte. Herrlich schlicht und gut!

SALSA VON GERÖSTETEM GEMÜSE *Seite 65* MIT KROSS GEBACKENEM FLADENBROT *Seite 53*

GESCHMORTES MEXIKANISCHES HÄHNCHEN *Seite 87*

COUSCOUS-GEMÜSE-SALAT *Seite 58*

SOMMERPUDDING MIT ROTEM VERMOUTH *Seite 126*

*Unten: Sommerpudding mit rotem Vermouth*

## FIESTA MEXICANA

Der Geschmack, der aus der Neuen Welt kommt: Mais, Pfefferschoten, Paprika, überquellende Tortillas, schwarze Schokolade – umwerfend.

CREMIGER MAISDIP *Seite 52* UND KARTOFFELSCHALEN-DIPPER *Seite 53*

GERÄUCHERTE ENTENBRUST MIT TORTILLAS *Seite 90*

SCHOKOLADENSORBET *Seite 140*

*Oben: Gefüllte Tortilla mit Entenbrust*

# BESONDERE

## FESTLICHER SONNTAGSBRUNCH

Ein zünftiger Brunch beginnt mit Hefekringeln und umfasst sodann eine Reihe von farbenfrohen, wohlschmeckenden Köstlichkeiten.

HEFEKRINGEL *und* RAITA MIT KRÄUTERN *Seite 52* SOWIE GESCHNITTENE WEINBERGTOMATEN

HADDOCK AUF EINEM KARTOFFELBETT MIT SAUTIERTEN PILZEN *Seite 153*

GESCHMORTE PAPRIKASTREIFEN *Seite 71*

KARAMELLISIERTE BIRNEN *Seite 129* MIT JOGURT-»SCHLAGSAHNE« *Seite 137*

*Unten: Haddock auf einem Kartoffelbett*

## VEGETARISCHE GEBURTSTAGSFEIER

Cassata ist ein üppiger Geburtstagskuchen. Die Ravioli und die Suppe stillen delikat den Hunger.

SUPPE AUS WEISSEN BOHNEN, SÜSSKARTOFFELN UND FENCHEL *Seite 49*

GEGRILLTE AUBERGINEN UND ZUCCHINI *Seite 81*

OFFENE RAVIOLI MIT ZWEI SAUCEN *Seite 108*

GEMISCHTE GRÜNE SALATE MIT TOMATEN UND KRÄUTERN

CASSATA *Seite 143*

*Oben: Offene Ravioli mit zwei Saucen*

# GELEGENHEITEN

## GEBURTSTAGSFEIER

Artischocken, Lachs mit Paprikasauce, Salsa, Spargel und Heidelbeeren. Der schiere Luxus!

GEFÜLLTE ARTISCHOCKEN
*Seite 76*

LACHS MIT GELBEM PAPRIKA UND ESTRAGONSAUCE *Seite 104*

SALSA VON MANGO UND FENCHEL *Seite 61* UND GEDÄMPFTER SPARGEL *Seite 78*

GESCHMORTE KARTOFFELN MIT ZITRONE UND MINZE
*Seite 73*

BISKUITKUCHEN *Seite 143* MIT HEIDELBEERKOMPOTT *Seite 130*

*Unten: Lachs mit gelbem Paprika und Estragonsauce*

## FETTARMES WEIHNACHTSMENÜ

Der Weihnachtsabend muss nicht damit enden, dass man vollgestopft im Sessel liegt; es geht auch locker und leicht.

WÜRZIGE SÜSSKARTOFFELSUPPE *Seite 48*

PÂTÉ VON WILDEN PILZEN *Seite 51* UND KROSS GEBACKENES FLADENBROT
*Seite 53*

ENTENBRUST MIT PREISELBEER-CHUTNEY *Seite 89*

WÜRZIGE GRÜNE BOHNEN MIT LIMONE *Seite 81*

RÖSTKARTOFFELN MIT KNOBLAUCH UND ZITRONE
*Seite 74*

HIMBEEREN MIT MANDELCREME UND BISKUIT
*Seite 134*

IN SCHOKOLADE GETAUCHTE FRÜCHTE *SEITE 122* UND SCHOKOLADENTRÜFFEL *SEITE 123*

*Oben: In Schokolade getauchte Früchte und Trüffel*

# ALLTÄGLICHES

## PASTAESSEN

Verzichten Sie auf Spagetti mit fetten Fleischklöschen. Ein Familienessen kann viel aufregender sein.

BANDNUDELN MIT TOMATEN-KNOBLAUCH-PAPRIKA-SAUCE
*Seite 64*

PIKANT GEWÜRZTE FLEISCHBÄLLCHEN
*Seite 95*

SALAT VON ROTER BETE, ORANGE UND RAUKE
*Seite 56*

MANGOSORBET
*Seite 140*

*Unten: Salat von Roter Bete, Orange und Rauke*

## ELEGANTES FRÜHSTÜCK

Eine ideenreiche Variante des traditionellen Themas: Eier, Würstchen, Champignons und Früchte.

FAST KLASSISCHES OMELETT MIT GEMÜSEFÜLLUNGEN
*Seite 151*

FRÜHSTÜCKSBULETTEN
*Seite 154*

PILZVARIATION »WILD«
*Seite 74*

MANGO-BLÄTTERTEIG MIT TROPENFRUCHTSALAT
*Seite 136*

*Oben: Fast klassisches Omelett*

# MAL ANDERS

## ABENDESSEN VEGETARISCH

Rosafarbener Blumenkohl, würzige Gemüse, Karotten, Paprika und Bohnen – himmlische Farben!

SALAT VON KLEINEN WEISSEN BOHNEN UND KICHERERBSEN
*Seite 56*

IN ROTWEIN GESCHMORTER BLUMENKOHL
*Seite 69*

IM OFEN GEBACKENE KARTOFFELN
*Seite 72*

GESCHMORTER FENCHEL
*Seite 70*

GEFRORENER ERDBEERJOGURT
*Seite 141*

*Unten: In Rotwein geschmorter Blumenkohl*

## POLENTA-FEST

Mit vielen Geschmacksstoffen angereicherte Polenta, »bissige« Saucen, saure Zwiebeln, aromatische Würstchen – herrlich und sättigend.

BUNT BELEGTE GEGRILLTE POLENTAECKEN
*Seite 112*

SCHARFE TOMATENSAUCE
*Seite 66*

ROTE ZWIEBELN SÜSS-SAUER
*Seite 70*

ZITRUSPARFÜMIERTE, WÜRZIGE MEXIKANISCHE WÜRSTCHEN
*Seite 94*

PFIRSICHSALAT
*Seite 128*

*Oben: Gegrillte Polentaecken*

# FAKTEN ÜBER FETT

ALLE FETTE – EGAL, OB ES SICH um hoch gesättigte Tierfette handelt, um mehrfach ungesättigte oder einfach ungesättigte Öle, um Margarinen oder Fette aus Nüssen, Avocados oder Kokosnüssen – liefern pro Gramm 9 Kilokalorien (ungefähr 120 Kalorien pro Teelöffel!). Diese Kalorien werden durch den Stoffwechsel auf sehr effektive Weise in Körperfett umgewandelt, das dann im Körper eingelagert wird. So genannte »fettreduzierte Aufstriche« mögen weniger Fett als Butter oder Vollfettmargarine enthalten, weil sie mit irgendetwas verlängert wurden, doch sie enthalten noch immer gehörige Mengen von gesundheitsschädlichem und kaloriengeladenem Fett. Zum Kochen und Braten ist der Aufstrich nicht geeignet, weil er zu viel Wasser enthält. Man kann ihn lediglich aufs Brot streichen. Aber möchten Sie wirklich Ihrem Essen Fett hinzufügen, das bloß Ihren knusprigen Toast und Ihr frisches Brot ruiniert?

## GESÄTTIGTE GEGEN UNGESÄTTIGTE FETTE

Die Geschichte mit den gesättigten und (einfach und mehrfach) ungesättigten Fettsäuren ist für den Laien sehr verwirrend. Simpel erklärt, sind es die Fettsäuren, die gesättigt, respektive einfach oder mehrfach ungesättigt sein können, die die Art eines Fettes definieren. Wenn ein Fett einen höheren Anteil an gesättigten Fettsäuren als an mehrfach ungesättigten enthält, wird es als gesättigtes Fett definiert – und umgekehrt.

**Gesättigte Fette** finden sich vor allem in tierischen Produkten; die meisten sind auch bei Zimmertemperatur noch fest.

**Einfach ungesättigte Fette** finden sich in Oliven-, Raps- und Erdnussöl und in den Aufstrichfetten, die aus ihnen gemacht werden.

**Mehrfach ungesättigte Fette,** oft schon bei Zimmertemperatur flüssig, finden sich in Pflanzenölen wie Sonnenblumen- und Sojaöl, in Zerealien, Nüssen und Samen.

Während tierische Fette – inklusive der Fette in Milchprodukten (Butter), Schmalz, Abtropffett von Fleisch und Geflügel – einen hohen Prozentsatz an gesättigten Fettsäuren enthalten, beinhalten interessanterweise drei Pflanzenöle, nämlich Palmöl, Palmkernöl und Kokosöl, mehr gesättigte Fettsäuren als Butter.

Wenn sich auf einem Fertigprodukt also der Hinweis findet, es sei »mit pflanzlichen Fetten hergestellt«, so muss das nicht unbedingt bedeuten, dass es einen hohen Anteil an ungesättigten Fettsäuren enthält. Andere Pflanzenöle verfügen über einen höheren Anteil an einfachen und mehrfach ungesättigten Fettsäuren, obwohl auch sie einen gewissen Anteil an gesättigten enthalten.

Da ein Fett mit hohem Anteil an ungesättigten Fettsäuren meist schon bei Zimmertemperatur flüssig wird, werden Margarinen und feste Bratfette auf Pflanzenölbasis unter Verwendung mehrfach ungesättigter Fette hergestellt, die durch Anreicherung mit Wasserstoff gefestigt werden. Die Fette sind dann zwar nicht hart, aber »streichfähig«.

Dieser Prozess der Anreicherung mit Wasserstoff macht aus den ungesättigten aber gesättigte Fettsäuren, denn wenn alle Kohlenstoffatome eines Fettes beidseitig mit Wasserstoff gebunden sind, spricht man von gesättigtem Fett. Dieser künstliche Prozess der Anreicherung erzeugt aber Fettsäuren, die in unserem Körper nicht vorkommen, die sogar im Verdacht stehen, schwerere Gesundheitsschäden auszulösen, als dies bei natürlich gesättigten Fettsäuren der Fall ist.

## FETTE UND GESUNDE ERNÄHRUNG

Während wissenschaftliche Studien belegen, dass eine Verbindung zwischen gesättigten Fettsäuren und gewissen Krankheiten (vor allem Herz- und Arterienerkrankungen) besteht, sind auch die ungesättigten Fettsäuren von diesem Vorwurf nicht frei, denn manche sollen Krebs auslösen. Es macht also wenig Sinn, nur gesättigte Fettsäuren zu meiden. Sinnvoller ist es dagegen, sehr fette Nahrungsmittel und zusätzliche Fette gundsätzlich zu meiden.

Um richtig funktionieren zu können, benötigt der Körper eine gewisse Menge an Fetten. Doch ist in einer ausgewogenen Ernährung, die viel Fisch, mageres Fleisch und Geflügel, Gemüse, Obst und Getreide umfasst, alles enthalten, was wir brauchen. Diese Nahrungsmittel (ergänzt durch das Magermilchpulver und den Öl-Wasser-Spray), die ich in meinen Rezepten verwende, versorgen Sie mit allen benötigten Fetten und fettlöslichen Vitaminen.

Bei den Inuit (»Eskimos«) in Grönland durchgeführte epidemiologische Studien zeigen deutlich, dass Fischöl einen guten Einfluss auf die Gesundheit des Herzens hat: Herzkrankheiten sind bei diesen Menschen, die eine sehr fischreiche Nahrung zu sich nehmen, nahezu unbekannt. Fischöl scheint also in der Tat gut zu sein, außerdem ist Fisch überaus reich an fettlöslichen Vitaminen.

Interessanterweise enthalten Kalmare und Schaltiere, obwohl selbst nicht sonderlich fett, einen hohen Anteil an Omega-3-Fettsäuren – eben jenen Fettsäuren, die für so besonders gesund gehalten werden. Solange Sie also nicht an einer Krankheit leiden, die den Fettkonsum verbietet, sind einige Fischmahlzeiten pro Woche eine kluge Wahl, denn noch der fetteste Fisch enthält relativ wenig Kalorien.

## UND WAS IST MIT DEM CHOLESTERIN?

Cholesterin ist eine Substanz, die der Körper selbst zu seinem Funktionieren herstellt. Es ist der Überschuss an Cholesterin im Blut, der den Medizinern Sorgen macht. Allerdings gehen die Meinungen der Forscher auseinander. Beeinflusst das mit den Nahrungsmitteln aufgenommene Cholesterin den Cholesteringehalt des Bluts? Leistet es Herzerkrankungen Vorschub? Und was hat es mit dem »guten« und dem »schlechten« Cholesterin auf sich? Helfen Olivenöl (und andere einfach ungesättigte Öle) wirklich, den Gehalt an »gutem« Cholesterin zu heben, wie behauptet wird?

Die Wahrheit ist: Es gibt keine einfachen Antworten. Die ganze Sache mit dem Cholesterin ist sowohl auf medizinischer als auch auf wissenschaftlicher Ebene noch längst nicht ausdiskutiert. Auf rein praktischer Ebene allerdings scheint es keinen Grund zur Panik zu geben. Wenn Sie sehr fetthaltige Nahrungsmittel aus Ihrer Ernährung streichen und zusätzliche Fette meiden, haben Sie schon viel dafür getan, den Cholesterinspiegel Ihres Bluts zu senken und ein ausgewogenes Verhältnis zwischen dem »guten« Cholesterin (HDL oder Lipoproteine hoher Dichte) und dem »schlechten« Cholesterin (LDL oder Lipoproteine geringer Dichte) herzustellen.

Man nimmt inzwischen an, dass der gesamte Fettkonsum Auswirkungen auf die Höhe des Cholesterinspiegels im Blut hat, nicht nur der Verzehr besonders cholesterinhaltiger Nahrungsmittel. Es scheint also sinnvoll, Kampagnen zu ignorieren, nach denen es ratsam sei, besonders viel Olivenöl – oder andere Öle mit einem hohen Anteil an einfach ungesättigten Fettsäuren – zu verwenden. Auch Olivenöl ist letztlich reines Fett. Verbannen Sie jeglichen Überschuss an Fett aus Ihrem Leben, und Sie tun das Beste, was Sie tun können, um den Cholesterinspiegel Ihres Bluts zu senken und auszubalancieren.

# REGISTER

**Halbfett** gedruckte Seitenzahlen verweisen auf Abbildungen.

## DANKSAGUNG

**Dank der Autorin**
Wie immer gewährte mir meine Familie auch diesmal Unterstützung durch ihre Liebe und ihren Glauben an meine Arbeit (wie ich an ihre glaube). Obgleich wir nun in getrennten Orten leben und arbeiten, ist das Band zwischen uns weiterhin stark. Ich danke dir, Steve; ich danke dir, Shawm. Ein großes Dankeschön an die Fairmans, die so gute Nachbarn sind; ebenso an meine jungen Nachbarn Joe und Thomas, die mir intellektuelle Anregung bieten. Was für ein Vergnügen, wieder mit den Dinosauriern bekannt gemacht zu werden. Besonders herzlicher Dank für ihre Kompetenz geht an Janice Murfitt, an Ian O'Leary für seine brillante Arbeit mit der Kamera und an Sandie Mitchel-King für ihre Hilfe bei jedem Aspekt meiner Arbeit. Marlena Spieler und Alan McLaughlan bin ich dankbar für ihre Probierfreude und ihre Gespräche über das Essen und das Leben. Auch all meinen Freunden aus der Roman Road bin ich dankbar – ein Leben ohne sie wäre nicht denkbar! Ich küsse und umarme Katie Ashley, meine beste unter den Freundinnen von der Roman Road, die immer für mich da ist, und Janet Tod, deren Gemälde all das ausdrücken, was ich für Essen, Muster und Farbe empfinde. Was für ein Glück, solche Freunde zu haben! Schließlich gilt mein herzlicher, tief empfundener Dank Jeanette Hoare, Tonianne Kempson und Brenda Huebler, die alle auf ihre Weise dazu beitrugen, das Chaos zu mildern. Und du, Jeanette: Dich zu füttern, macht solches Vergnügen! Möge deine Begeisterungsfähigkeit nie verblassen. Der Französische Toast mit Heidelbeeren sei speziell dir gewidmet.

**Dorling Kindersley** dankt Hannah Attwell für ihre Hilfe bei der Grafik, Tracey Clarke für erste grafische Entwürfe, Lorna Damms und Julia Pemberton Hellums für Hilfe beim Lektorat, Jasmine Challis für die Nährstoffanalysen, Hilary Bird für das Register, Oona van den Berg für die Hauswirtschaft, Emma Brogli für die Assistenz bei den Fotografien und Emma Murfitt für die Handmodellierung.

**Bildnachweis**
Alle Bilder von Ian O'Leary außer: Dave King 30 oben; Patrick McLeavy 26–27, 28, 29, 30 unten, 31 (außer oben), 32, 33, 34 (außer oben), 35 (außer den ersten beiden der Mittelspalte), 36 (außer oben), 37, 126 oben; David Murray 136 unten; Clive Streeter 7, 9, 10–11, 14, 15, 21, 60, 82–83, 121, 135, 136 oben.